自然魔術師たちの饗宴

ルネサンス・人文主義・宗教改革の諸相

澤井繁男

春秋社

はじめに

人間、ある年齢を迎えた折、それまでの人生を振り返るときが必要なのかもしれない。「人生の半ばで」と『神曲』の冒頭（地獄篇第一歌）で謳ったダンテ（一二六五―一三二一）の唱える「半ば」とは三五歳と言われている。だがダンテ自身はその二倍である七〇歳まで生きながらえていない。当時の平均寿命は三五歳前後だったから、五〇代で死去したダンテは、志半ばでもあるが、案外長命だったかもしれない。

なら、なぜ、「人生の半ばで」と詠んだのか。

それは『神曲』を書き始めた区切りの年齢かもしれないし、人生をいまいちど回顧したかった年齢なのかもしれない。ダンテは詩人であるとともに政治活動家だ。三七歳のときにフィレンツェを追放され、その後死去する寸前まで『神曲』を、北イタリアの小君主の庇護の下で書き継いでいくことになる。

たいへんな労苦だったと思う。余人には真似の出来ない大業を成し遂げた。

これだけでも敬重に値するのに、詩業のほかの分野（宇宙論、言語論、帝政論、水陸論など）でも能力を発揮した、まさに、百科全書的な人物と言えよう。

そうしたダンテに較べたら、筆者など罌粟《けし》の粒のごとき存在かもしれないが、三〇代から始めた、自然魔術（師）の研究、それに人文主義と宗教（改革）とのかかわりをもういちどみつめなおしてみたい。

若い頃に翻訳した拙訳書の一部に再度向き合って、当時の自分の未熟さを見出せれば幸いである。若年の筆者と、還暦を過ぎた筆者との内なる対話を地の文で記していく所存だ。簡潔に言うと、筆者自身の「再生」でもある。そしてそれが自分にとって「温故知新」の役目を果たしてくれたら幸いだ。「ルネサンス」とは「始原」への回帰にしてその「再生」だが、それを成し遂げる識者の裡《うち》には「故《ふる》きを温《たず》ねて新しきを知る」が存在することが肝要だと思うからだ。

第Ｉ部では、「ルネサンスの自然観」をさまざまな角度から考察する。イタリアの自然魔術師たちが中心だが、そのなかでもトンマーゾ・カンパネッラ（一五六八‐一六三九）への言及が多いだろう。もちろん、ジローラモ・カルダーノ（一五〇一‐七六）、ベルナルディーノ・テレージオ（一五〇九‐八八）、ジャンバッティスタ・デッラ・ポルタ（一五三五頃‐一六一五）、ジョルダーノ・ブルーノ（一五四八‐一六〇〇）の四名の仕事にも光を当てたい。

さらに「自然観」を介して、「魔女狩り、自然魔術、科学革命」、それに「コスモロジー」の問題に触れたい。

第II部では、カルダーノの『自伝』を取り扱うが、この『自伝』、なかなかのくせもので、的確に把握するのに一筋縄ではいかない。編年体ではなく、悪く言えば、思いつき（ほんとうは異なると思うのだが）で目次が並んでいるようにみえる。この作品をどのように受容すれば、カルダーノという人物に近づけるか、その道しるべをみつけたい。それは同時に、この人士がルネサンス後期に生きたがゆえに、『自伝』を読むと、ルネサンスの俯瞰図を得ることに等しいことがわかるだろう。

その次がカンパネッラだ。カンパネッラという名は、宮澤賢治の作品に親しんでいるひとたちには身近なものだろう。「銀河鉄道の夜」の副主人公がカムパネルラで、主人公はジョヴァンニと命名されている。この二人の名前を合わせると、ジョヴァンニ・カムパネルラとなって、一四歳でドミニコ会の修道士になるまえの幼名、ジョヴァンニ・カンパネッラと一致する。トンマーゾは一四歳以降の、修道士となってついた名だ。賢治の短い生涯のなかでイタリア文学・文化の影響がどれほどのものだったか。管見のおよぶ限り、残念だがわからない。今後の研究課題だろう。

このカンパネッラを、彼の名前をいまに留めている『太陽の都（市）』をはじめとして、他の二作品とともに、その発想・思想の淵源に迫ってみたい。三作品ともに趣が違うのだが、根底に流れるカンパネッラの思想は一定で、それが、あるときは哲学の書となったり、またあるときには詩のかたちをとったりして表出されてくる。『太陽の都（市）』はユートピア作品と言われている。主題は多少とも異なるが第Ⅰ部で取り挙げる、カンパネッラ著『ガリレオの弁明（擁護）』にも、彼の宇宙への視座を変えるきっかけとして、ユートピア的なものを感ずる。他に『事物の感覚と魔術について』と『哲学詩集』を検討して、幅が広くて奥も深いカンパネッラの汎感覚論的、かつ汎知的な世界をみつめてみよう。

第Ⅲ部では、人文主義と宗教改革という、ルネサンス期の基本命題を扱う。人文主義とはありていに言えば、ギリシア・ローマの古典作品の読書から得た滋養で人格（人間性）を涵養していく生活態度を指している。キリスト教からみれば、異教（ヘレニズムの思潮）であろう。この二つ（キリスト教とキリスト教からみての異教）がルネサンス期で融合して新たな生きる指針となる。その過程についても追ってみる。

他方、宗教をも論ずるが、この時代に勃発した「宗教改革」に触れざるを得ない。それはヘブライズム（キリスト教の思潮）の文化の再確認を意味することにもなろう。

宗教改革の以前・以後、自己実現に際して、宗教を糧にした人物もいれば、人文主義に依拠した者もいる。国や地域でもそれは違ってこよう。筆者の専門地域はイタリアだが、アルプス以北の宗教改革者であるルター（一四八三–一五四六）、ツヴィングリ（一四八四–一五三一）、カルヴァン（一五〇九–六四）たちに言及しないわけにはいかない。そして半島の内部での「反（対抗）宗教改革」もむろん検証する。

宗教の定義といえば、「ある超越者を信仰の対象とする社会的営為」を指すことから、個人の裡なる祈りとは必ずしも等号で結ばれない。ましてや、（ローマ）教会とキリスト教はイコールではない。こうした基本的な視点を外れずに論を進めていきたい。

なお、ある文化現象を重複して論じている箇所が二つ、三つあるが、時代背景を彩るのに欠かせないので、あえて挙げてある。ご寛恕ねがいたい。また生没年の不明な文化人がいて、その場合は表記をさけている。

最後に本書執筆の動機と思念を、第Ⅰ部、第Ⅱ部、第Ⅲ部の「扉の言葉」として記すことにする。味読されたい。

自然魔術師たちの饗宴　**目次**

凡例

一、『カルダーノ自伝』については、以下の版を用いる。清瀬卓・澤井繁男訳『カルダーノ自伝』平凡社ライブラリー。引用頁は、例えば、(一二三頁)と記す。

二、『カルダーノの自伝』の原典は、Hieronimi Cardani, *De propria vita, in Opera omnia*, cura di Caroli Sponi, vol.1, Lyon, 1663.［復刻版 with an introduction by August Buck, New York and London］を用いる。引用頁は、例えば、(C一二三頁)と記す。

三、ジャンバッティスタ・デッラ・ポルタ著『自然魔術』については、以下の版を用いる。拙訳『自然魔術』講談社学術文庫。引用頁は、例えば、(一二三頁)と記す。『カルダーノ自伝』との混交がないよう配慮している。

四、第II部第1章の「1・『太陽の都(市)』」については、以下の版を用いる。近藤恒一訳『太陽の都』岩波文庫。引用頁は、例えば、(一二三頁)と記す。

五、第II部第1章の「2・『事物の感覚と魔術について』」の原典は、Tommaso Campanella, *Il Senso delle COSE e La MAGIA*, a cura di Antonio Bruersu, presso L.E.G.O, Lavis を用いる。訳文は拙訳である。それぞれの訳文のあとに、例えば、(T一二三頁)と原典の当該頁を示している。

六、第II部第1章の「3・『哲学詩集』」の原典は、TOMMPASO CAMPANELLA, *POESIE*, a cura di GIOVANNI GENTILE, Sansoni を用いる。訳詩は拙訳である。それぞれの訳詩のあとに、例えば、(一二三頁)と原典の当該頁を示している。

自然魔術師たちの饗宴

——ルネサンス・人文主義・宗教改革の諸相

第Ⅰ部　イタリア・ルネサンスの自然観と宇宙観

科学革命前夜まで、西洋のひとびとも驚きの魅惑に充ちた世界を生きていた。これを「魔法にかかった世界　enchanted world」と表現してもいいだろう。醒めた意識が見据えるのとは異質の、不思議な生命力をたたえた世界への畏怖と共感。……人間は疎外された観察者でなく、宇宙の一部として、宇宙のドラマに直接参加する存在だった。個人の運命と宇宙全体の運命が分かちがたく結びつき、この結びつきが人生の隅々に意味を与えたのである。——モリス・バーマン（柴田元幸訳）『デカルトからベイトソンへ——世界の再魔術化』

第1章　「数学」を岐路として

自然学と自然哲学

まず手始めに、読者の方々にはたいへんご苦労をおかけするだろうが、「自然観」にかかわる用語（術語）の説明をご一読ねがいたい。この項目をしっかりと押さえていただかなくては、第I部の把握に困難を生ずるであろうからだ。

ルネサンスの「自然観」について述べるときにいつも気になる言葉が「自然学」と「自然哲学」だ。「自然観」という場合に、この「観」の意味するところが、国語辞典にもよるが、おおよそ三つか四つあって、本書に関係するのは、「―学」の方が「見識」で、「―哲学」の方は「観念」という解釈でいいだろう。

実際、『広辞苑』を引くと、「自然学」は、「ギリシア哲学で自然を取り扱う部門。論理学、倫理学と並称される哲学の三部門を成し、近世以後は自然科学に転化した部門が多い」とある。ここで大切なのはすべての部門が自然科学に「昇格」したわけではないことだ。そのなかで「自然学」は、「自然にたいする見識」で問題ないだろう。ギリシア語で「physike」と書く。

他方、「自然哲学」は「自然的諸現象を統一的かつ主として思弁的に理解しようとする哲学」とあり、「自然（という書物）にたいする観念」に該当する。「学」の「理念化、ないしは昇華」だ。ルネサンス期の文献を読んでいると、この二語の意味が書き手によって異なる場面に出くわすことがある。そのたびに、著者の定義を調べなくてはならない。

さて、もうひとつ厄介な術語がある。「形而下」（「形而下学」とはあまり耳にしない）と「形而上（学）」だ。ともに哲学者にして詩人の井上哲次郎（一八五五―一九四四）による訳語である。

「形而下」は「the physical」で「自然一般」を指す感性的現象で、時間と空間の裡に形をとって顕われるもののことで、「自然学」に近い。この点は重要で、訳者の力量によっては時代背景に鑑みて「自然学」と翻訳すべきところを「物理学」と誤訳してしまう場合がある。近代以降は「物理的な」の意味として用いられているが、ルネサンス期にはまだそこまで学化されていない（近代以降の「物理学」は「physics」）。

「形而上」は「形而下」と違って時空間の感性形式をとる経験的現象を超えて、それ自身が超自然的であって理性的思惟、あるいは独特な直感により捉えられるとされる究極的なもので、「metaphysica」と記す。「形而上学」は「metapysics」で、「神・世界・霊魂といった存在の根本原理、絶対存在、事物の背後に隠れた真理を純粋な思惟や直視によって探求しようとする学問」だ。この「メタ」という言葉、例えば小説のなかに小説が仕組まれているときその小説を「メタ・ノベル」という。「音楽社会学」となれば、「社会」を「音楽の観点」から分析する学問だ。「音楽」が「社会」を「メタ」化している。このような理解でいくと、「自然界」を「メタ」化したのが「形而上学（メタフィジック）」

と言えよう。

「形而下」と「形而上」では「感性」が共通項だ。これらに「学」がつくと「感性」が消える。「学」は「理性」の領域だからだ。

おおよそのところ「形而下」は「自然学」とほぼ等号で結ばれるとみてよいであろう。「自然哲学」が「形而上学」と一致するようで微妙にズレているのはなんとなくわかる。ただし、「観念」という言葉の意味の範囲を広げると、合致はすぐそこまできている。

これら四つの言葉がルネサンス期の著作のなかに散らばっているときがあり、読み手は困惑してしまう。

定義づけめいたことをしたのは、そうした戸惑いを少しでも避けてほしいからだ。どの文言もルネサンスの自然観を説明するうえで欠くことの出来ない言葉だからだ。

1 自然は「神の書」

二冊の書物

この世界を創造した全知全能で無限で不死なる神は二冊のきわめて重要な書物（被造物）を人類に賦与された、とキリスト教を篤く信ずるひとたちは言う。第一の書としての「自然」と、第二の書としての「聖書」だ。

ルネサンスの知識人たちやルネサンスそのものの自然観を扱った図書は結構な数にのぼり、たいていが翻訳で読むことが出来る。管見を先に述べると、神などを介した素朴な自然観が一方にあれば、数理的、有機的な視点からの考察が必要な自然観もある。この二者以外にもこれら二つが交錯している自然観の書もある。

それらをここで考えてみようと思う。

E・カッシーラー（一八七四―一九四五）の名著に『個と宇宙』がある。これからこの書に寄り添いながら論を進めていきたい（原書はドイツ語だが、筆者は邦語訳が出るまえに英語訳で読んだ）。というのも本書が数ある文献のなかで、いちばん大局的な観点に立ち、内容もよく整理されているからだ。当該書はルネサンス期が完全にスコラ神学・哲学（理性と信仰の調和）から抜け切っていないという前提から出発している。

哲学的思想運動と宗教的思想運動の二つが完全に分離していなかったわけだ。一五世紀の哲学は間違いなく「神学」だったとカッシーラーは言う。神と自由と不死の三つ――もとよりすべてが中世的ではなく、中世の残滓と新しいルネサンス的要素が不安定のうちにも共存していた、と。

ここで末期ルネサンスの代表的自然魔術師（哲学者）である、ナポリ近郊のノラ出身のジョルダーノ・ブルーノに、決定的な影響を与えた人物をカッシーラーは取り挙げる。ニコラウス・クザーヌス（一四〇一―六四）枢機卿だ。神学者でも哲学者でもあり、ある意味では数学者でもあった（ルネサンス期に数学者はもちろんいたが、その真の意味での数学者はアルキメデス［前二八七―前二一二］の著作をラテン語に訳したニッコロ・タルターリア［一四九九―一五五七］、確率論の先駆者で三次方程式の解法を公表したカルダーノ、その弟子で四次方程式の解法を導いたルドヴィーコ・フェッラーリ［一五二二―六五］くらいだ）。

クザーヌスの同時代人としては、出色な人文主義者で『備忘録』を遺したエネア・シルヴィオ・ピッコローミニ（一四〇五‐六四。後のピウス二世。在位一四五八‐六四）と、『コンスタンティヌス大帝の寄進状』を虚偽の文書だと見抜いた、文献学批判の祖と呼ばれるロレンツォ・ヴァッラ（一四〇七‐五七）がいる。三人とも一五世紀前半に活躍している。

そのなかで「自然」や「数学」に目を注いだのがクザーヌスだ。著書『学識ある無知について』は難解なことで知られている。クザーヌスの第一歩は、神を知ることの可能性から始まる。真正なる神の愛が神の知的愛だとして、「知性」を重視する。そして地動説（太陽中心説）を支持して地球の固有性を訴えている。さらに宇宙に目を向けて、自然学的に解釈するのではなく、形而上学的な判断で回答を得ようとする。神こそが宇宙（世界）の、地球をはじめとした諸惑星の中心で、その本質は「他のいっさいのものの本性をその裡に含むがゆえに――万有の無限なる一部としても示さなくてはならない」。ここに「無限」という概念が表出されて、約二〇〇年後ブルーノを感化するにいたる。「無限」についてはあとで触れる。

いまは「自然観」について述べなくてはならない。ブルーノの生誕二〇年後に生まれた、同じく南イタリアのカラブリア地方出身の、トンマーゾ・カンパネッラにもカッシーラーは言及している。それを紹介したい。

「数学」とは？

そのままにクザーヌスが「武器」として用いる「数学」の何たるかを示したい。中世の教育科目

「自由七学芸」は、理系四科目と文系三科目に分かれるが、理系のほうに、算術と幾何学がはいっている。この二つは、後年、代数学と幾何学に発展していくと思えるが、これらの総称が「数学」であろう。「数学」とは、「数量および空間にかんして研究する学問で、代数学・幾何学・解析学（微分・積分など）、あるいはそれらの応用なども含む」（『広辞苑』）。

さて、数学は「純粋数学」と「応用数学」の二つに大きく分かれる。

純粋数学から説明しよう。「数学とは何か」という問いには、数学を活用する分野によって回答が違うだろう、と素人でもわかる。

純粋数学者のあいだでは、根本的に異なる二つの立場があるらしい。一つ目は数学を、あらかじめ定められたルール（＝「公理」）に基づいて行なう知的ゲームのようなものと捉える視点（かなり、人工的なものになる）。二つ目は、「物理的現象」と同じように「数学的現象」というのがこの世界に実在していて、数学はそれらを探求するものであること。

後者はさらに二種類に分かれる。数学とは、

(1) 美しい数学的現象をみつけること

(2) 美しい数学的現象のあいだの相互関係を探求すること。

そして、タルターリアやカルダーノが三次方程式の解法を見出したのは、方程式の「対称性」という数学的現象を（無意識によっても）発見したことによる。方程式の解の対称性の研究は、その後、

フランス人ガロア（一八一一–三二）が完成する。抽象的だが、どことなく理解できる面がある。「美意識」がかかわってくる点が肝要だ。

次に応用数学について。

半世紀前の「工学部数理工学科」がいまでは「情報学科数理学コース」と名を変えている（京都大学）。その中身は、「離散確率」、「確率モデル」、「最適制御」、「統計学」となっている。ずばり「応用数学」だ。

次節で示すクザーヌスの数学観は、彼が哲学者であって、本来的に数学者でなく、さらに時代背景も加味していることに留意する必要があろう。

2　自然という書物

自然という書物

最初にクザーヌスの抱く数学観に触れなくてはならない。彼は数学の持つ精確さを、神を認識する基礎と深化に該当すると説く。そして「自然」を、「神的存在と神的能力の反映」であり、「神みずからの手で書き記した書物」とみている。さらに後者の論を敷衍して、「自然の書物」の意味とは、「主観的感情や神秘的予感にあって習得される聖なる徴《しるし》として、われわれのまえに在り続ける」と言う。この「徴」を読み解いて体系的な解釈を施すと、二つに分かれる。第一は「新しい形而上学」で、これがルネサンスの自然観を指し、とりわけカンパネッラのそれに顕著である。第二は「厳密な自然科学」で、ガリレイ（一五六四―一六四二）やケプラー（一五七一―一六三〇）に結びつく。カンパネッラは「自然が神の書」であるという思想を根本的に受け継いで、新たなる変容を追究していく。彼は自然の裡なる神の「筆跡」を読み解き、その思考回路を「認識」する。このことは彼の獄中での書である、『事物の感覚と魔術について』（一六二〇年、ラテン語版でフランクフルトにて出版）の第四巻目の結語「宇宙の感覚について」を一読すればわかる。

宇宙（世界）は、神がその精神の裡に把持《はじ》していた限りなく価値ある諸事物を、その裡へと書き込み描き入れたひとつの立像であり、生ける神殿、神の法典である。この書物を読み、そこから諸事物の性質を学び取る者、但し、己の勝手な判断や他人の意見に惑わされることなくそうする者こそ仕合わせである。

趣旨は、自然をその最内奥で統括すること――その総括を人間と結びつけている紐帯の存在を見究めることが肝要だということだろう。この「紐帯」が魔術的、神秘的な性質を浴びている。ブルーノにも「紐帯」に関する一書があるが、カンパネッラとは微妙に異なる。両名の魔術観の相違にも帰するが、カンパネッラのほうがより秘儀的だ。

このような自然観は多少の差異こそはあれ、自然魔術師に共通するものだ。本書で扱う、カルダーノ、テレージオ、デッラ・ポルタたちは、とりわけ「秘密」という表立たない表現を好んで用いている。デッラ・ポルタは故郷ナポリに設立した知的機関《サロン》を「自然秘密学院」（一五六〇）と命名している。なぜ、「秘密」という文言を入れたのか。熟考するに値する。

ガリレイとレオナルド・ダ・ヴィンチの自然観

カッシーラーによる分類の二番目について考えていこう。

彼はそれを「厳密な自然科学」としている。これはカンパネッラと正反対の立場だ。魔術的・神秘的ではない公《おおやけ》のものに属するからだ。まずは論理的でなくてはならない。論理の最たる学知は「数学」だ。数学を媒体として自然の「意味」をみつめるというわけだ。この場合の論理性とは、必然性と一義性を帯びている。

ガリレイにとっては、後述する自然魔術師とは違って、自然は「量」で推し量られるもので、色・感触・におい、といった「質」ではない。そうした感覚的知覚はすでに単なる「名辞」とされている。「自然は数学の言葉で書かれている」とはガリレイの名言である。自然現象を解明する上で、方程式とか数的法則とかを利用することが重要なのだ。量を表わす「数」で自然界を計測できるわけだ。画期的な出来事だっただろう。

時代はあとさきになるが、かの万能人レオナルド・ダ・ヴィンチ（一四五二―一五一九）にとって数学は、仮構と科学を分かつ境界線だ。数学は言語に定義を与えて、規則だった結合を促す。思考や命題にひとつの厳密な名辞を賦与すると言う。

自然は経験のなかにいまだかつて存在しなかった無限の理法に充ちている。

ダ・ヴィンチの立ち位置をよく表わした言葉だ。「経験」とは「観察」とほぼ同義だろうし、この書き方では「経験が生き物」のように映る。「無限の理法」とは何を示唆しているのだろうか。かみくだいてみると、「自然界や自然現象を観察・探索するうちに会得した事柄から、これまでみたこともなかった、数かぎりない理法（法則）が夥しく見出せる」くらいだろうか。

しかしダ・ヴィンチは、「絵を描くことは科学である」とも言っているが、本人はそれほど近代的な人間ではない。生命を論じる際に、「生命精気《スピリト・ヴィターレ》」というある種の「力能《ポテンツァ》」を持ち出してきて説明していることからも、中世的残滓から逃げ切れずにいる。生命の根源である「心臓」の運動をダ・ヴィンチは生命精気による、熱せられた血液の循環などのおかげとしているが、心臓の拍動は電気によって生じるというのが現代医学の見解だ。

翻ってガリレイの自然観は「数学的自然観」と呼ばれて、カンパネッラなどの「世界有機体説」とは一線を画している。「世界有機体」という文言もカッシーラーの術語であるが、ありていに言えば、自然の擬人化に近く、さらに言い及ぶと、一本の弦をつまびけば他の弦も鳴り響くように、この世界（宇宙）のどの一部の反応も、いざ起これば、他のすべての箇所で感知される、という趣旨だ。

世界は生きている、自然は自己充足の域にある——これこそが世界有機体説を身につけた始原的な実態だ。

もっとわかりやすく例えてみよう。鉛や錫などの劣等な鉱物が土のなかで成長して銀や金になると願っても無理な話だ。これを人工的に実現すべく「工房（実験室）」で、鉛や錫を銀や金に人為的に変化させようとする作業が錬金術だ。この場合、鉱物に「成長」という生物学的要素をみての所作となる。これを「生気論」と呼び、反意語が「機械論」である。「生気論」では土中の鉱物までが生きているとされる。この世は、動物、植物、鉱物の三つで成り立っていて、前者二つは生物だが、鉱物は残念ながら生物ではない。鉱物までもが生物で、その延長上のモノにも感覚があると発想したのがカンパネッラだ。前掲の『事物の感覚と魔術について』の第一巻第二章で、こう述べている――「感覚とは他の形ある存在の一典型《モデッロ》ではなくて、本質的で積極的な価値を持つ力である」と。「典型」とは、ここでは「様態」に近い意味だろう。

カンパネッラはガリレイと親交があり、彼の客観的な視覚による、宇宙も含む自然界の把握を認めていたが、出発点は、ガリレイのような三角形、線、点、といった量的、即物的なモノではなくて、生きている「感覚」だった。観察の重要性は唱えたが、結果としては「観察事項」の寄せ集めで法則性に欠けるに終わっている。彼を援護するために百歩譲ってあえて言えば、カンパネッラが最終的に生み出したのは、法則ではなく「理法、あるいは秘法」と言えようか。これは、カルダーノ、デッラ・ポルタにもあてはまる術語だ。道理にかなっている法則が理法だが、その道理が公開的、客観的でなくて秘儀的、主観的なのだ。ここからはガリレイの世界にはたどりつけない。だからと言ってカンパネッラたちの存在を等閑視してはならない。

「自然は神の書」からガリレイとカンパネッラの路線は二分することはわかったが、なぜ、ガリレイは数学の道を選択できたのだろうか？　ここは立ち止まって考える価値がある。第II部でカルダーノという数学者を取り挙げる。彼は「三次方程式の解を『公表』」した人物として数学史に名を留めているが、「発見者」は同時代の数学者で、弾道学の祖と称されたタルターリアだ。カルダーノはタルターーリア（吃音だったと言われている）から、その解法を「公表せず」という約束の上で聞き出した。その約束を破って『数学総論《アルス・マグナ》（大技法）』（一五四五）にて公表してしまう。二人のあいだで論争が起こったのは言うまでもない。

このタルターリアだが、将来ガリレイが自己の数学的素質を磨き上げる運命的な出発点となった、ある貴重な翻訳作業を成し遂げた――先述したように、古代ギリシアの自然学者であるアルキメデスの著作集のラテン語訳を、一五四三年ヴェネツィアで完成した（ギリシア語訳は一四〇〇年代の最初の一〇年間にすでに成立している）。ガリレイはこれらの文献を熟読したことだろうし、その稟質《ひんしつ》の涵養《かんよう》におおいに役にたったに違いない。「自然は神の書」から、数学的解釈に進んだ論拠として、ギリシアの偉大な自然学者の内実を消化し終えていたガリレイそのひとの自然学（数学知）の蓄積を、まずは知るべきであろう。

その他の人物の自然観・魔術思想

この種の事象を扱った書籍は少なからず出版されている。それぞれ著者の専門分野によって記述に多少の差異はあるのは否めない。それは筆者が翻訳してきた「自然魔術」系統を扱った本を通覧すれば一目瞭然だ。前掲のカッシーラーの研究書に加えて、四、五冊あげ、各著者の主張したい箇所を検討してみたい。

1 かのルネサンス文化の泰斗、ガレンの弟子であるパオロ・ロッシ(前田達郎訳)『魔術から科学へ』より

デッラ・ポルタにとって魔術は自然哲学の頂点であった。かれは言う、魔術的操作は奇跡的にみえるだけであって、自然の限界を決してこえるものではない。……かれはまた魔術を「自然の下僕」と言い、……魔術の操作は自然の操作にほかならず、捜査の術は自然の下僕なのである。

ここで挙げられている「魔術」とは本書の主題である「白魔術→自然魔術」を意味している。自然探求のことで自然にたいする知識を述べている。反対が妖術や降霊術を指す邪悪な「黒魔術→ダイモン魔術」である。そして「魔術」とは「自然界の対象物になんらかの効果を与える人為的な行為(術)」のことで、「神的」ではない。ジャンバッティスタ・デッラ・ポルタには『自然魔術』全二〇巻という一六世紀後半でのベスト・セラーがある。彼はナポリ人でその地に、前述した「自然秘密学院」を創設して自然界の研究に精励した。ただ、学院の名前に「秘密」が入っていることを再度、記憶にとどめてほしい。

デッラ・ポルタの自然観は「魔術の操作は自然の操作」によく顕われている。魔術師は耕作者にも似て自然を技術(農機具など)で活用するがごとく、自然の全過程をみつめ、天上界と地上界との間にめぐらされた網《ネットワーク》を巧みに操作する識者のことなのだ。

2　ウェイン・シューメイカー（田口清一訳）『ルネサンスのオカルト学』より

白魔術は、物理学、化学、植物学、動物学といった学問と簡単に取り違えられることもあれば、占星術と同一視されたり、あるいは入念に儀式化された祈りと同様のものとみなされたりすることもあるようだ。なるほど白魔術は、これらのいずれとも言えるかもしれない。だが、白魔術には、自然科学と宗教の中間領域を占める部分があり、この点についてはもっと厳密に考察してもよいだろう。

きわめて貴重かつ慎重な見解だ。白魔術が「自然科学と宗教」の「中間領域」を占める、というのは卓見だろう。この場合の「宗教」とは自然科学の観点から未だ解き明かされていない分野を指すのではあるまいか。十把一絡げにして「宗教」としたのは、「自然科学」では「宗教」を解明できないからだろう。心や魂の問題を自然科学はなおざりにしてきている。現在でも、お荷物のはずだ。

3　A・G・ディーバス（伊東俊太郎・村上陽一・橋本眞理子訳）『ルネサンスの自然観』より

ベルナルディーノ・テレージオは一六世紀後半にコセンツァの彼のアカデミーで中世アリストテレスの言説を繰り返すのではなく、知識を構築する基礎として自然をあらたに研究することを強調した。

テレージオは彼の信奉者であるカンパネッラと同郷（南イタリア・カラブリア地方のコセンツァ）出

身であるが、北イタリアのパドヴァ大学で学んでいる。『固有の原理に基づく事物の本性について』が主著で三回書き直している。「コセンツァ・アカデミー」を設立して（一五六六年）、自然界の研究を主導していく。

彼は反アリストテレスの立場を標榜するが、当代のアリストテレスの原典の研究者であるヴィンチエンツィオ・マッジィを訪ねて、自分のアリストテレス哲学理解が正確かどうかを確認するほど、謙虚で誠実な学者だ。彼が考えていた自然把握はアリストテレス流の質料と形相での掌握では不可能で、「感覚（熱と冷との二特質による鬩《せめ》ぎ合い・運動）」で受容し得るものだとしていたためだ。そこから彼の研究が新に再出発したと言ってもよいだろう。後年、フランシス・ベーコン（一五六一―一六二六）が、テレージオの霊魂種子説の唯物的経験主義的面を評価して「最初の近代人」と呼ぶが、自然の裡に霊魂をみようとするその姿勢はアニミズムの自然魔術の域を出ていない。

ただ、テレージオ余滴として付言しておきたいのは、彼の生きた時代に鑑みるに、意図的に反アリストテレスの立場をとらなくとも、文明の進展それじたいがアリストテレス哲学を脅かし、さらに経済の発達がこれまでの社会秩序を崩壊へと導き、いっそう過激な世界有機体説が誕生し、構造よりは変化を、また、形よりは力を重視するにいたる。テレージオなど南イタリア出身の自然魔術師たちは、「世界霊魂《アニマ・デル・モンド》（個体ではなく宇宙に遍在する霊魂）」を糧にして、恒久にこれと共存して万有に浸透する、生きた実在を考案した。

太陽の力を絶対として、地球の内部で造られる金属や硫黄や瀝青や窒素を含む岩石、動物、水、植物を、地球は陽光の威力を借りて創造している。もしそうでなければ、他のどのような力を考えればよいだろう？　これは宇宙を有機的統一体とする見方の一つだ。宇宙は生きた、その肉体と霊魂と精神が固く結合した生き物であり、隅から隅まで生命がいきわたっているのだ。

4　チャールズ・B・シュミット、ブライアン・P・コーペンヘイヴァー（榎本武文訳）『ルネサンス哲学』より

カンパネッラが退けた観念は、アリストテレス主義者哲学の核心をなしていた。つまり、実態的形相が質料に優越する存在であること。形相が質料の可能態から抽き出されること。霊魂とは肉体の形相であること。そして、精神が客体から形相を抽出することにより知識を得ること。何にもまして、カンパネッラは、形相が感覚を通じて直接知られることを主張した。アリストテレス主義者が形相を感覚作用からもぎとったので、カンパネッラは形相を物体に縛りつけたのである。

「形相」と「質料」の問題はデッラ・ポルタの『自然魔術』でも議論されていて、「形相」を重視している。カンパネッラの反アリストテレス主義については、第II部第2章第2節で再度論じたい。カンパネッラは、神が自然に内在し、万物には生命があるとする師と仰いだテレージオの信条を受け継いでいる。

5 山本義隆『磁力と重力の発見』より

ルネサンスの魔術思想は、一六世紀になって「自然科学の前近代的形態」とも言うべきものへと大きく変貌を遂げることになる。それは一言で言うならば、文献魔術から実験魔術への転換として特徴づけられるだろう。

著者の山本義隆氏は出色の科学史家だが、学問的出自は物理学である。本書も表題通り「磁力と重力」を切り口として執筆されているが、この引用文は科学史の潮目を押さえていて惹きつけられる。氏はその代表格に、カルダーノとデッラ・ポルタを掲げている。理由は三つある。第一点目は、古代の文書にたいする無条件の賛美や無批判な是認の姿勢が消滅していること。第二点目は、その結果として経験と実験的観察がより重視されていること。第三点目は、技術的応用に照準が合わされていること、である。

実際、カルダーノ『自伝』(第II部第1章で詳述)に頻繁に登場するのが上記の三点の姿勢である。磁石とレンズの研究で現代まで名をとどめている、『自然魔術』の著者デッラ・ポルタも、机上のひとではなく、西欧各地を巡って新奇な事柄の採集に努めている。

都合五冊の書を紹介したが、まだあるのは言うまでもない。おいおい引用などで触れることもあろう。

3　生きている自然

理想社会の実現

第Ⅲ部第2章で再度議論するが、カンパネッラは、スペイン（当時、カンパネッラの生まれ育った、ナポリ以南、シチリア島も含めてスペイン王国の属州で「副王［総督］」が治めていた）の圧政を打破しようと、一五九九年カラブリアで革命蜂起を企てた人物である。革命は仲間による裏切りで発覚し、彼はスペイン当局によって逮捕され、以後三〇年弱獄中のひととなる。革命の根底にある自然観は、全体論的《ホリスティック》視座によるもので、それを礎にして理想都市国家を樹立しようと夢みている。

革命の成功を見込んで描いたのが『太陽の都（市）』だ。この小品は「自然」とのかかわりが深い。前述したようにカンパネッラは、神が自然に内在し万有に「いのち」が宿るというアニミズムの思想の持ち主ゆえ、革命の企図も「生きている（精神が伏在する）自然」に立脚しているのは頷けよう。アニミズムこそが自然と人間との間を直接にとりもったと考えているからにほかならない。

これが「自然観」へと止揚されると、自己、ないし社会にかんして人間を考察する際、宇宙に投影された姿そのものが回答だとみなし得る。天上界（宇宙）と地上界（自然界）との呼応・照応を導くことになる。

『ガリレオの弁明（擁護）』の主眼点

牢獄中に捕らえられていたカンパネッラだが、軟禁状態のときもあったようで、弟子たちが面会にきたり、執筆も可能だったりしたようだ。

一六一〇年、ガリレイが『星界の報告』を出版すると、カンパネッラもいち早く、友人から借りて数時間で読破した。そして当該著でガリレイが異端審問所に告発された（一六一六年）ことを耳にすると、獄中にありながらガリレイ弁護の書を認《したた》める。まさに十字軍的精神の持ち主だ。これが『ガリレオの弁明（擁護）』（一六一六）である。

全体は、序文と五章からなっていて、第一章が「反ガリレオ説」、第二章が「親ガリレオ説」、第三章が「第四、五章を導くための、三つの主要な前提条件」、第四章が「反ガリレオ説への回答」、第五章が「親ガリレオ説への回答」、という構成だ。重要なのは第三章だろう。

第一章では、従来からのアリストテレスに端を発して多くの教父やスコラ神学者によって支持されてきた自然学が、時代の主唱に逆行する見解だとして難詰している。これにたいして第四章では、ガリレイが敬虔なカトリック信者で、筒眼鏡（望遠鏡）による視覚を介して客観的に観察結果を述べているだけだ、と弁護している。信仰による真実と知覚による事実を、カンパネッラはきちんとわけて理解しており、読者にもそれを期待している。

ガリレイの自然界の事実や現象への認識が一方にあれば、神への信仰の姿勢は普遍で、神を顕彰の対象として意識している。カンパネッラはこれを十全にわきまえていたはずだ。

第二章「親ガリレオ説」の拠り所は、コペルニクス（一四七三―一五四三）の『天球回転論』（一五四三）だ。聖書からの引用でガリレイの説の正しさを論議の対象にしている。

ところが、第五章で「親ガリレオ説への回答」の筆を執る折に、ある「苦渋」がカンパネッラを襲う。長くなるが、重要な部分なのであえて引用する。

ガリレイに好意的に提出されたあらゆる議論に、今日反論を加えるのはきわめて困難であると思う。実はこの数年、私も天が火で成り立っていると信じていたし、天にはあらゆる火の源があり、星も同じく火で出来ていると考えていた。これはアウグスティヌスやバジリオ、その他の教父たち、さらに筆者と同郷のテレージオの最近の見解と意見を同じくしていたからで……コペルニクスやピュタゴラス学派のひとたちの議論に反駁しようと努めた。しかし新星や月の軌道かなたの星空に出現した彗星、それに太陽の周りの黒点の発生を証明するティコ・ブラーエ（一五四六―一六〇一）とガリレイの観察結果を知るや、天や星は全部が全部、火ではないのではないかという懸念が生じつつある。なぜなら、月や金星の満ち欠けの段階や、その二つの星の表面の染みによって確信が持てるように思われるからだ。……さらに木星の周囲を巡るメディチ星、土星の廻りを回転する星が存在している以上、……愛の中心たる唯一の地球の存在はおそらく認められまい。他の惑星とほとんど同一の恒星の様相を考えるにつけ、太陽多数説についてのガリレイや他の学者たちの見解に私は納得できない。それゆえ、私は賛否両論の選択を中止して、ガリレイの議論に応え、教会の判断や、私よりこの件にずっと詳しいひとの判定を待つつもりである。

以上の文章が「親ガリレオ説への回答」の冒頭とはとても信じられない。正直な告白なことは確かだろう。しかしガリレイの発想とかけ離れたところにカンパネッラの宇宙観が位置しているのは否めない。

彼は、ガリレイの経験的知を受容する際、直截にそれを施行できず、「科学知と宗教との相互補完」を提示している。これはそれなりに一歩前進で、当時にあっては画期的だが、ここに彼の苦心の跡もみてとれる。

テレージオの自然観から脱し切れていないからだ。宇宙観について言えば、天動説へのこだわりだ。彼の宇宙観は、暗くて湿気を帯びた、寒くて不動の、「冷」である地球が宇宙の中心にある。その周りを、明るくて乾いた、灼「熱」で不動の太陽の軌道がある、というものだ。

テレージオの「冷」と「熱」との対立の自然観を抜け出しておらず、それを天動説にあてはめている。この発想は『星界の報告』を読むまえもあとも変わっていない。前掲の引用文がその証左だ。

神慮・神意

一五九二年、カンパネッラは北イタリアの理系の学知（特に、医学部）に独自性を発揮していたパドヴァ大学で、数学教授のガリレイと親交を結んでいる。スペイン人になりすまして、解剖学の授業に出席し、近代自然科学の一端に触れる好機に恵まれてもいる。白内障の手術の助手も務めたくらいだ。科学の、新鮮な息吹を浴びたことだろう。

それゆえ、『ガリレオの弁明（擁護）』を執筆したと言えようが、肝心の地球をはじめとする太陽系の諸惑星の運行については、天動説はもとよりその原動力（誰が惑星を動かしているか）については、

「根源的霊魂（anima origenica）」を主唱して譲らない。つまり、「根源的霊魂」とは、「神慮」あるいは「神意」を指す。

ガリレイに、世界（宇宙）の構造にかんしての考察はあなたに一任するが、運行にかんしては神の導くところにある、といった内容の書信を送っている。ガリレイはだんだん迷惑に思って、暗号を使ってカンパネッラの一件について友人に愚痴をこぼしている。そうでありながら囚われの身のひとに金銭的援助を惜しまなかったガリレイだ。

カンパネッラは「神」と「地球の運行」という物理的現象の両者を神意（神慮）によるものとして顕彰した。つまり、宗教と科学の分離を最後まで承認できなかった。他方ガリレイは、信仰の対象として神を称揚したが、「地球の運行（科学）」と「信仰」を切り離して考えており、ここに宗教と科学の区別の萌芽をみることが出来る。

カンパネッラの宇宙観は霊気に充ちて預言的で「神慮」の枠を超えられなく、「神意」による世界統一を夢みていたに違いない。『ガリレオの弁明（擁護）』のなかでなんども経験知や視覚知の大切さを訴えているのに、その分だけ「神の配剤」を力説するにいたる彼の知の位相は、新旧両義的な思念の場に位置していると考えられよう。彼の偉《い》いところは、身を以てそれを裡なる自分のなかに認識していたことで、そのためには自然魔術と近代自然科学とが折り重なって進行していた時代背景も考慮しなくてはならないだろう。

時代の思潮の偽りなき具現者として、カンパネッラの存在意義には大きいものがある。

カンパネッラは反アリストテレス主義者だったが、それについては後述する。

第2章　さまざまな視点からみつめた自然観

1　翻訳文化運動の効用

二つの翻訳文化運動

一般的に言ってルネサンス哲学の研究は「哲学（史）」のなかであまり顧みられない。近年になって多くの研究書が刊行されているが、分量の視点からその冊数は、新プラトン主義の関連の書を除けば、それほど点数は多くない（但し、美術や建築など視覚芸術の書は例外だ）。理由は簡単である。系統立っていないからだ。カント（一七二四–一八〇四）、ヘーゲル（一七七〇–一八三一）などのドイツ観念論、それからキェルケゴール（一八一三–五五）、ヤスパース（一八八三–一九六九）、ハイデッガー（一八八九–一九七六）、サルトル（一九〇五–八〇）といった実存主義の哲学のような系譜を持たない。これには時代的な背景が遠因となっているのは言うまでもない。「一二世紀ルネサンス」も、「（一五世紀から一七世紀の）イタリア・ルネサンス」も、中軸は「翻訳文化運動」にあったからだ。

年代でみると一一〇〇年間に相当する。この時期の西欧の位置づけは大陸の西の隅っこによこたわっている辺境地域といったところで、東方の、ギリシア文明を吸収し、さらに実証的な独自の文化を築きあげたアラブ・イスラームの文化にはとうていその水準はおよんでいない。

他方、同時期には「十字軍」がエルサレムめざして派遣された時期でもある（第一回は一〇九六年から九九年）。だが「十字軍」はあくまで宗教運動の一翼を担う行動で、東西の交易や交通網の面では成果はあっただろうが、肝心の文化の分野では効能は少ない。

「一二世紀ルネサンス」

さて、簡単に「一二世紀ルネサンス」を定義しておくと、「イスラームと西欧との『文明遭遇』、前者から後者への『文明移転』」と捉えることが出来よう（伊東俊太郎）。西欧にとってはまさに文化的に「未知との遭遇」であり、地中海を通り道として、当時のアラブ、シリア、ビザンツを介してギリシアとアラブの文化の洗礼を受け、西欧の知が巣立っていく時期に該当する。

この翻訳作業は、アラブ人（やユダヤ人）が人口の一部となっていたスペインの、主にトレードで行われた（スペインからキリスト教に改宗しないアラブ人やユダヤ人が最終的に追放されるのは、コロンブスが新大陸発見を目指して航海に旅立ったのと同年の一四九二年で、これで西方地域のレコンキスタが完了する）。代表的な翻訳者に、イタリアからやってきたクレモナのゲラルド（一一一四頃-八七）がいる。彼はトレード派の象徴的人物で、一二世紀最大の知的回復運動の主導者であり、往時、ラテン世界には未知であったプトレマイオスの『アルマゲスト』を訳出している。その後、トレードにて七三歳で死去するまで、アリストテレス（前三八四-前三二二）、エウクリデス（ユークリッド）（前三〇〇頃）、アルキメデス、ガレノス（一二九頃—二〇〇頃）など、都合八七著作の翻訳を実行している。西欧の識者たちはこの途方もないゲラルドの訳業のおかげで、古代ギリシア世界の知的遺産をわがものとすることが出来るようになる。

次に（地中海での）「文明の十字路」という異名をとったシチリア島、その中心地のパレルモを挙げておく。政治上の支配者は北欧から南下してきたノルマン人によるノルマン朝で、統治年数は短かったが、キリスト教会、シナゴーク、モスクが整然と立ち並ぶ寛容の精神にあふれた統治を行なっている。この王朝のもとで、プラトンの、徳性を主題にした『メノン』、魂に言及した『パイドン』がギリシア語からラテン語に翻訳される。

以下、北イタリアのヴェネツイア地域がある。この地はビザンツと近く、ビザンツのコムネノス朝時代に往き来があり、最重要人物はヴェネツィアのジャコモ（一一二四年代頃から翻訳を開始）で、一二世紀前半に、アリストテレスの『分析論前書』、『分析論後書』、『トピカ』、『詭弁論駁』を翻訳し註釈まで付している。それに文芸関係では南フランスが翻訳の場となる。

「一二世紀ルネサンス」では、哲学者で言うとアリストテレスの書物が、アラビア語やギリシア語からラテン語にほぼ全冊翻訳されている。プラトン哲学は、中世期、自然を論じた『ティマイオス』、前掲の、『パイドン』、『メノン』の三著しか西欧に伝わっていない。

一五—一六世紀のイタリア・ルネサンスではじめて、プラトンの著作集をマルシリオ・フィチーノ（一四三三—九九）がギリシア語原典からラテン語に翻訳する（一四六三—六八）。古代神学のひとつである『ヘルメス文書』も一四六三年に、新プラトン主義者・プロティノス（二三四—三〇四）著『エネアデス』も一四八四年から九二年にわたってフィチーノが翻訳を果たしている。アリストテレスの哲学書を原典ギリシア語から翻訳し直す動きも出てくる。古代ギリシアの三つの大きな叡智がここに「再生する《ルネサンス》」（プラトン、アリストテレス、プロティノスを三大哲学者と呼ぶ）。

翻訳後に起こる事象は「融和」・「調和」・「折衷」の類《たぐい》だ。ルネサンスは「寛容」の時代だという見解が広く知られているが、学知の面ではもっぱら「融和」行為が台頭してくる。その際たるものが、プラトン哲学とアリストテレス哲学の「融合」だ。悪く言えばごちゃまぜだ。首尾よくいったのが、プロティノスやプロクロス（四一二‐四八五）が提唱していた新プラトン主義（後三‐五世紀）だった。ルネサンスの新プラトン主義では、自然が世界霊魂で成り立ち、変容の意識的、内在的源泉であるという、正統とまでは言えないまでも、広範にひとびとに受け容れられていた既存の解釈が再生する。

さて、「融和」という言葉にこだわり、「一二世紀ルネサンス」に再度あてはめてみると、「アラビア文明圏に移転されたギリシア文明の遺産を、さらにバビロニア、エジプト以来のオリエント文明、ペルシアの文明、インドの文明、また遠く中国の文明の一部をもとり入れ、融合させつつ発展させ、アラビアの学術は一一世紀に頂点」に達する（伊東俊太郎）。この文化が次代の一二世紀に西欧に伝播し、受け手側の西欧ではそれを吸収消化し、一三世紀に花を咲かせる（アリストテレス哲学でキリスト教の骨格を整えた、トマス・アクィナス［一二二五頃‐七四］の「スコラ神学」の誕生がその成果だ）。

さて筆者がなぜここまで「一二世紀ルネサンス」にこだわったかというと、第4章で取り上げる一六世紀中葉の、ギリシア科学文献のラテン語（から俗語）への翻訳の前段階を示唆したかったからだ。

この時期、すでにユークリッドの『原論《エレメンタ》』(幾何学の書)や『与件』などがラテン語に翻訳されている。

ギリシア語

「ルネサンス文化」を普通、ギリシア・ローマの古典作品による文芸復興と、過日、命名していたが、いまは「再生」という表現が多い。だが、ここではそのことを云々するつもりはない。ギリシア・ローマと筆記されるがために、古代ギリシアの文化のほうが先に再生したとおおかたのひとは思うだろうが、当時、イタリア半島では(南部の一地域を除いて)ギリシア語は忘れさられていたので、古代ローマのキケロなどの古典ラテン語文献のほうがさきに読まれている。自由七学芸のなかの「文法」とは「ラテン語学習」を指すくらいだ。

イタリア人たちはギリシア語を一から学習しなくてはならなかった。ペトラルカ(一三〇四-七四)はギリシア語修得に熱心だったが、初級段階で死を迎えて自在に読みこなせていない。課題は彼の後継者がかなえることになる。

三人の人物が著名だ。コルッチョ・サルターティ(一三三一-一四〇六)、レオナルド・ブルーニ(一三七〇頃-一四四四)、ポッジョ・ブラッチョリーニ(一三八〇-一四五九)である。そのうちサルターティがビザンツまで出かけていき、ギリシア語学者であるマヌエル・クリュソロラス(一三五〇-一四一五)をフィレンツェに招いて(一三九五年)、フィレンツェ大学にギリシア語の講座を設けた(クリュソロラスにとっては二度目のイタリア訪問。一度目は、オスマン・トルコの西進で首都コンスタンティノープル陥落間近のとき、時の皇帝マヌエル二世がイタリアに救援の使節を派遣したその際の使節だった

〔坂本賢三〕)。彼は一三九五年から九八年までフィレンツェで、サルターティ、ブルーニ、ブラッチョリーニら弟子たちにギリシア語を教授した（ギリシア語修得第一世代）。特にブルーニは積極的に勉学に取り組み、ルネサンス期を通していちばんの愛読者を得た、プルタルコスの『英雄伝（対比列伝）』他をラテン語に翻訳している。

第二世代がフィチーノだ。彼の存在なくして、『プラトン著作集』もプロティノス著『エネアデス』も『ヘルメス文書』も世に出ることはなかった。フィチーノが上記の新プラトン主義の書の翻訳を手掛けたのは、後述するプラトン・アカデミー（アッカデミア・プラトニカ）の設立を老コジモに説いたゲオルギオス・ゲミトス・プレトン（一三五五頃–一四五〇）が、プラトン哲学を新プラトン主義の伝統のなかで身につけていたからだ。

ルネサンスの哲学が系統立っていないので、哲学（史）での位置づけがあやふやだとまえに記した。しかし、ヘレニズムの文化をヘブライズムの文化のなかに注ぎ込んだのは大業とみなしてよい。「翻訳」が大切な役目を担ったことになる。二つ以上の異文化が互いに接触してわかり合えるには「翻訳」活動が必須だ。これを肝に銘じてほしい（明治維新前後に西欧の文献を日本語に置き換える作業がなかったら、今日の日本文化は考えられないだろう）。

まとめると、「一二世紀ルネサンス」では、主に理科系の書物とアリストテレス哲学が、「一五、一六世紀のイタリア・ルネサンス」では文科系のプラトン哲学はじめ、ヘレニズム文化の象徴たる文書の翻訳が隆盛をきわめ、早晩、各俗語（イタリア語・フランス語・スペイン語・ドイツ語・英語）に訳出されていく。

来訪したギリシア人たち

ここでついでに、ギリシア人たちのイタリア来訪の時期を三期にわけて紹介しておこう。

第一期　前述したクリュソロラスのフィレンツェ渡来。ギリシア語の講座が出来る（一三九五年）。第一世代のギリシア（語・文化）学者が育つ。ギリシア古典の翻訳が始まる。

第二期　東西公会議（一四三八－三九）、コンスタンティノープルがオスマン・トルコにより陥落（一四五三）。ビザンツから優秀な学者が渡来する（ベッサリオン［一三九五頃－一四七二。枢機卿にまで出世］、プレトン、アルギュロプーロス［一四一五頃－八七］）。公会議では、プラトン派とアリストテレス派に分かれて論争が起こる。

第三期　このときプレトンがコジモ・デ・メジチ（老コジモ）に学院《アカデミー》の設立を説く。イタリアではいまだプラトンが本格的に訳されておらず、それはアウグスティヌス（三五四－四三〇）を媒介としていない純粋なプラトンだとプレトンが把握した上でのことで、老コジモは一四四三年に前述のプラトン・アカデミーをフィレンツェ郊外のカレッジに設立する。初期には『絵画論』の執筆をはじめとした万能人のレオン・バッティスタ・アルベルティ（一四〇七－七二）、プリニウスの『博物誌』を翻訳したクリストフォロ・ランディーノ（一四二四－九八）などが集《つど》ったが、やがて老コジモの侍医の息子でみずからも医師である、マルシリオ・フィチーノが代表的人物となり、神と人間との考察を行なう。後にジョヴァンニ・ピコ・デッラ・ミランドラ（一四六三－九四）、詩人ポリツィアーノ（一四五四－九四）、物語作家ルイジ・プルチ（一四三二－八四）も加わって、

（フィレンツェ・）ルネサンスの黄金期（一五世紀後半）を迎える。

このようなわけで、イタリア・ルネサンスの知は東西交流の場となり、相互に刺激し合うこととなった。

2　ルネサンス・アリストテレス主義

アラビア人を魅了した書物

すべての学問の祖はアリストテレスにあると言われている（他方プラトンの場合は「後世の哲学はみなプラトン哲学の評釈にしかすぎない」と称されている）。彼の研究対象は生物学に始まって気象学・修辞学・倫理学・形而上学・心理学・博物学などにおよんでいる。その影響力は絶大で、ギリシアの地を超えてローマ、アラビア、そしてヨーロッパへと流布する。アラビア人にも優れたアリストテレス学者がいて、そのひとたちの解釈も西欧に伝播していく。

ここではすぐにルネサンスのアリストテレス主義に向かわず、急がば回れ方式で進めていこう。

P・O・クリステラー教授（一九〇五–九九）によると、もともとアラビア人は自分たちの興味を惹くアリストテレスの文献を翻訳して読んでいたと言う。実証的で経験主義的な彼らにとって、『詩学』など関心の外にあった（『詩学』のラテン語版翻訳本は、ヴェネツィアのアルド書店から一五〇二年に刊行されている）。また、彼らは他のギリシア人作家の詩、演説、歴史などの文芸作品には目をくれていない。

ただ、アリストテレスの学知のなかで欠けていたのは、数学、医学の分野で、例えば医学は、アリストテレス哲学の管下にあったガレノスの医学をアラビア人がアラビア医学へと底上げしてアラビア医学の完成をみている（特にナポリの南方の港町、サレルノのサレルノ医学校が著名。医師としては、コンスタンティヌス・アフリカヌス教授［一〇一七-八七］が傑出していた）。

そして哲学と医学を融合しようとした面々が現われてくる。アヴィケンナ（九八〇-一〇三九）とアヴェロエス（一一二六-九八）の二名だ。後者はイスラーム最高の哲学者と呼ばれている。言うまでもなく二人とも医師である。ここでは詳しい言及は避けるがアヴェロエスの「二重真理説」は西欧哲学・神学に決定的な影響を及ぼすことになる。地域だけ述べると、パドヴァ大学を中心とした北イタリアへ、そして南イタリアにて将来の自然魔術師たちを感化するにいたる（第Ⅲ部第1章の「1」で詳述）。

アリストテレスの哲学の真の姿は「一二世紀ルネサンス」の翻訳運動の力も得て、ゆっくりと全貌を顕わしてくる。キリスト教の世界観の礎に役に立つことがわかると、研究が奨励され、とうとう「哲学者」と言えば、異教徒にもかかわらず、アリストテレスを指すようになる。

当時のローマ教会には体系的な自然観がなかった。アリストテレス哲学がスコラ神学の補強するにたるものと解される。神にかんしての考え方がキリスト教にとっては好都合だったわけだ。神を自然の究極の根本であり目標であるとし、この視点から自然そのものを数々の段階に分けて思考するのがアリストテレス哲学で、これは典型的に神学的自然観を提示していると教会側は理解するにいたる。

哲学教育の基礎

イスラームの識者であるアヴィケンナやアヴェロエスによるアリストテレス哲学の、アラビア語の注釈書も移入される。哲学分野がラテン世界で初めて独立した教育科目となる。テキスト（原典）は、アラビア人の注解者の著作を使用している。重要科目は論理学と自然哲学の二科目。こうしてアリストテレスの諸著作は、一三世紀半ばまでに大学哲学教育の基礎となる。そのわけは組織立っていることと（系統的と表現してもよい）と百科事典的性格――つまり「教科書」として適していたわけだ。

しかしそうすべてが首尾よくいったのではない。

アリストテレスの著作のなかの多くの章や節についてさまざまな解釈がなされたが、その大多数が中世の哲学者の偏見が生んだものだ。具体例を挙げると、異質な学問分野である「哲学」と「神学」とを明確に区別しなかったので、二者について正確な理解が阻まれた点だ。

トマス主義、スコトゥス（一二六六頃－一三〇八）主義、オッカム（一二八〇年代－一三四九頃）主義といったレッテルにも左右されたが、なかでもトマス主義に向かう傾向が強固だ。トマス主義こそ、アリストテレス哲学とキリスト教との調和を目指して成立している。哲学よりも神学と称したほうが当を得ている（スコラ神学）。その著作は明晰で首尾一貫していて、信仰と理性の調和に主眼を置いている。

トマスはパリ大学で教鞭を執ることになるのだが、それはイタリアの大学ではほぼ、学習科目が修辞学、法学、医学の教授に限定されていて神学がなかったからだ。

在野と大学

一三世紀末、ラテン（古代ローマ）研究の萌芽がみられ、人文主義が発祥し出す。人文主義の研究は在野の知識人から興る。それと雁行したのが大学でのスコラ神学だ。

在野から生まれた人文主義、その教育科目が、文法（ラテン語）、修辞学、詩学、道徳哲学、歴史の五分野だ。爾後、一五世紀にいたるとギリシア語も読めるようになり、ひとびとは人文主義的教育で培われた能力で、（ルネサンス）文化に黎明期をもたらす。その象徴的存在がフィレンツェのプラトン・アカデミーであることは「翻訳文化運動の効用」の節ですでに述べている。

それ以前、一四世紀をほぼ生きたペトラルカが——聖職禄で生計を立てていた——キリスト教と人文主義を結びつけた「キリスト教（的）人文主義」を提唱している。ルネサンス文化の主柱がキリスト教であったことがうかがい知れる。プラトン・アカデミーでも、神と人間の関係を考察対象としていることはすでに述べた。

イタリアの大学のスコラ神学は、パリとオックスフォード大学の影響下にあった。各大学はそれぞれ看板科目で学生を集めた。パドヴァ大学は医学、ボローニャ大学は法学、といったふうに。とりわけ、パドヴァ大学はアリストテレス哲学の研究が盛んで、教会法学者フランチェスコ・ザバレッラ（一三六〇－一四一七）、『霊魂不滅論』を著わしたピエトロ・ポンポナッツィ（一四六二－一五二五）など、日本ではあまり知られていないパドヴァ学派の偉人たちを輩出している。

人文主義者とスコラ学者とのかかわりは、後者の知が煩雑で陰鬱、迷宮化しているのにたいし、人文主義者が道徳的、ないしは政治的論議にたずさわる明るく公開的な面をもっていることに起因して、スコラ学の評価が低下していく。

反アリストテレス主義

まず、アリストテレスの権威にたいする反発から始まっている。換言すれば、中世のこの人物の解釈者への反駁だ。ペトラルカ、ブルーノ、カンパネッラ、ガリレイなど、彼らの著作には「反アリストテレス主義」の議論がみられる。しかしながら、そう簡単に攻撃できる相手でもない。

「反アリストテレス主義」が隆盛を極めたのは、一六世紀にはいってからで、自然哲学の分野を中心に拡大していく。アリストテレス主義の伝統を少なからず受けながらも、一群の識者たち（テレージオ、ブルーノ、カンパネッラなど）は、アリストテレス主義に対抗する宇宙論や自然哲学体系を主張する。だが、残念ながら打破できていない。堅固な方法論を欠いていたからだ。アリストテレス主義と同等にわたり合える体系化された方法論で、はじめて決戦に挑めたわけなのだ。

自然魔術師たちの率直な言い分は、アリストテレス主義者が「目的論的」に自然をみつめる点への難詰だ。自然現象の生起を何らかの「目的」から解釈する方法を指す——「～の現象が生じたのは、―するためだからだ」。これを排して「あるがままに」自然をみつめようと自然魔術師たちは考える。後年、デカルト（一五九六－一六五〇）も目的論を避けて、現象の起こり方（メカニズム）にだけ興味を抱いた。

このため、「引力とは何か」には応えられても、「引力はなんのために存在するのか」には回答できなくなってしまう。

3 ルネサンス・プラトン主義

プラトン主義の復活

前節で議論したように、中世からルネサンス期に入っても、（大学での）アリストテレス哲学の研究は衰えをみせていない。それだけ確固たる位置を思想的潮流のなかで得ていたと言えよう。この流れに対抗するためには、アリストテレス主義に匹敵、あるいは超えられる知的勢力が必要だったと推察できる。そのエネルギーを蓄え発揮したのが次に掲げる、一つの哲学と一人の人物である。

前者はアリストテレスの師であるプラトンで、後者はこれまでも論じてきた、フィレンツェ・プラトン・アカデミーの総帥フィチーノだ。彼の夥しい翻訳のなかで、特に『プラトン著作集』の翻訳がなければ、イタリア、いやアルプス以北の国々や他の諸地域の知識人にプラトンの思想は伝播しなかっただろう。フィチーノも後述するピコも、人知で測れる神の積極的な面と神的閃《ひらめ》きに力点を置いた。これは中世的知の繰り返しであり、古典的な新プラトン主義的意味での瞑想に近いものだ。

フィチーノの訳業の以前、かのペトラルカが、アリストテレス主義者を難詰して、プラトンを持ち上げた事例はある。勘違いしてはならないのは、ペトラルカの批判の矢が、アリストテレスそのひとに向けられたのではなく、アリストテレス主義者たちを批難したことだ。

フィチーノは、新プラトン主義者であるプロティノスの著作も翻訳しているのに鑑みれば、ヘレニズムの思潮が本格的に西欧に流入したことになる。「新プラトン主義・哲学」（それに『ヘルメス文書』）は、スコラ哲学に嫌気がさしていたひとたちを魅惑して一世を風靡することになる。この影響は、一七世紀前半まで生きたカンパネッラまでにも続く。

プラトン主義の流れ

プラトン哲学はその内実をそっくりそのまま保って後世に伝えられたかどうかは確かではない。古典古代以来、プラトン主義者たちのなかには、確実に師の哲学を継承した者もいるが、べつの内容に置き換えた者もいる。後者の一群の識者たちは、プラトンの思想とは異質な始原を持つ理念と結びつけた。それは後期ギリシア思潮へ影響をおよぼすことになる。

古代から後五二九年まで続いた、アテナイのアカデミーという研究組織が実在したが、ここでのプラトン哲学の正統な後継者たちは、師の哲学を修正改訂し、懐疑的要素が加わってしまう。

この懐疑的プラトン哲学が消えるのは、とりわけストア派に感化されたアリストテレス主義で融和された、ある意味で大衆的なプラトン主義の誕生による。その中心地と言えば、エジプト北部の都市であるアレクサンドリアだ。この地で、後三世紀から四世紀までに、『ヘルメス文書』の編纂と、新プラトン主義が芽吹くが、この二つについては次節で論ずることにしよう。同時期に、キリスト教の新約聖書の四つの福音書――「マルコ」、「マタイ」、「ルカ」、「ヨハネ」の各福音書がこの順序で編まれている。

ビザンツ、アラブ世界での受容

東方のギリシア人によるローマ帝国を標榜していたビザンツ（東ローマ帝国）では、その土地柄から か、プラトンも新プラトン主義の書籍も入手可能だ。アリストテレスの文献も同様である。プラトンとアリストテレスの書籍が集まるといつも起こる現象が、両者の融合・調和だ。プラトン・アカデミーの俊英、ジョヴァンニ・ピコ・デッラ・ミランドラも同様な提言をしているし、融合という観点からすれば、各宗派間の融合を説いた人物にロレンツォ・ヴァッラがいる。

ビザンツでは一四世紀に活躍したプレトン（その弟子にベッサリオンがいる）がプラトン哲学を復興するが、彼の提示した方向性は、プラトンとその後継者たちが異教の古代神学の信奉者であることを明白にする方向に進んだ。古代神学とは、ヘルメス教、ゾロアスター教、オルフェウス教、ピュタゴラス派の文書を指す。興味深い点は、ギリシア正教信者のプレトンならではの発案だが、これら古代神学がユダヤ教（旧約）、キリスト教（新約）の両聖典の内容と時代的に雁行していた、と解釈したことにある。フィチーノの翻訳書にも『ヘルメス文書』があり、彼は古代神学にも、注目している。似たような事例が時代を超えて生じるものらしい。

アラブ世界ではこの民族の性向から、より具現的なアリストテレス哲学が、人気の点でプラトン哲学を上回っている。アリストテレスの著作はすべてアラビア語に翻訳されたくらいだ。

プラトンのほうは、前述したように、『メノン』、『パイドン』、『ティマイオス』、それに以下の書がアラビア語に訳出されている。例えば、アルファラビー（八七〇頃−九五〇）が意訳だが、『法律』を、これも意訳だが、アヴェロエス（一一二六−九八）が『国家』を、といった具合に。

西欧では……

古代ローマから筆を進めてみよう。

共和制ローマでも帝政ローマでも、文化的傾向は、理念的・観念的ギリシア文化とは違って、実際・現実を尊重する文化で、水道建設や種々な土木工事にその才能を発揮した。政治面ではローマはギリシアをわが領土としたが、文化面ではギリシア文化に憧れ、ギリシア人の奴隷たちからさえ文化を学んでいる。結句、アリストテレス的素地をもともと持っていたので、彼の師であるプラトンの教えも重んじている。

アテナイのアカデミーの学徒キケロ（前一〇六-前四三）は、プラトン哲学に懐疑的で融合を試みた時代の、後継者と名乗る教師から教えを受けている。セネカ（前四頃-後六五）も、『黄金の驢馬』の作者アプレイウス（一二五-一七〇）も同様だ。キケロは仲間と『ティマイオス』の部分訳をしている。

西欧でのプラトン解釈で決定的な役割を果たしたのが、かのアウグスティヌス（三五四-四三〇）だ。トマス・アクィナスがアリストテレス哲学を用いてスコラ神学・哲学を完成したように、時代をさかのぼってアウグスティヌスの時期に還ると、プラトン哲学こそが、他のどのような「異教哲学」よりも、キリスト教の教えに近いとみなしている。神の心底にある普遍的形相の永遠的存在、この思想の人間理性に依拠する、神の直接なる理解、霊魂の非物質的特性とその不滅性を信奉すること。これが「典型的なプラトン主義の学説」となる。

プラトンの優勢はしばらく続くが、第1節の「翻訳文化運動の効用」で言及したように、「一二世紀ルネサンス」で、アラブ世界からアリストテレスの文献が多数移入してくると、アリストテレスとそのアラブ人註釈者の管下、一三世紀にはアリストテレスの文献が支配的な知の潮流となる。時を同じくして、プラトンの著作もラテン語に訳出されたことはすでに述べている（前掲の三者）。それにこの時期『パルメニデス』（イデアについて）の註釈も出ている。みな、ギリシア語原典からの翻訳だ。

一二―一四世紀に多数翻訳されたアリストテレス主義の文献に混じってアウグスティヌス主義的理念を見出し得るのは容易であって奇妙なことではない。しかし、二次的な位置に格下げになった事実は否めない。

ルネサンス期

先述したフィチーノの手による『プラトン著作集』の翻訳の以前から語ろう。

アウグスティヌスの伝統はしっかり保持されてきている。これもすでに述べた、ビザンツからギリシア語学者である、クリュソロラスをフィレンツェに招聘《しょうへい》したことが起因となり、フィレンツェの知識人たちのギリシア語修得第一世代（コルッチョ・サルターティ、レオナルド・ブルーニ、ポッジョ・ブラッチョリーニ、他）が翻訳で活躍する。ほぼ同時に、一五世紀半ば、プレトン、その弟子であるベッサリオンはじめ、東ローマ帝国滅亡（一四五三）によって、多数のギリシアの知識人が半島に逃げてくる。そのなかでも枢機卿ベッサリオンによるプラトン哲学擁護の影響は一六世紀まで続く。

さて、肝心なのはイタリア人の受容姿勢だ。

サルターティやブルーニに言及するまえに、まず彼らの師であるペトラルカに触れるのが道理というものだろう。ペトラルカはキリスト教的人文主義の父と称されているが、この場合の人文主義の発端は古代ローマのキケロへの回帰とその文体の再生を意味している。ラテン文化の再興であってギリシアではない。ペトラルカはプラトン哲学に憧れたが、アリストテレス本人を除いたアリストテレス主義者を批判している。これもすでに言及している。

プラトン敬愛の情はサルターティ他の後継者たちにバトン・タッチとなる。なかでもブルーニは、一五世紀初頭に『国家』、『法律』、『ゴルギアス』（弁論術について）、『パイドロス』（美について）をラテン語に翻訳し、好評を博している。プルタルコス『英雄伝（対比列伝）』も訳業のひとつだ。『英雄伝』はルネサンス期に多くの読者を獲得した名著で、幾人かの翻訳書が遺っている。

中世初期の、プラトンの影響を受けたアウグスティヌスの思想、大学でスコラ神学・哲学を生んだアリストテレス主義、ルネサンス・プラトン主義、そして次節で扱う新プラトン主義――都合四つの哲学・思想運動に、これから解説する三名の思想家たち（いずれも一五世紀後半に活躍）の業績が加味されて、一六世紀の精神に影響を与えることになる。

三名の思想家・哲学者たち

まず、ニコラウス・クザーヌス枢機卿の仕事ぶりを検分しよう。まえにもいちど触れているので簡潔に済まそう。彼はドイツ人であることから、イタリア人文主義に加えて、ドイツやオランダの神秘主義（マイスター・エックハルト、他）に感化されていた。第1章の「『数学』を岐路として」で指摘したように、プラトン主義との複雑につながる二、三の面を考察するのならば、クザーヌスは純数学的知識の持つ確実性と当該学知の客観的立場を強調している。さらに、神の心底にある思惟は個物の裡でさまざまに異なった形で表現され、その表現を唯一の原形とみなしている。

次のフィチーノはこれまで何回も登場してきた、プラトン・アカデミーの象徴的人物で、その思想（「敬虔の哲学」と呼ばれている）の骨格は、中世の哲学的・宗教的遺産とギリシアのプラトン主義の止揚だ。生命を「律動《リズム》」と解し、すでに挙げた翻訳書を除いて、自著には『プラトン神学』（霊魂の不滅を主張、トマスの立場を再論）、『人間の生について』（みずから医師でもあった著者が人間と惑星のかかわりに留意しながら、土星の下にある自分自身の健康を記述）、『太陽論』（占星術の書）、『饗宴（邦語訳名、『愛の形而上学』）などがある。

最後はジョヴァンニ・ピコ・デッラ・ミランドラ。プラトン哲学とアリストテレス哲学の融和（調和）を主張。また、あらゆる思想の根源には共通する思潮が存在すると言う。この観点から、トマスとスコトゥス、アヴェロエスとアヴィケンナの思想も融合しようと企図した。さらに三一歳で夭折したピコの名を高らしめたのは、『人間の尊厳についての演説』である。

人間は「自由意志」を持ち、「自己決定」も可能で、宇宙の中心に置かれている存在だ。ただ、上昇して神と一体になることも出来、下降して野獣と合致することも可能だと、文末に記している。この箇所は、前半の「実存的に生きていこうとする姿勢」と異なり、中世的残滓を引きずっていて残念に思えてしまうのは筆者だけだろうか。

ここで、ジャンバッティスタ・ゲッリ（一四九八－一五六三）の『キルケ』という作品のなかの詩を引用してみる。味読してほしい。

私は、不滅のものとそうでないものと、これらすべてが存在する第一原因を謳う。
誰が、天の真ん中で地球の重さをはかり、
そして、死ぬべきものに、その糧として、穏やかに充ち溢れた水を注ぎ続けてくださったのか。
誰が、さまざまな生きものを人間に仕えるものとして命じてくださったのか。
誰が、人間に、己を知るための知力と己を愛そうとする意志を授けてくださったのか。
私のなかにあるものすべてが、かのひとの名を誉め称えますように。
私の魂の贈り物、おまえたちは私とともに、万有の原因の第一の普遍的「原因」を謳う。
私が、私の心の照らされた部分と自由な私の意志とが、主と一致されんことを、
ああ、終わりもなく始まりもなく、永遠の根源である方、
いまこそ、人間は、主を称える歌を唄い、そして、力のすべてを尽くして、主が感謝と賛美を受けんことを望む。

タイトルの「キルケ」は固有名詞で、ホメロスの『オデュッセイア』に登場する魔女のことだ。一読して、ピコの『人間の尊厳についての演説』の末尾よろしく「神との一体化」を切望していることがわかる。フィレンツェ・プラトン主義の神秘的な雰囲気をよく醸し出している詩だ。

ピコはさらに、ユダヤ教のカバラ（ユダヤの神秘主義で、「伝統によって受け継がれたもの」という意味のヘブライ語に由来する語）を、七二の「カバラの結論」として紹介している。そしてカバラとキリスト教神学を調和させようとしたり、カバラをプラトン主義に関係づけたりする試みを行なっている。

ピコ（やヴァッラ）にとくに顕著だが、「融和」、「融合」、「調和」という、おおざっぱに言えば、「折衷」への指向が目立つ。ルネサンス期が、総じて赤と白の中間色である「桃色」の路線を歩んでいるかのように思える。この期の哲学思想の特徴として「体系化」がなされていないと先述したが、翻訳文化を土台とした場合には、往々にして「中間的色合い」を表出するに違いない。だが、この事実だけで「体系化」のみを是とする判断にたいしては留保を訴えたい。

フィチーノとピコの時代のフィレンツェは、メディチ家のロレンツォ豪華公（大ロレンツォ）の院政の時期に相当する。フィレンツェ・ルネサンス、百花繚乱の四半世紀だった。大ロレンツォが四三歳で一四九二年に急逝し、それから三年後にメディチ家がフィレンツェから追放されてしまい、サン・マルコ修道院長ジローラモ・サヴォナローラ（一四五一－九八）の、結果としては神権政治に陥る。サヴォナローラはとうとう市民の反感を買い、絞首刑のあと火刑に処され、骨はアルノ川に棄てられる（一四九八年五月）。

一五〇〇年以降

この年代のプラトン主義は錯綜している。

フィチーノによってせっかく翻訳されたプラトンの対話篇は、ギリシア語の教科書へと身をやつす。当時「愛」と言えば、プラトン的愛（プラトニック・ラヴ。プラトン著『饗宴』に詳しい。「愛」を「共感魔術」の一つとして捉えている）が流行で、それをモチーフとしてカスティリオーネ（一四七八－一五二九）が『宮廷人』（一五〇八－二四）という傑作をものしている。

愛の哲学についての講義や講演が隆盛をきわめ、こうした盛行の陰にはギリシア語やラテン語の「愛」についての文献が各俗語に翻訳されたことが起因としてある。一六世紀の文人たちは次節で扱う新プラトン主義にその多くが依拠することになる。

4　新プラトン主義、ヘルメス文書

冬芽

新プラトン主義は何らかの思想的糧なしに芽吹いたのではない。「冬芽」が確実に存在している。どの主義・思想でもそうだと思うが、世俗化という要素、換言すれば大衆化はまぬがれない。いまいろいろと記しているルネサンス文化こそが中世文化が世俗化した文化ゆえ——聖的・来世肯定の文化から、世俗的・現世肯定の文化（ルネサンス文化の特徴の一つ）への移行なのだ。

新プラトン主義は、プラトン哲学の「イデア」を「一者（比喩としては太陽の光）」へと置き換え、アリストテレスの階梯式思考法を採用して、陽光が、まず「一者」の特質を保ちつつ独自の存在として流出「分身」し、その「分身」作用を繰り返し繰り返して、やがて「一者」に還る（還元）という思想だ。円環的流れを主軸としており、始原があって終末があるとする直線的なキリスト教の教えとは相容れないものだ。

イタリア・ルネサンス期に脚光を浴びたのが、この新プラトン主義と、聖書より古い書物と言われて流布した『ヘルメス文書』の潮流だ。『ヘルメス文書』は旧きをよしとする尚古趣味のルネサンス期の知識人たちを魅了した、創造神話の形態で、文体や語り口は聖書に似ているが、反キリスト教の立場である。

新プラトン主義も『ヘルメス文書』も、太陽崇拝、生命・事物の秩序的連鎖、円環の思想を旨としている。

西暦の初め頃、プラトン哲学から少々、アリストテレス哲学からも若干、その要素をそれぞれ借り受けての折衷が、アレクサンドリアを主たる中心地として行われた。この一派はある種のアカデミーを築き、当時すでに形骸化しつつあった両哲学に反感を覚え、新規な哲学を打ち立てようとしていた識者たちの琴線に触れることになる。

具体的な知的サロン、ないしサークルは二つある。

(1)　西暦初期の数世紀に繁栄し、ピュタゴラスや初期の彼の弟子の名のもとに、プラトン的傾向の多数の著書を偽造した一派――新ピュタゴラス主義と共通点を有す。

(2)　エジプトの神ヘルメス・トリスメギストスによって記されたとされる『ヘルメス文書』を編集し、アレクサンドリアで繁栄を極めた異教の神学者の一群。錬金術師などが含まれる。文書はマケドニアで発見された聖書より旧い書とされたので、老コジモはフィチーノに他の翻訳の手を休めさせて『ヘルメス文書』の訳出を急がせた。一四六四年、老コジモの死の床に翻訳は間に合う。

新プラトン主義

二〇〇〇年ほどの時を経て、同じアレクサンドリアで、ギリシア思想がついに止揚される。最終的に「冬芽」を育んだ識者たちは、理論武装の具としてプラトン哲学を選択し、すでに分散の憂き目に遭っているプラトンの文献を集めて、ひとつの独立した「体系」として統括化し、さらにアリストテレス哲学の要素も採り入れて種々勘案する。

こうして生まれた折衷的な新たな思潮が、新プラトン主義である。古代ギリシア哲学の最後の時期を網羅し、後世（わけても一五世紀後半、イタリア・［フィレンツェの］ルネサンス）にその遺産を伝えることになる。

代表的人物に、プラトン、アリストテレスとともに三大哲学者に含まれる、プロティノス、それにプロクロスがいることはすでに触れている。

その思想を前述より詳細に説明すると、「一者」と呼ばれる、神的に直観された完全性と形而上学的に捉えられた無限なる融合体（者）が「一者」を意味する。その「一者」から「一者」の特質を留めたまま、次の段階（叡智）へと流出、分身する。「一者」の「分身」は、同じようにして、その特質を保持したまま、三番目の段階に流出、分身していく。「一者」は太陽を比喩としていて、陽光が各分身を流れていく。そして、植物界まで流出すると今度は、「一者」へと分身を繰り返しながらもどっていく（還元作用）。陽光を生命とすると、生命の秩序的連鎖がみられよう。

新プラトン主義はこうした「一者」からの（光の）「流出」と「還元」による円環の思想に特色がある。まえにも述べたが、直線的なキリスト教に反する円環の思想である。

前者がヘレニズムの形なら、後者はヘブライズムの典型と結論づけられよう。

このヘレニズム期の政治的・文化的思潮として、世界市民主義《コスモポリタニズム》が興り、個人主義的で個人の不安を解決しようとする人生論を盛行せしめることになる。

また、キリスト教と新プラトン主義の伝統をみるに、一方に神と天使を、他方に人間と地上界を包含するような、自然の調和が暗黙の裡に存在する。大宇宙と小宇宙の照応という伝統的な考えに則れば、人間は「中宇宙」といった位置づけも可能であろう。

さて、文明が進むにつれてアリストテレス主義の権威が後退し、さらに貨幣経済の発展が既成の社会秩序を蝕《むしば》み、より過激な有機体哲学が出現し、構造ではなく変化を、形でなく力が尊重されてくると、テレージオやブルーノ、それにカンパネッラなどといった自然魔術師たちは世界霊魂と世界精神を止揚して、物質とは異なるものと共存・共生し、万物に浸透する単一の生きた実在を認識し、その一方で変化とは、「対立物の一致」であると主張するようになる。

ヘルメス文書

前々項の(2)が相当するので、この項ではその思想内容を示そう。

まず、なぜ老コジモがフィチーノに当該書の訳出を率先させたかというと、当時、ヘルメス・トリスメギストスが、紆余曲折を経ながらも、プラトンの始祖と思われていたからだ（ピュタゴラスも祖師の系列にはいる）。

『ヘルメス文書』のうち、神学的著作の一七の文書を『ヘルメス選集』と呼ぶ。そのなかの一書である「ポイマンドレス」は、ポイマンドレスが語る創造神話だ。聴き手は求道者である「筆者」だ。両名の対話は「事物の秩序的連鎖」以外の何ものでもない。秩序に則って、「上なるもの」の分身（模倣）として「下なるもの」が生み出されるわけだ。新プラトン主義に酷似している。

構図化すると、「神と叡智界」→「星辰界」→「地上界」となる。「地上界」は「運命」によって「星辰界」の支配を受ける。

ここにはマクロコスモスとミクロコスモスの照応・対応、そして太陽中心の思想で、反キリスト教の立場を取る。

この文書が一五世紀半ばにフィチーノによって翻訳されて世に出るのだが、聖書より旧い書物というう触れ込みで、ルネサンス文化の一大特徴である「(旧きをよしとする) 尚古趣味」のために大いなる反響を呼び、フィチーノの崇拝者であるトンマーゾ・ベンチが一四七一年、すぐに俗語（イタリア語）に訳出する。

新プラトン主義とヘルメス思想はこれ以後、一七世紀のカンパネッラまで影響を及ぼす。ちなみにコペルニクスの『天球回転論』にも、真偽のほどはべつとして、ヘルメス思想の影響があると述べる研究者もいるほどだ。

コペルニクスの地動説の貢献は、宇宙（太陽系）の惑星間の秩序の確定にある。彼はその際「数学」を用いている。「ヘルメスの科学」は錬金術と同義だが、これは端的に言うと自然の裡なる秘密の力を明白化する科学（＝哲学）であって、実験を重視する局面もヘルメス思想の特徴の一つだ。

5　生気論

生気論とその類語

「生気論」とは、生命現象に物質的原理では説明できない独自の原理が作用していることを認め、生命現象を物質から区別する立場だ。

同類の術語に次の五つを掲げておこう。

pansensism（哲学用語・パンセンシズム・ハンセン主義、ないしは、汎化主義）　万物を知覚・感覚可能なことで、テレージオやカンパネッラの考え方。

panpsychism（哲学用語・パンサイキズム・汎心論）　生物、無生物、すべてのものに心があるとする考え方。

pantheism（宗教用語・パンセイズム・汎神論）　いっさいの存在の元は神であり、神と世界は一体であるとする考え方。即ち、人間を含む万物を超越的な神の顕現とみる。

panentheism（宗教用語・パンネンシズム・万有内在論）　万有論の一種で、世界のすべてが神（絶対者）の裡に存在する。神（絶対者）が超越と内在を兼ねているという考え方。

pansophism（教育学用語・パンソニズム・汎知主義、ないし百科事典的知識）　人間の裡に内在するもの（素質）を引き出すことという考え方（コメニウスが考案）。この思想を敷衍して、学問を修得することで生きている実感を得るとも解釈できる。

哲学用語、宗教用語、教育用語、のべつはあるが、みな語頭が「pan（汎）」で始まっている。「all＝すべて」の意味だ。「パンセンシズム、それにパンサイキズム」は生気論に近い。特に、「パンセンシズム」はテレージオとその弟子カンパネッラの思想を体現しており、得心がいく。また、最後の「パンソニズム」には、「知識を得ることで生の実感を感得する」という、まさにダ・ヴィンチやカルダーノなどのルネサンス期の万能人《ウォーモ・ウニヴェルサーレ》の性向が思い浮かぶ。

生気論の場合、端的に言えば、森羅万象に「生気（命＝霊魂）」が宿っているわけだから、錬金術や占星術の原理ともなる。

錬金術をおおまかに説明すればこうなる——土のなかにある劣等な鉱物（錫や鉛など）が、母胎のなかの赤子のように成長して高貴な金や銀になるのではないか、と想像した者たちが、その変化を人為的に実験室（工房）で短時間で行なおうとしたことを指す。その者たちのことを錬金術師という。

これには鉱物を成育可能（な生き物）とみなす前提が必須で、生気論の出番だ。

手始めに「賢者の石」という、鉛を金銀に変化させる際の「触媒」を製造する。火を用いて熱するのだが、「賢者の石」は出来ない。それゆえに「祈る」。そうすると術師の心が作業に投影して、劣等鉱物が、「黒色化《ニグレド》―白色化《アルベド》―赤色化《ルベド》」と変色していく。と、同時に術師の心が浄化していく。この精神（魂）の昇華こそが錬金術の第一の目的だ。仮に「賢者の石」が出来ても金は造れない（現代化学でも無理）。

占星術の場合も同様である。地上界のものが、天上界の星辰と呼応・照応していて、その逆もありだ。地上界が天上界を映し出し、天上界も地上界を反映する。となると、地上界のモノが星辰の力しだいで動くことになる。天を運行し、かつ生きている星の息吹を受けると地上界の事物には生気が宿る。パンサイキズム（汎心論）、アニミズムの世界が現出する。反キリスト教の世界観で、鉱物に生気をみてとる錬金術も同じ思潮に属する。

それらは魔術の知の一端を担っている。

生気論の反意語が「機械論」で、生命現象も物質的な原理によって完璧に説明できるとする立場、考え方を指す。

畢竟《ひっきょう》、生気論とは物質と精神とを統合し、それに単一の能動的な変化（進化）を起こさせることである。

第3章　四元素・四特質・四気質・四体液

1　古典古代からの伝統

プラトンとアリストテレスの模索

さて、時代的には紀元前四世紀までさかのぼる。ルネサンス期まで信じられ、かつ改良を試みた人物たちが考察の対象とした、四元素・四特質・四気質・四体液を紹介・解説しないと、自然魔術(師)を的確に解明できない。ルネサンスの自然観についてはカッシーラーの文献を糧にいちおう展開し終えた。だいたいの勘所は押さえられたと思う。

ここでは、もっとまえの時代までもどって古代ギリシアのプラトンとアリストテレスが生み出した考えをまとめてみたい。ルネサンス文化は、ギリシア・ローマの文化の「再生」を指すので、これからの議論は重要である。各自然魔術師、カルダーノ、テレージオ、デッラ・ポルタ、ブルーノ、カンパネッラたちそれぞれの立ち位置を異にする事項へと案内する。さらに、その延長としてイタリア人ではないがスイス生まれの、破天荒な放浪医師パラケルスス（一四九三―一五四一）にも言及したい。

『ティマイオス』の作者であるプラトンは、自然界が「火・空気・水・土」から成ると説いている。四元素（四大）と呼ぶが、実際の「空気・水・土」を指すのではなく、物質の容態を示している。即ち、「空気→気体（気態）」、「水→液体（液態）」、「土→固体（固態）」といった物質の「三態」を意味する。「火」は人為的に熾《おこ》すものゆえ「文化」で、この場合は「エネルギー」に相当する。

ところが弟子のアリストテレスはこれに満足せず、より細かく分割しなおしている。四元素にはそれぞれウデが二本あり、「熱・冷・乾・湿」の四特質がおのおのウデに付着して四元素を、各元素ならしめていると考える。例えば、「火」は「熱と乾」を、「空気」は「熱と湿」を、「水」は「冷と湿」を、「土」は「冷と乾」を、といった具合に。そしてアリストテレスは、この四特質の根本、つまり四元素の基幹でもある五番目の元素（第五元素）を四元素の中心において、第一質料（プリマ・マテリア）とし「エーテル」という物質が充ちていると考案する。四特質は、このエーテルという、重さもなく実体も不明瞭で天上界の物質とよばれる存在から、四つの特質の二つを帯びること（二本のウデを得ること）で、四元素が出来上がるとアリストテレスは主唱する。

当時のひとたちはこの説に納得したらしく、以後、ルネサンス期まで受け継がれていく。中心的存在である「エーテル」については、その存在の有無が議論の対象となった。ある時代では存在する、べつの時代で存在しない、と言ったふうに。

ニュートン（一六四二―一七二七）の場合は、その存在を信じている。彼は、近代物理学の祖という栄誉を担っているが、他方「最後の錬金術師」とも称されている。非合理的な錬金術に近代的な合理性で挑み、ついに万有引力の法則を発見するのだが、その実、遠方の物質の裡に存在するエーテルが、その物質に作用した結果を「引力」と推論したにすぎない。

いわゆる「科学」の誕生は今日のわれわれが考えているよりも「科学的ではなかった」のだ。こうして、科学の成立期と時を同じくして活躍し、いまでは忘れ去られてしまった一群の人物たちが、第I部のテーマである自然魔術（師）たちだ。

錬金術――パラケルススの場合

錬金術にはすでに言及したが、ここでは目次には挙げていないが重要な人物である、スイス生まれのパラケルススの掲げた錬金術を検討しよう。

そもそも錬金術は、先述した「生気論」を基調としていて、それを人為的に「実験室（工房）」で人間（錬金術師）が行なうという作業を指すことはすでに述べている。金銀を生み出すために「賢者の石」といった触媒を思い立って苦労、心労を重ねるのだが、その「賢者の石」も出来ず、それでも産出するように「祈る」ので、術師の精神の「浄化」が先行し優先視された。現代の科学でも人為的に金は製造できない。いわんやルネサンス期をおいてをや。これも説明済みだ。

錬金術は、アラブの文化を経る折、「硫黄・水銀」の理論を身にまとう。「硫黄」の特質は、火で男性、それに熱と乾。「水銀」の特質は、水で女性、それに冷と湿。「硫黄」も「水銀」も四特質で出来上がっている。

そこで四元素が実際の水、空気、土、火を指さず、あくまでその属性を持つものを示したように、

「硫黄」や「水銀」の属性を示す場合には「哲学の硫黄」（実際の「硫黄」は「卑俗な硫黄」と呼ばれる）、「哲学の水銀」（実際の水銀は「卑俗な水銀」と称される）という。こうなると錬金術的観点からは、あらゆる鉱物が「哲学の硫黄」と「哲学の水銀」で成り立っていることがわかる（「二原質」の理論）。

さて、パラケルススは内科医で、北方人文主義者の王者であるエラスムス（一四六九頃―一五三六）の病を治したことで名声を博し、バーゼル大学の教授職に就いたときもあったが、その前代未聞の奇天烈な性格ゆえに問題児とされ、放浪の医師として熱心に患者の治療に当たることになる。この人物は治療に錬金術的発想を加え、「硫黄」、「水銀」に、エーテルに該当する「塩」を加味する（「三原質の理論」）。これで、第五元素までくまなく理論化されたことになる。

医学的にみると、「硫黄」は「霊魂」で成長を促進する役目を負う。「水銀」は「精神」で肉体の体液の内容を設定する。「塩」は「身体」でからだを丈夫にする。

能動的で霊的な「精神（水銀）」と、受動的で物体的な「身体（塩）」の間を、中間的な「霊魂（硫黄）」が統合し、「一」へと導く。三つ合わせて「肉体」の成立だ。

四体液（古代ギリシアから伝わる理論で、「血液」、「粘液」、「黒胆汁」、「黄胆汁」の四つの体液の均衡によって健康が保たれる、という教え）のバランスから三原理（水銀・塩・硫黄）の安定が健康体とみなされるようになる。

パラケルススは、本来危険な、液状の金属である「水銀」やその他の鉱物をも治療に用いて、患者を完璧に治療したと伝えられている。錬金術に医学的効用がはいってきて、パラケルススの流れをくむひとたちを「医化学派」と呼ぶ。パラケルススによると、病気の要因は都合五つあるそうだ――環境によるもの、毒物によるもの、体質によるもの、精神によるもの、神によるもの、である。まだまだ中世的要素をひきずっていて、およそ近代内科学にはほど遠いが、一歩ずつ近づいてきてはいる。

パラケルススの著作

彼の『奇蹟の医の糧』（大槻真一郎・澤元亙共訳）を検分してみえてくるものは、医学の転換期を生き精力的に患者の治療に当たった人物からわき出てくる金言の数々である。代表的な文言を披露しよう。

第一章　医師は三つのもの（哲学者・天文学者・錬金術師）として熟練していないとならない。（二四頁）

第二章　自然とは病人に医薬を与えるものである。医師は自然から成長しなくてはならず、ライプニッヒやウィーン大学からでなく、自然からなのだ。（三〇頁）

第三章　自然は等級づけられるのを忌み嫌う。自然の正しい秩序が望むのは、構造原理が構造原理に対比され、身体部分が身体部分に対比されることである。（五三頁）

第四章　健康にせよ不健康にせよ、天の運行がその事態をみつけ出して導くように定められている。（七一頁）

第五章　人間に役立つために自然から成長してくるものを、その本性によって秩序づけるところま

でもたらす者こそが錬金術師である。（九〇頁）

第六章　錬金術によって「アルカナ」の調整と製造が行われる。アルカナとは、効能と効力があり、揮発性で物体的ではなく、カオスであり、明るく透明で、星に導かれる。（九八頁）

以上六つの短文を挙げてみた。パラケルススの基本的な思念がわかる箇所に絞ったつもりだ。「自然（の正しい「秩序」）」、「天の運行」、「錬金術（師の心構え）」、「アルカナ」といった具合だ。最後の「アルカナ（arcana／複数形は arcananum）」はパラケルススの錬金術でのみ製造されるもので、翻ってみると、パラケルススの錬金術はアルカナを製造することにある。彼の医学にあってアルカナは中心的役割を果たす。複数形の「アルカナヌム」は神秘とか秘密とかを表わしていて、宗教的儀礼の用語と同じように用いられた。

「カオス」とは天と地の中間領域で、天体の性質を、大地の被造物の裡に刻印する折に、その性質を伝える媒介的な役を担っている。生き物が呼吸することで生きているように、生命の源としての大気を形成しているのが空気（カオス）だからだ。

まとめるのに苦労するが、パラケルススの使用する言葉を頼りに考えていくと、ある方向性がみえてくる——自然、秩序、天体の運行、錬金術師、アルカナ、カオス等だ。これは、錬金術師の思考枠内の表現と言えよう。

キャロリン・マーチャントは『自然の死』のなかの一節に、パラケルススの文言を末尾に引用してこう述べている。

ルネサンスの有機体説すべてに共通していたことは、宇宙のあらゆる部分が互いに関連し合って統一体をなしているという前提だった。「自然の親和性」により、万物は互いの引力または愛によって結ばれていた……パラケルススは、「ある物がその構成成分の過ちで苦しむときには、他のものたちも不安になり、……われわれの欠陥を天空がみつめているのと同じように、天空の欠陥や過ちをわれわれは目撃することが出来る」。

この「パンサイキズム（汎心論）」が、パラケルススがルネサンス期を生きた人物であることを雄弁に語ってくれている。

四気質・四体液

さて、ジャンバッティスタ・デッラ・ポルタには『自然魔術』の他に、『観相術（自然魔術・人体篇）』という、人相にとどまらず、からだ全体に目を配って活写した、身体の博物誌とも表現可能な一書（全二〇巻）がある。

その第一巻は、主に四気質、四体液を紹介している。

「特性というものは身体の有する四気質、四体液に由来しており、それを調べれば特性は容易に判明する」（第一巻第五章）。

ここで言われている特性とは広い意味での気質のことだと考えてよいと思う。デッラ・ポルタは当時勃興していた、パラケルススを中心とした、人体を硫黄、水銀、塩から成るとする三元の体系による身体論は採らず、伝統的な、ヒポクラテスやガレノスを祖とする、四元素、四特質、四体液、四気質のバランスによる身体論を用いている。

第一巻第九章から一二章までが四体液、四特質に割かれている。それぞれみてみよう。

(1)　多血質↑血液（空気↑熱・湿）〔血液とは、静脈を流れている体液のこと〕

「多血質のひとは恰幅がよくてとても品位がある。明るい鮮紅色の肌をしている。人の話に進んで耳を傾ける。ヴィーナスやバッカスの話を好む。陽気で言葉づかいも快い。才知にたけて手先も器用ときている。怒りっぽくない。愛を、自由を、笑いをよしとする。力強くて勇敢である」。

(2)　憂鬱質↑黒胆汁（土↑冷・乾）〔黒胆汁とは、使用後の老廃物とその胆汁。あるいは脾臓《ひぞう》から流れる胆汁といわれるが、現代医学では不明な体液〕

「黒胆汁のひとは肌が黒く悲しげで虚弱である。沈黙を是として不眠症である。臆病で心に落ち着きがない。断固たる意志を持ち、嫉妬深い。吝嗇《りんしょく》（＝ケチ）で欲が深く誠実ではない。黄色い肌で精気《スピリト》は豊富である」。

(3)　胆汁質↑黄胆汁（火↑熱・乾）〔黄胆汁とは、使用前の生成直後の胆汁。あるいは肝臓とそれに付着する胆嚢《たんのう》から流れてくるサラサラとして苦味のある体液〕

「怒りっぽく、せっかちで、気性が激しいのが黄胆汁である。胆汁質のひとは痩身かつ乾であり、毛深い。肌は浅黒く黄色っぽい。成長は速く、物覚えもよく、大食漢である。あらゆる場で名誉を最優先する。雅量があって自由人である。さらに金銭では吝嗇でなく詐欺めいてもいる。大胆で力強くて狡猾である」。

(4)　粘液質↑粘液（水↑冷・湿）〔粘液とは、脳や神経を取りまいている髄腔内の自己の体液〕

「粘液質のひとの顔は白い。太っていて背が低い。熟睡型で心配性でない。才たけず、動作は鈍くのろい。唾を吐くことが多い。非力である」。

以上のとおりである。それぞれの体液が人間の気質を決定しており、この各体液のバランスによって健康も維持される。つまり均衡が崩れると病気になる、ということであり、バランスの回復が快癒なのである。

四気質、四体液による身体観にはもちろん星辰の影響も考察の対象内にはいっていて、大いなる宇宙との照応のうちに身体が論じられている。

外なる宇宙に見出せる秩序が裡なる宇宙、つまり身体に見出せる宇宙と感応呼応するのである。デッラ・ポルタは、人間の性格の根源は気質（特性）に由来しており星界からではないとしているが、四気質それじたいが星界と感応し合っていることは銘記しておくべきだろう。

いずれにせよ、デッラ・ポルタが立脚しているのは宇宙との秩序的調和を旨としたヘルメス的身体観であり、身心各部がすべて生き生きと連関し合って活性化した身体観をかたちづくるのを理想としている。

2　自然魔術師たちの受け止め方

自然魔術の本質

自然魔術の発生は、第4章で詳しく検討するが、ここではその前説として、その本質に迫ってみる。自然魔術を表現する場合に、二通りの考えがある――「公」か「秘」かのいずれかだ。魔術は本来的に「秘」なるものであるのに、「公」に近い魔術思想もあって、ジャンバッティスタ・デッラ・ポルタやカルダーノ、それにパラケルススが属するだろう。それにたいして「秘」の方は、テレージオ、ブルーノ、カンパネッラが代表格ではあるまいか。

これを言い換えてさらに細かくみていくと、魔術の本質が、「能動者《エイジェント》と受動者《ペイシェント》」に適用できると思える。前者は行動のひとで、実験による自然への取り組みがある、「公」の魔術師だ。後者は机上の学問のひとで、自然魔術を効果的に用いて自然との調和を図ろうと企図する、「秘」の魔術師を指す。

フィチーノは、マグス（複数形はマギ［magi］）と、悪魔に助力を乞う「妖術使い、即ち、ストレゴーネ（stregone）」をきちんと区別している。「マギ」とは、天界の神聖な法則を精察する者で、神の聖なる被造物を真面目に観察して説明できる魔術師であり、魔女や魔法使いではなく賢人や聖職者を意味する。

以下の記述はみな、「マギ」に限っている。

ジャンバッティスタ・デッラ・ポルタの場合

デッラ・ポルタ著『自然魔術』の第一巻は「理論篇」と名づけてもよいだろう。自然魔術とはどういうものかを、具体例を挙げながらわかりやすく解き明かしている。とくにこの章では、四元素・四特質がいかにして受容されているかに注目している。

第一巻第四章で、四元素・四特質の解説をしている。

自然の起源として、デッラ・ポルタは万物が元素からなるとみている、古代ギリシアの自然学者（プラトン以前）たちの例を挙げている――ヘラクレイトス（前五〇〇年頃が壮年期）は「火」を、アナクシメネス（前五八五-前五二八）は「空気」を、ターレス（前六三六-前五四六）は「水」を自然の淵源（第一種）に挙げている（三二頁）。

次に四特質（特性）と四元素の関係性を記している。

少し長くなるが、『自然魔術』の筆致も味わってほしいので、四元素の箇所をすべて引用する。

　諸元素は絶え間のない連続的変化によって動き改まる。元素は大空のなかに包まれていて、月下に位置するこの世の全空間を充たしている。火は最も軽くて純粋な元素で空高く上がって、火の元素と呼ばれる最高位の部屋を自分で選ぶ。火の次の元素は空気であって、空高く上がって、火よりいくらか重たく、広大な範囲に広まっている。あらゆる場に行きあたり、人間の身体をその気質に応じて作り上げる。また黒雲のなかに密集したり、霧のなかで薄まり融けたりしてしまうこともある。空気の次は水である。そして諸原素のなかの最後でいちばん低いもの、純粋な元素で作られ圧縮されたもの、それは土と呼ばれる。きわめて硬くて濃密な物質で、決して穴を貫通することはない。したがって、なかに土を持たない固体で硬くて堅固なものはない。それはまたそのなかに空間がないので空気が入らないからでもある。土というこの元素はあらゆるものの真中、および中心に位置して、残りのもので飾られている。この土はもっぱら不動だが、残りのものは土の回りを円運動する。（三二―三三頁）

「火」がいちばん軽くて、順に、「空気」、「水」で、「土」がもっとも重くて堅固だと説いている。さらに、医師たちの言葉を持ち出してきて、「万物」が「熱、冷、湿、乾といった四つの特性（特質）で成り立っていて、二つが組み合わさって物質の性質を出す」（三三頁）。即ち、四元素は四特質のうちの二つの特質でみな成立していて、自然は、おのおのが引き合うように「二重の特質を」、並んでいる「二つの元素」に与える。前述した、二本のウデのことを示している。次の記述はその教説を発展させた、各元素間での移動である。

「火（熱・乾）」は「熱」でもあるから「空気（熱・湿）」に、
「空気（熱・湿）」は「湿」でもあるから「水（湿・冷）」に、
「水（湿・冷）」は「冷」でもあるから「土（冷・乾）」に、

「土（冷・乾）」は「乾」でもあるから「火（乾・熱）」へと変化する。

さて、右のような変容は錬金術の用語では「（元素の）可変性」という。デッラ・ポルタは錬金術をいかさまだと第五巻「金属を変えることについて」で批判するが、第一巻で「可変性」を記述して、「四元素はきわめて神慮ある秩序にしたがって巡っている」（三四頁）と、わざわざ「巡っている」をつけたしていることから、錬金術を芯から否定しているとは思えない。ただ、錬金術の場合、元素の転換手段として加熱や乾燥という「火」という手段を駆使するので、決め込むことは出来ないのだが（この「転換＝変換」については、一九一九年、ニュージーランド物理学者、アーネスト・ラザフォード［一八七一－一九三七］が放射線を用いた実験で証明している。原子＝元素、という見立ての上でなされた試みで、錬金術が見直されるきっかけとなった実験である）。

テレージオや彼の弟子を任じたカンパネッラは、「冷と熱」を称揚し、その二つの特質の運動によって世界が成り立っているとした。

カルダーノは四元素から、ひとの力による「火」を省いて三元素とした。「火（文化）」の存在だけがべつであることを見抜いている。

第4章　三位一体——魔女狩り、自然魔術、科学革命

三つの潮流

表題の「魔女狩り、自然魔術、科学革命」にはみな「自然」がかかわっている。ここでは、そのことを明かそう。

たいていの論者は「科学革命と魔女狩り」を組み合わせて、西欧文化の明暗を対照させて描く。もちろん「科学革命」が「明」で、「魔女狩り」は「暗」である。時代としては、一五五〇年から一六六〇年の、およそ百年間余に相当する。だが、この時期はこれまでに触れてきた自然魔術師の活躍した一〇〇年でもある。

この三つの術語の同時出現はどうして起こったのであろうか。

これは西欧社会でのキリスト教の普及からみていく必要がある。キリスト教を発展させたのはあまりよく知られていないが「商人」の努力による。商人はキリスト教の教えを抱き旅先で共感を得るために、主として都市間を移動した。キリスト教は都市の知識人層に受け容れられ、大多数のひとがキリスト教の倫理観を身につける。即ち、極論すれば「(原)罪の意識」である。

一方、農村地域では、相も変わらず、春がきて、夏がきて、秋がきて、冬がきて、また春がきて――といった円環の時間枠にとどまっていて、キリスト教の「初めがあって終わりがくる」という直線的な世界観ではない。植えた種が芽を出しやがて花を咲かせ、冬芽の目覚めを整えながら散っていく――そしてたくさんの稔りを待ち望む。即ち、豊穣信仰だ。「農夫や職人は自然のなかで自然にたいして働きかけており、哲学者と異なって、一連の想像上の実体を構成し、それらに極端にいかめしい名前をつけるようなことはしなかった」（パオロ・ロッシ『哲学者と機械』）。キリスト教（都市部）が一神教なら、農村部は多神教だ。農民たちは農村社会の呪術に束縛されていた。

「罪の意識」ではなく「恥の意識」にとらわれていたに違いない。農村地域に暮らすひとたちを、発想のまったく正反対なキリスト教に改宗させるのは労苦を要しただろう（一四世紀の半ば過ぎ頃からだんだんと農民たちも直線の時間理念を受容していったと言われている）。

それでは自然魔術はこれら二者とどうかかわるのか。チャールズ・ウエブスターはこう説いている。

> 自然魔術のいずれの解釈も科学への期待を高める一因となったし、文化の再生という理想に一段と現実味を与えていた。西欧の旧秩序の安定が失われた結果、自然はある種の世界革新への確信を生むために動員されたさまざまな知の力のひとつになった。

なかなか難しい内容だが、裏を返してみれば、西欧文化に不安要素が生じ始めた、その時期にこそ、新たな秩序が自然界に芽吹き、その一端に自然魔術があると述べているのだろう。科学ももちろんその「知」のひとつで、自然魔術が支えとなったというわけだ。自然こそが世界革新の中心的役割を果たしたと結んでいる。ここに「自然観」の転換が見受けられよう。

その主たる担い手は自然魔術師（知識人）たちだったが、みずから正統派のキリスト教信者だと名乗りながらも、異端視される。もともと反キリスト教的発想の持ち主が多数を占めていたのは事実なのだから。

「科学革命」と「魔女狩り」とはコインの裏と表だが、「自然魔術」とは、「同床異夢」の関係にある。これら三つの名辞をこれから解説していこう。最初に簡単な略図を作ってみるに、「科学革命」を成し遂げたひととは、現代医療での「外科医」であり、「自然魔術師」は内科医と言える。「魔女狩り」の「魔女」は、何らかの医療ミスで犠牲になったひとたちだ。

魔女

「魔女」を説明するにはいくつかの視点がある。(1) 知恵者への嫌悪感、(2) 社会的背景、(3) 女性蔑視、(4) 宗教問題、(5) 貨幣経済の流入の有無、最後に、(6)「悪魔学」の観点から。

さっそく順番に探究していこう。

(1)「魔女」の反対語は「魔男」ではなく、「聖女」である。「女」という文字が入っているが、男も「魔女」の範疇《はんちゅう》にある。英語では、知恵を授かった「賢い男、ないし女」のことで、wise man → wizard、wise woman → witch と記述する。その行為が witchcraft（魔術・妖術）の意味となる。

ご覧のとおり、wise（賢い・賢明な）という形容詞が、男女ともについている。当時「知恵者」を疎ましくみなす傾向があった。その最も適切な例が「産婆」である。赤子を取り挙げて子孫を保たせる大切な役目のひとだが、それだからなおさらその技術が神秘性をまとい、畏れられた存在だった。産婆のみならず、どこの村にもいた年寄り（主に女性）――彼女たちは長年の経験から薬草の見分け方、使用法、それに民間療法やまじないや占いに精通していた、ある意味で知識人だった。こうした得難いひとたち（特に女性）が魔女と呼ばれた。

(2)　前項で示した、一五五〇年から一六六〇年は「時代の裂け目、転換期」と捉えられている。終末期を抱え、民衆は（貨幣経済の侵入によって貧富の差が出来て、貧民は）貧困にあえぎ、ルネサンス期を襲った寒冷期気候のため飢饉が続き（中世は温暖期だった）、ペストに代表される伝染病が一八世紀にいたるまで頻繁に席巻し、農民一揆も起こり、宗教上の内乱も頻発し、千年王国論（聖書のなかの「ヨハネの黙示録」を典拠に、神の審判前にキリストが降臨し、背神の輩を打倒し、真のキリスト教徒を一千年間統治すると説く、キリスト教の終末思想の一説）、そして宇宙の秩序にかんする論争が勃発した、民衆の多くにとっては苦痛と苦悶の時代だった（それとは逆に、少数の者たちには「創造」の時期だった）。

こうした苦境や苦難は、悪魔がこの世に解き放たれて人類のうちの脆弱《ぜいじゃく》なほう、傷つけやすい人類の半分、即ち、女性が、悪事を働いているとみなされる。この種の女性（一部には男性）が魔女としてまつりあげられたわけだ。

あるいは、社会的、肉体的ハンディを負い、共同体から疎外され孤立化し、加えて自分が精神障害者だと自己暗示にかかった女性をも魔女として扱った。

(3)　非合理な話だが、社会的、宗教的、政治的な集団ヒステリーのなかで何の根拠もなく、その社会的世情不安から、魔女に仕立てあげられた女性（男性）。これには往時の女性観もおおきく作用している。本性上、女性は男性より劣り、肉体はつねに抑えがたい欲望に充ちていて、この世に脅威をもたらし、秩序を破壊する、本質がカオスであり否定であり不法なる存在……。

(4)　キリスト教（父性信仰、一神教）は侵略宗教である。西欧土着の宗教（母性信仰、豊穣信仰、多神教、具体的には古代の神々、ケルトの有角神など）を信ずるひとたちを次々と改宗せしめていく。都市を中心に商人が布教の役目を果たしている。ローマ帝国では三一三年に公認されるくらい普及した。ところが本来、土着の母性型信仰を大切に抱いてきたひとたちはなかなか改宗しない。そこでキリスト教側は一計を案じて、聖母マリア信心を創造する。マリアはイエスの生母であり、言うまでもなく女性である。これで多くの民衆が土着の神からキリスト教の神へと信仰を改める。だが、最後まで土着の神々を破棄しなかった者たちを魔女と呼んだ。

(5)　ルネサンスはイタリア（特に北イタリアの諸都市）で起こったが、それは中世来の地中海貿易、その後の東方貿易で、イタリア諸都市の商人が中継ぎとして、アルプス以北の国々や地域に商品を高く売って利ザヤを稼いだからだ。それが潤沢な資金となって貨幣経済が北イタリアの都市国家で発展する。ルネサンス文化運動の下支えがこうして出来上がる。同時期アルプス以北の地域（ほとんどが農村）では貨幣経済が浸透し始めた頃に当たり、こうしたときに必ず生ずる「貧富の差」が出来《しゅったい》する。ドイツやフランスやスペインの農村では貨幣経済の侵入で階層の分化が起こり、農村共同体が解体の憂き目に遭《あ》う。貧富の差は下手をすると百姓一揆などを生みかねない。そこで、格差から貧民の目をそらそうと案出されたのが、人身御供という他人の欲望を満足させるために村のアウトサイダーを犠牲にすることだ。その者は「犠牲の山羊《スケープ・ゴート》」と呼ばれ、村民が選び、司法機関や教会がそれを利用して魔女が誕生する。換言すれば、一種の「ガス抜き」である。

(6)　「悪魔学」の観点からすると、一五一七年、ルターによる宗教改革が、一五四一年、カルヴァンがジュネーヴで最後の宗教改革の狼煙《のろし》を上げたのは周知の通りである。宗教改革の以前でも以後でも魔女狩りは衰えをみせていない。一四八六年、ドミニコ会士、インスティトーリスとシュプレンゲルが共著で『魔女に与える槌《つい》』を刊行する。これは、魔女迫害者たちを助け、迫害妄想の諸観念に反対して投げかけられるすべての異議を排除すべく詳細に論じた書である。宗教改革以後も魔女排斥のマニュアル本となる。イタリアでは二版で済んだが、ドイツでは一六版、フランスでは一一版も版を重ねている。三国の魔女狩りの頻度がみえてくる数字だ。

もとより、女性をさげすんだ書である。問いの形式を採っている。一文、引用してみよう。

魔女たちは男性の性器を魔法で引き離すように扱うか否か。魔女たちは人間を獣に変えさせる力を持つか否や。

性交にかんする問いが多く、体位についても、正常位、騎乗位と、ねちねちと書き連ねている。

こうした書が売れる背景には「悪魔学」の成立が起因しているだろう。「学」の名のもとに、現実と超現実、自然と超自然、可視的なものとそうでないものとの際《きわ》を見定めようとしたと思える。それは魔女の基準を設けることと同義だ。こうした立場に立つと、「魔女狩り」とは、以前からそうだとみなされていた「魔女」が、キリスト教会の視座から「異端」と規定されたと考える。教皇至上主義をとる者たちにとっては、教会の霊的統一、信徒たちの共同体の政治的統一にひび割れをきたす存在、それが「魔女」、ということになろう。プロテスタントは教皇至上主義を否定し、教皇の上に聖書を位置づけるが、共同体の分裂を危惧する点ではカトリックと同様だろう。

騎乗位

魔女狩りがこうして宗教的局面から議論されると、民衆への宗教の普及率の大きさゆえに、「魔女」についての民俗学的《フォークロア》や民間伝承的な取り組みが芽吹くのもとうぜんだ。

サバト（魔女の集会）、膏薬、夜間飛行、変身、死者の国、（ゴヤの絵による）山羊の姿をした悪魔との血の契約書、悪魔の肛門への口づけ、「涙の欠如」、魔女の手下である「使い魔」（モグラ、コウモリ、カエル、トカゲ）等々、魔女の世界はじつに陰湿な美意識で成り立っている。

サバトとはユダヤ教の安息日で、土曜日の意味（イタリア語でもサバトは土曜日を指す）。その日神は冥界で休息し、労働者も仕事の手を休める。翌日（日曜日）の太陽の再生を希求して神に祈る（日曜日が安息日となったのはキリスト教以降）。

民俗学としての「魔女」がキリスト教以前の信仰に基づいていることがみえてくる。例えば、魔女は箒《ほうき》にまたがって空を飛ぶが、これは騎乗位の暗喩で、正常位しか認めないキリスト教と反する体位だ。魔女が一般民衆の心性《しんせい》に迎えられたとき、それは異端となって正統キリスト教では充たされない民の心の展開にいたるのだろう。

自然魔術

ここではジャンバッティスタ・デッラ・ポルタ著（拙訳）『自然魔術』に登壇を願うつもりだ。自然にたいする彼の眼差しは暖かくて優しいが、ときとして理念的な表現を用いて自然の「秘密」にせまろうとする。彼がナポリに設立したアカデミーの名は「自然秘密学院」だ。なぜ、あえて「秘密」という言葉を用いたのであろうか。

「魔術はもっぱら自然の全過程をみわたしたもの」（二五頁）、とか、「隠された事物の特性の多様性や資質、自然全体についての知識を提示し、事物の一致と不一致、分離と一つのものを他のものへと相互に適合させることによる結合」（二六頁）、とかを読むと、著者の魔術観や自然への視点がみえてくる。「隠された事物の特性の多様性」では「隠された《オカルト》」に注目すべきであり、「事物の一致と不一致」では、「一致」が「共感」、「不一致」が「反感」と同意なのを見抜くことが肝要だろう。

二つとも「魔術の知」の重要な要素だからだ。

魔術師とは？　の説明で、デッラ・ポルタはプロティノスの文言を借りて、アルス（技術：農耕や牧畜）でなく、自然だけの助けを得て作業をする人物を指すと紹介している。この文章の背後には、当時広く支持されていたアニミズムが自然と人間との間を掛け持つ橋渡しの役を担っているという考えがあったからだろう。

そして自然の秘密を解明するにあたっては怠惰で無精な人間には無理だとも述べている。

形相の優位

質料と形相との関係では、デッラ・ポルタは神を起源とし、質料と四元素を道具として使用する形相に、軍配を上げている（三八頁）。第一巻第六章では、諸々の形相は天に由来する以上、神としてまたは天上界の事物として重視されなくてはならない。具体的に、プラトンでは世界霊魂、アリストテレスでは普遍的自然、アヴィケンナでは形相授与者といった、最も卓越した、形相の典型（本質）、即ち、最も出色な原因がそこにあるからだと言う。

「形相（本質）」を「質料（材料）」より重んずるデッラ・ポルタは、「神―精気―霊魂（生命）」説を採り、「神―天使―霊魂」のキリスト教とは異なる立場に立つ。魔術師は下なるものを、それらが上なるものから受け取る素晴らしい能力と威力とで結び合わせ、自然の隠された秘密を暴くのだ（四二頁）。

左記の著名な引用文には、新プラトン主義の一端を垣間みることが出来る。

精気は神に由来し、霊魂は精気から招来する。霊魂はその序列に応じて他のあらゆる事物に生命を与える。……しがたって、上なる力はまさに第一原因から発して下なるものへいたり、糸を編み合わせるように、その力を注ぎ入れるのであり、またこの糸の両端が触れ合うように、天上から地上へと糸は全体を絶えず動かしているのである。それゆえわれわれはこうして事物を編み結ぶことを鎖、環と呼んで正しい。（四一-四二頁）

余談だが、かのニュートンも『自然魔術』を読破したらしい。一冊、所有していたことがわかっている。一七世紀まで版を重ねたのだろう。あくまで推察の域を出ないが、自然魔術系統の書物の刊行は近世を過ぎてもまだあったのではあるまいか。

同床異夢

「魔術」という言葉はずいぶんと誤解されている。

意味的には「僧侶（magus）」を第一義とする。そして往時、知識人と言えば「僧侶」を指したから、「魔術（師）」は「知識（人）」の意味を帯びることになる。

しかし、おおかたの日本人はおどろおどろしいイメージをこの言葉から連想するであろう。妖術や呪術の類のいかがわしさがつきまとっているはずである（黒魔術→デーモン魔術）。しかし「魔術」とは、復習になるが、自然にたいする人間の知恵（知識）のことを言う（白魔術→自然魔術、つまり自然にたいする知識）。自然への人間の知のありようなのである。「魔術」にはきまって人間の知がかかわっている必要がある。「人間の知と技を介して対象（自然）になんらかの効果を与える（学でなく）術」――それが「魔術」だからだ。

ここで問題となってくるのはむしろ、対象となる「自然」のほうだろう。自然をどのように捉えるかによって自然観が立ち顕われてくるが、西洋の自然観の歴史のなかでの魔術の有する自然観を一度考えてみておくほうがよい。

きわめて大雑把な分類となるが、西洋文明の自然観には二種類ある。ひとつはキリスト教による自然観（ヘブライズム）で、いまひとつは魔術による（擬人的な）自然観（ヘレニズム）である。この魔術という語もキリスト教が政治的に本流とみなされたがために、異端としての名を付されたがゆえについた名でもあることを忘れないでほしい。

キリスト教は唯一絶対の神を持つ一神教であり、人間はこの神によって造られた被造物だ。そして自然はこの人間のために造られた棲家《すみか》なのだ。したがってキリスト教では自然を観察の対象として客観的に捉えて、自然界において人間だけが主体であるという「人間中心」の思想が生じる。自然は言ってみれば〈モノ〉であり、人間の支配や征服の対象なのである（「創世記」第一章二六節、参照）。自然は人間の意志と力によって自由に操作され得るものなのだ。ここに自然開発の発想が生まれてくる（その最たるものが自然破壊）。近代自然科学や科学技術はこの路線に沿って発展してきている。

一方、魔術の場合は以下のようになる。魔術は唯一神ではない。「一者」なる存在はあるが、生の根源としての一者であり、その下に第二、第三の神といったように、一者を光源（太陽）とすると、そこから地上（自然）へと神性を秘めた光が流れ出て、あらゆる事物に宿る。人間も含めた自然界の生物、事物すべてに神が宿り、人間は自然に内包された一部にしかすぎない。人間の方が自然を棲家とするわけである。したがって自然は人間同様「生きモノ」なのである。

キリスト教の自然観では自然は即物的で死せる存在であり、イメージとしては、「はじめ」があって「終わり」がある直線的なものだ（父なる神・一神教　終末思想）。他方、魔術の世界では、キリスト教のそれではよもや考えられない、万物に生命の根源たる神（一者）が宿り、自然は生ある有価値なものとみなされ、春・夏・秋・冬といったような円環のイメージをとる（母なる大地・多数神　豊穣信仰）。

即物的で没価値な客観的対象として自然を凝視すると、それは観察という行為へといたって、自然法則や原理が発見されて近代自然科学が興ってくる。魔術からはそうした成果は期待できない。しかし自然は生きモノなのだということから自然保護の思想が生じてくる。

キリスト教の自然観の発展形態として、近代自然科学成立の礎となったガリレイによる数学的自然視、そしてデカルトによる機械論的自然観がある。これにたいして魔術の自然観は一言で表現するとアニミズムの自然観と言えよう。

この、「魔術」から「科学」への移行を、チャールズ・ウエブスターが巧みに、そして逆説的に言い表わしている。

自然魔術は、通常の科学用語のなかに魔術的な語りを持ち込む媒介の役目を果たした。そのため自然魔術は、理論的、応用的な形態のいずれの科学にも驚くべき可能性があるという含意をもたらすことになった。

先述のように、キリスト教の自然観を母体として生まれた近代自然科学の自然観は自然を即物的・没価値とみる機械論的自然観で、有機的生命的（擬人的）自然観を採る魔術の自然観とは相対立することになる。ただそのなかにあって自然魔術は、自然をあるがままに客観的に凝視しようとする姿勢に特徴があり、これはとりもなおさず実験・観察を手段として用いることとなって、近代自然科学の方法論につながっていく。

しかし自然魔術師は実験・観察によって取得したものには満足せず、その背後に自然を統べる超自然的な精神を求めようとして、自然の背後に隠されたもの《オカルト》（オカルトは、「隠す」を意味するラテン語の occulo の完了分詞 occultum に由来する）を追及しようとする。ここが近代自然科学の態度と決定的に異なる点で、やはり自然を各部に神（生命）の宿る生きモノとみなしている。

だが自然魔術の、自然にたいする実験・観察の態度は、ガリレイなどが活躍した一六世紀後半から一七世紀前半の近代科学の勃興期（科学革命の時代）に大きな意味を持つことになる。

科学革命の萌芽

やはり次に掲げる一五四〇年代に視線を向けざるを得ない。

一五四三年　コペルニクス『天球回転論』（地動説の提唱）

ヴェサリウス『人体解剖論』（近代解剖学の黎明）
タルターリア訳『アルキメデス著作集』（ギリシア語からラテン語に翻訳。第2章の「1」で言及したようにガリレイに大きな影響を与える）

一五四五年
カルダーノ『数学総論《アルス・マグナ》（大技法）』（タルターリアから聞き出した、三次方程式の解法を公表。両名の間で論争が起こる）

画期的なこととは、偶然にみえて必然なのかもしれない。そして「画期的」ではいまひとつ事例を挙げることが出来よう。それは、「一六、一七世紀、西欧で起こった、キリスト教を信仰する西欧文明のなかでしか生じ得なかった、人類史上初の画期的な出来事」のことだ。「科学革命（Scientific Revolution）」がそれに該当する。

「キリスト教信仰」が大切な要素だ。「創世記」第一章二六節にこうある。

……神は言われた。
「我々にかたどり、我々に似せて、人を造ろう。そして海の魚、空の鳥、家畜、地の獣、地を這うものすべてを支配させよう」。

キリスト教では、人間が他の動物を支配・管理下におけると述べている。極論すれば動物をモノ（没価値）として捉えていることだ。キリスト教信仰のない地域では思想的後ろ盾がないから、いくら科学的なことが起こっても「科学」は生じない。これに古典古代から受けつがれてきた「技術」が加味されて近代自然科学が誕生する。例えば、ルネサンスの三大発明（正しくは「改良」）のなかに「火薬」がある。もともと中国からもたらされたものだが、中国では「火薬」にはいたらず「花火」のままに終始する。「火薬」へと変化させるには西欧独自の科学的視点が必須だったからだ。

カンパネッラなどの自然魔術師は、自然界の「質＝触感、におい、色、味など」で、感覚の主観的性質を重んじている。ガリレイは正反対だ。彼の自然界は、「量＝物質（方形、点、線など）、それに運動が加わった幾何学的世界」のことだ。『偽金鑑識官』に出てくる有名な文言――二度目の登場だが、

自然は数学の言葉で書かれている。（La natura è scritto in lingua matematica.）

この名言を敷衍《ふえん》すると、自然は「数量、ないしは、方程式」で表現できるということになる。方程式とは任意の数字をその式に挿入すると自動的に解答が出てくる方式のことだ。ここに、自然魔術師が繰り返して述べた、「自然の裡（奥底）にある隠れた秘法（理法）を探求する」と対極的な、隠れていない、公開で明々白々な法則に則った、客観的方法と解答の誕生をみる。

「科学革命」を自然魔術の側から焙《あぶ》り出してみると、自然魔術は、よく知られている科学の用語に魔術の語彙を持ち込む橋わたしの役割を担ったことになる。こう考えると、自然魔術は、理論面でも応用面でも、近代科学誕生に果たした効能は少なからずあったに違いない。

ここで、西洋史家・中谷博幸著『キリスト教芸術との対話』に依拠しながら、「世界の創造」神話を、まず日本とキリスト教文化、さらにそのキリスト教の創造神話を細かくみていこう。

日本の創造神話については『日本書紀』に明らかだ。即ち、「混沌」のなかから神々が生まれてくる。日本列島も、伊弉諾神《イザナギ》（男神・夫）と伊弉冉神《イザナミ》（女神・妻）の契りから産まれた。これは親子の関係に等しく、神と世界が本質的に同じ遺伝子を持つことを意味する。世界（自然）を神として、ないしは神の一部として崇める考えが生まれる。これは自然を神として尊崇することで同義である。まとめると、日本の創造神話は〈誕生型〉と言えよう（親子間の親和）。

これにたいして西洋（キリスト教）の場合は〈大工型〉だと思える。

大工が家を建てるように神が世界を創ったとみなす。〈誕生型〉と違って、大工が家と等しくないように、神と世界は本質を異とする（神と世界とはべつの存在）。この立場からすると、自然を称揚することは、神でないものを神とすることとなり、偶像崇拝となる。

創世記の世界創造は〈大工型〉である。さらに〈大工型〉の特殊形態だと考える。というのも、〈大工型〉なら建築材料があるはずなのだ。それがない。無からの創造から始まるからだ。質料がないので「言葉」を発することで世界を造る。――「神は言われた。『光あれ。』こうして、光があった」（「創世記」第一章三節）。

以上からキリスト教（聖書）での神と世界（自然）とのかかわりをまとめてみると、

(1)　神は世界を産んだのではなく、創造した。

(2)　神と世界とは本質を異にする。世界（自然）は被造物であって、そのなかに神的なものは含まない（一神教の立場）。それゆえ、世界やその一部を神として敬重することは否定される（アニミズムの否定、偶像崇拝の否定）——「創世記」第一章二六節につながる。

(3)　神の本質的働きは「言葉」によってなされる。

極論すれば、神は世界を無からみずからの言葉で創造したことになろうか。中谷氏がプロテスタント（ルター派）の信徒なので、他のプロテスタントの宗派のひとたちやカトリックの信者の方々から批判はあるかもしれないが、筋のとおった論理展開である。

もうひとつの「科学革命」

トーマス・クーン（一九二二–九六）という著名な科学史家が提唱した「科学革命」は、前述の大文字の表現はとらず、「scientific revolutions」と記す。小文字で複数形だ。複数形であることからも何回か革命が起こったことを示唆している。彼は、「科学革命」を「パラダイム・シフト」と解釈し、天動説から地動説をその最たるものだと訴えて、それ以降も何度か起きていると説く。

第一の科学革命（一六、一七世紀）　天動説から地動説をはじめとして、その担い手たちは、キリスト教とみずからの学問との関係を問うた。

第二の科学革命（一九世紀）　個人のレベルでの信仰問題はともかく、自分の学問上の成果をキリスト教信仰で正当化しなかった。

「第一」から「第二」への移行期は、学問とキリスト教の分離、つまり、学問を、それ自体として探求するようになった時期に相当するだろう（大野誠）。

数学的自然観

数学という、従来の自然学や自然哲学とまったく伝統的なつながりのない分野にガリレイはたずんでいる。ガリレイは（自然）哲学者ではなく、数学者で天文学者であり、忘れてはならないのは技術者でもあったことだ。自然学（当世風に言えば、物理学）は、昔からの論理学に基づくものでなく数学を基盤としたものへと衣替えする。これは当時にあってはまったく新しい考え方で、最高学府である大学のカリキュラムは変革を促されることになる。

これにたいして、アリストテレス主義の自然学者にとってはガリレイの方法が自分たちの伝統的領域への、数学者どもの侵略と映り、ガリレイ的知を目の仇《かたき》とみなす。

繰り返すが、ガリレイにとって新しい科学では、数学的なものこそが新たな自然学なのである。ここに数学的自然観が産声を上げる。

もちろん、コペルニクスの地動説もガリレイの宇宙観察結果にも欠陥があったが、それらは後世の研究者によって克服されていったのは言うまでもない。従来の科学的誤謬《ごびゅう》を立証するにはやはり科学的実験・観察によって反証するべきで、自然科学の発展はこうしたことの連続で現代まで続いてきている。

言うなれば、科学は理性による第二の自然の創造なのである。となるならば、科学革命の本筋は、天動説のプトレマイオス対地動説のコペルニクスでもよいが、これまでの叙述を翻ってみれば、四体液重視のガレノス対医化学派の祖であるパラケルススとみてもあながちまちがってはいないない気がするが、いかがであろうか。

第5章　コスモロジー

天文学が扱う宇宙にかんする考察を普通「宇宙像」と呼ぶ。他方、宇宙の秩序の探求を主題とするのを宇宙観《コスモロジー》と称して、自然哲学の一種である。ともに天体現象を計量・観察する点では共通だ。しかし、天文学の方は天体現象を数学的に分析し、宇宙を物理的に解明する理論派だ。これにたいして人間の運命や地上の出来事を予言する実践的知識に主眼を置くのが、いわゆる占星術で、実践的傾向が濃厚だ。

コスモロジーへの問いかけ

古代より地球をその一部に含めた宇宙を扱う学問を天文学と呼んでいるが、カンパネッラの関心を惹いたのは宇宙の物理的解明の学である世界像としての天文学ではなく、宇宙の秩序を主題として抱えた世界観としての宇宙論（コスモロジー）のほうにある。むろんコスモロジーを与えるひとつの材料として宇宙の数学的形状や運動といった具体性も必要であり、『ガリレオの弁明（擁護）』で扱われている主たる論点もそこに集中したが、そうした具体性の背後にある一定の理念が先験的《ア・プリオリ》に伏在しており、論を深めれば深めるほどそれが浮かび上がってくる。そこには人間の生の真実、実感が分かちがたく植え込まれていて、時代的制約はあるにせよ、宇宙構造の数理的真理を求めんとした天文学とは異なった彩りの自然学的、自然哲学的学知がみえてくる。実際、コペルニクス以前にあっては宇宙の諸原理を決定するのは自然哲学者の作業であり、天文学は単に天体の表面的運動や位置を考えるものにすぎず、自然哲学より一段と低い格付けに甘んじている。

ちなみにそうした天文学者の仕事のひとつを挙げてみよう。やはり最も重要な作業は、不規則にみえる天体の運動を完全に一様な円運動に還元することであり、この背景には天体神聖視、円は美という大前提がうかがえる。惑星が不規則運動をしているという現象（現実）を、その不規則は真理でないとして、規則的な円運動（真理）に還元して、現象を救わなくてはならなかったのである。この救いの手立てとして古代の天文学者たちはいろいろな理論を考えた。プラトンの友人エウドクソスの見解を受け継いでアリストテレスは宇宙を球形、中心は地球としている。後期ギリシアの天文学者は、離心円、周転円、エクファント（プトレマイオス）を創出して、天動説、完全なる円運動を支えたのだった。

アリストテレスの宇宙論

中世（特に一二世紀以降）では古代天文学の最高峯とされる『アルマゲスト』の著者プトレマイオスを学んだ天文学者ではなく、アリストテレスの著作（主に『天体論』）を修めた自然哲学者が時代の宇宙観を形づくっていた。

アリストテレスの宇宙観とは――宇宙は有限で球形であり、中心は地球である。地球は静止しており、四元素のなかで最も重い土で出来ている。地球は一連の同心球に囲まれている。第一の球は水の球、第二に空気の球、第三に火の球がある。火の球の外側には七つの天球（月、太陽、水星、金星、火星、木星、土星）があり、宇宙の最も外側が恒星天球で、この天球の回転運動が内側の惑星を運ぶ七天球に回転運動を伝えている。

さらにアリストテレスは、月天球を基準に宇宙を二つの異なる面に分けている。つまり月下界と月上界とにだ。月下界は生成と消滅といった変化する不完全な世界。月上界、即ち、天界は不変不滅の完全な世界で、月下界を構成している、土・水・空気・火の四元素は存在せず、第五元素であるエーテルによって構成されているとする。月および月上界の天体は永続的で一様な円運動を行なうが、この考えは彼の神学的考察に端を発している。

アリストテレスは宇宙の運動の究極因を神とみなし、恒星天球は神によって動かされると考えた。神じたいは不動だが、天球の運動は不動の動者たる神への天球の愛によって作動する。このためには天球は生きておらねばならないが、アリストテレスは各天球に霊魂を付与しており、動物にたとえてもいる。天界に位置する聖なる天球は神に可能な限り近づこうと希求しながら、永続的で完全な円運動を行なうわけだ。

以上の宇宙論がカトリック教会の教説と大筋のところで合致し採用されたのであるが、それは一二世紀以降のことであることを忘れてはならない。というのもアリストテレスの著作が本格的に西欧世界にもたらされたのは「一二世紀ルネサンス」と呼ばれる翻訳の世紀においてだからで、クレモナのゲラルドやメールベケのギィヨーム（一二一五頃－一二八六頃）等の翻訳家のおかげなのである。それ以前の宇宙論といえば、カルキディウス（四世紀頃）によるプラトン『ティマイオス』の翻訳やボエティウス（四八〇頃－五二四頃）、セビリアのイシドルス（五六〇頃－六三六）の天文学的知識、それに聖書によるものだ。プラトンは天体の運動を数学的に考え、地球は宇宙の中心で不動であるとしており、アリストテレスは師の考えを引き継いでいる。

「六日間物語」

聖書のコスモロジーはいうまでもなく、「創世記」第一章の神の六日間にわたる天地創造の記述に集約されており、教会もこの説明のために自然哲学的知識が必要となった。たとえば四世紀頃から天地創造を記述した「六日間物語」と称される注釈書が教父たちの手によって多数書かれた。聖人ベーダ（六七二／六七三－七三五）の言葉を引用してみよう。——「天地の創造は六日間で出来上がり、地はその中心にして、かつその主体である。天は、火のような微妙な本質からなり、地の中心から天蓋のように丸くて、あらゆる部分が等距離である。それは、毎日言語に絶する速度で回転し、わずかに七個の惑星……との抵抗によって、緩和されるにすぎない……最高の天には固有の限界があり、そこには、天使の第七階級がいて、地上にくだって霊妙な肉体をよそおい人間の職務をはたして帰還する。天は、火災を防止するために、氷水で鎮められている。下天は、上なる水と下なる水とを隔てているから、蒼天と称せられる……」。西洋古代最大の教父アウグスティヌスは蒼天の上に天国の、地下の暗い火の燃える所には地獄の存在を認めている。

例えばカンパネッラは、アリストテレス哲学が導入される以前の、こうした教父たちの宇宙観にかなりの拘泥をみせている。それは『ガリレオの弁明（擁護）』が聖書のコスモロジーを読み解くことを意図したものであり、むしろ彼がアリストテレスの自然観に反する立場をとるからでもある。言葉を強めれば聖書のアリストテレス的解釈から聖書を救おうと企図したのであり、これはコペルニクスとて同様なのだ。たとえばアリストテレスの宇宙観がいかに根強かったかを示す良い例として次のようなものがある。一四世紀のフランスの司教、哲学者のニコル・オレーム（一三二〇-八二）は、地球の日周運動を肯定する見解をとったが、結局彼はこの説を聖書――アリストテレスの宇宙観に反するとして退けたほどだ。

トマス・アクィナスの宇宙観

さてここでもうひとり重要な人物の宇宙観を掲げておこう。中世一三世紀の大スコラ哲学者トマス・アクィナスのそれだ。『ガリレオの弁明（擁護）』でも随処に、カンパネッラはその言説を引いている。トマスはアリストテレスの宇宙論に変更を加えて（というよりも利用して）、キリスト教神学と相見合うように仕立て直している。その修正例の代表的なものを挙げよう。

1　恒星天球を宇宙の果てとしたアリストテレスにたいして、トマスはその外側に、日周運動のみを行なう第一可動天球を措定。

2　第一可動天球のさらに外側に、天使を創造し、その住処《すみか》であるとする光輝天球を措定。

3　アリストテレスの神と異なって、トマスの神は、この宇宙（物体的被造物と霊的被造物の総体）を創造し配慮するとする。

4　アリストテレスでは天球に霊魂が付与されていて天球が動くのだったが、トマスはその霊魂を天使に変え、「天使は、神によるこの宇宙の配慮の手段となり、天球を動かす」とする。

トマスの宇宙観はきわめてキリスト教的な宇宙観である。つまり神が下位の天使を遣《つか》わし、天使が天体に動力を与え、天体が月下界に影響を与えるという、神によって創造、支配、配慮されている宇宙観だ。

この三〇〇年後にコペルニクス説が登場するわけだが、こうした神慮によるコスモロジーを打破するのがいかに至難であったかは容易に理解されよう。

コペルニクス体系

コペルニクスの唱えた地動説の骨子を書き出してみよう。

1　太陽が宇宙の中心にあって静止。
2　地球は一年に一回太陽のまわりを回転。
3　地球は自分の軸のまわりを二四時間ごとに一回転。
4　宇宙は球形で有限（天球をもつ）、したがって惑星の軌道は円。

以上であるが、これは全く新しい説というわけではなく、古代の思想家や天文学者たちの説の再発見でもある。
彼は地球を宇宙の中心から除いて天体（惑星）の地位を与えたが、最も際立った点は、個々の惑星を個別に説明したプトレマイオスとは裏腹に、全惑星を相互に関連させて、宇宙を秩序あるものとして、宇宙の本性の再発見を意図したことにある。つまり自然哲学的に把握しようとしたわけだ。

コペルニクス説

古代ギリシアの時代から中世・ルネサンスと支持されてきた地球中心のコスモロジーが、コペルニクスの『天球回転論』（一五四三年）やガリレイ『星界の報告』（一六一〇年）を契機に、徐々に太陽中心説へと取って代わっていくにつれて、まず第一に、地球の中心が宇宙の中心という考えが消滅する。つまり宇宙に中心がなくなったわけであり、これはアリストテレスの宇宙論の崩壊を意味している。また第二として天球の存在の消滅が挙げられ、これは神の御座所である天国の喪失にも等しいものだ。ひとびとの魂の安らう場が消え、キリスト教は大打撃を受ける。『ガリレオの弁明（擁護）』の第一章・反ガリレイ説8でも、「ガリレイは月や他の惑星のなかにある山地や大地のことを述べている。しかしそのために天使の住処《すみか》を貶めるのみならず、われわれが天に託す希望まで打ち砕いているように思われる」とあり、天上界を完全無欠とする従来のコスモロジーにもたらした衝撃は甚大と言えよう。

ピュタゴラス学派の復興

コペルニクスはカンパネッラにもましてアリストテレスと立場を異にした。彼に太陽中心説を確信させたひとつの大きな要因として、（ルネサンスの古典復興によって知り得た）古代のピュタゴラス学派やヘルメス思想の文献を挙げておきたい。

ピュタゴラス学派の開祖ピュタゴラス（前六世紀）は必ずしも地動説を唱えていないにせよ、宇宙および大地を球と最初にみなして天球の軌道を円としている。宇宙にコスモスの名を与え、諸天体の調和をも構想する。同学派のフィロラオス（前五世紀中葉）は、八個の天体に中心火と対地球の二つを付加して一〇個（完全数）としている。各天体はこの中心火のまわりを回転するとされ、同じ派のエクパントス（前四世紀）では中心火が消失し、自転する地球に変わっている。

ヘルメス思想の波

ヘルメス思想は古代ギリシアの合理的な哲学や諸学知にたいする一種の対抗思想で、太陽を崇拝して中心と考え、宇宙を直観と神秘主義によって解釈しようとする。そのほかにコペルニクスはギリシア時代に地動説を唱えたサモスのアリスタルコスや、ティコ・ブラーエの天動説と地動説の折衷説に影響を与えたポントスのヘラクレイデス（前三八一–前三一二）の説から大きな力を得ている。

ガリレイもみずからヘルメス思想の影響を受けていることを述べている。『クリスティーナ大公妃への書簡』に次のようにある――「……太陽の可動性とか、太陽が月や地球ばかりでなく他のすべての惑星――これは本来は暗い――をも照らす光の源泉であるという事実を考えれば、自然の主なる奉仕者であり、ある意味では宇宙の心臓また魂である太陽が、それ自身の回転によって、それを取りまく他の諸天体に、光のみならず運動をも注ぎ込む、といっても、決して非哲学的なことではないと確信している。そして、ちょうど動物の心臓が止まれば他の運動がすべて止まってしまうように、太陽の回転が停止すれば、すべての惑星の回転もとまってしまうであろう」。

このほかにもガリレイには太陽信仰をにおわす文章（一六一四年三月二三日付、ピエトロ・ディーニ宛書簡）が遺されていて興味深い。しかし以上よりガリレイをヘルメス主義者と断ずるのは早計であろう。それにしても、コペルニクスにせよ、ガリレイにせよ、数学的、天文学的に充分な確証を得るまえに、太陽中心の宇宙観の正当性を確信していたことはまちがいない。とすれば科学的知とはいったいどこに成立の根を持つのか、という意義ある問いかけが頭をもたげてくる――。

「無限」について

「コスモロジー」の最後を飾るテーマとして「無限」を扱ってみる。ここで登場する自然魔術師はジョルダーノ・ブルーノで、カンパネッラよりちょうど二〇年前に、ナポリ近郊のノラで生まれている。活躍の主な地域はアルプス以北（イングランドも含む）だ。晩年はローマで異端のため獄中生活を送り、一六〇〇年、生身のまま、ローマの「花の広場」で火刑に処された。

第II部第2章の「2」で言及するカンパネッラ著『事物の感覚と魔術について』は全四巻で成立している。表題の示すとおり、第一巻が「事物の感覚」を中心に「神」を論じ、第二巻は「霊魂・精気」を、第三巻は「星界」を、最後の第四巻目は「魔術」を考察している。

第一巻から順序正しく議論していくのが筋目だろうが、「コスモロジー」で取り挙げたほうがよいと思うので、ここで論じることにする。ジョルダーノ・ブルーノの主張した「無限」について言及している章があるので引用して、すこし「無限」にかんして考えてみたい。それは第二巻二五章「人間の、不死性と神性について」の一部分だ。少し長くなるがご一読されたい。

ところで、人間が思量しつつあるとき、人間は太陽より上、それよりもまだ上、つまり天空の外側、「無限」世界に想いを馳せているが、これはエピクロス主義者とおなじ知恵の絞り方である。つまり、自然とは、ある種の「無限」なる原因の結果であり、太陽や果てしなく時を過ごす際の居場所となる大地の結果ではない……。

動物が言葉という崇高なものを持たないのはわかっている。というのも、言葉から「無限」の神の叡智が生まれ、供物や神殿、それに動物同士には存在しない聖なる教えが、神にたいしては創造されるからである。象のように月を崇拝する動物もいれば、雄鶏のごとく太陽を崇敬する家《か》禽《きん》もいて、他の獣もおのおの敬愛の対象を抱いているにせよ、そのいずれもが「無限」なる神に向かって信仰心を持たなかった……。しかしわれわれ人間だけに備わっている、「無限」への不可視だが明晰な認識は、人間の行為をみれば明瞭だ。

他方、獣たちの宗教は、被造物が受け止める刹那的な善を通して、上なる可視的で有限な被造物に、文字どおりはっきりと向いている。それにたいして人間の宗教は、刹那的善を蔑《さげす》んで、充分に不可視的で「無限」なる永遠なる善を指向している……。あらゆる動物は宇宙の腹のなかにいて、人間は彼らとともに、動物の腹のなかの虫のように棲息している。けれども人間だけが、この偉大な第二の動物、その出生、人生、生死の何たるかを認識している。人間は虫としてあるのみならず、第一原因であり、万物の創造者である神の賛美者、補佐役としてあるのである。さらに人間は悪魔ではなく天使と、主として神と心をかよわせる……。（鉤括弧は澤井による）

「無限」が出てくる箇所と出てこない末文に分かれるが、末文は、カンパネッラ特有の万物有機体説で、たいていの著作品に「(うじ) 虫」と「腹」と「宇宙 (世界)」が登場する。これは、第Ⅰ部第1章の3ですでに述べている。問題はもとより「無限」のほうである。

まず、ルネサンス期の「無限」の小史を記そう。

(1) **一五世紀前半・クザーヌス**　宇宙はその数学的構造にあって、ある意味では有限でも無限でもなく、またべつの意味では有限でも無限でもある。即ち、不確定なのだ。

『学識ある無知について』の作者らしく読み手をはぐらかしているようだが、この右顧左眄《うこさべん》が「中世の膠着していた宇宙観の突破口」となった。第Ⅰ部第1章で取り組んだ数学知が新鮮だったと思える。

(2) **一六世紀前半・コペルニクス**　宇宙の大きさについては、それが何を意味するにせよ、それは測り知れない（immense）こと。

コペルニクスの『天球回転論』の図をみればわかるのだが、「円形の天球」のなかに太陽系が成立している。秩序立った太陽系のその果てに、同種の恒星と惑星で構成された、複数の宇宙があり得ると推測しているのだろうか。

(3)　一六世紀後半・ブルーノ　宇宙を考えられる限界まで広めて、この上ない無限としている。

ブルーノの主著に『無限、宇宙および諸世界について』がある。難解な代物だ。「無限のすぐれた本性は、数えあげることの出来る有限なものの裡によりも、数え切れない個体の裡にこそ、比較にならぬほどより多く顕われている」。この個体とは巨大な生き物で、無数の生きた個体を内包するために無限の空間が必要だという。即ち、宇宙にはこの世界と似た諸世界が存在する可能性があるという。

宇宙は「全体の無限（tutto infinito）」：宇宙には縁《へり》も終わりもないし、これを取り囲む表面もないから。

宇宙は「全的に無限（totalmento infinito）ではない」：宇宙から採り出せるその各部分は有限なものであって、宇宙に包まれている無数の諸世界も、その一つ一つは有限だから。

神は「全体の無限（いかなる制限にも属性にも帰されることを拒絶する一にして無限なるもの）」で「全的に無限（神は世界にくまなく遍在し、そのそれぞれの部分のなかで無限かつ全的に存在）」である。

結果として、神の無限性は宇宙の無限性とは正反対——宇宙の無限性は全体のなかではじめて全的に存在するものであって、宇宙のなかにわれわれが認知できるような特定の諸部分の裡にはないからだ。

また視点を変えてこうも言う。

無限とはそのなかに地球や月や太陽のごとき数え切れぬ無限の物体が存在している広大無辺のエーテルのこと。われわれはこれを充満と空虚とで合成された諸世界と呼んでいる。……地球は無限に存在し、太陽も無限に存在し、エーテルもまた無限である。……世界は生命体であり、そのなかには無限の動力と無限の動的主体が……はっきりと存在している。

ついでに、ブルーノのコペルニクス解釈を掲げてみよう——無限の宇宙に固定した中心などなく、天体はみな相対的だ。太陽も、地球をも中心に据えられる。こうした考えの基本には無限なる宇宙説が必須だ。「夢想の産物である天国という閉鎖された壁を破って」宇宙の無限性へと人間の視野を拓いてくれたのがコペルニクスそのひとだ——とは言っても、ブルーノの発想は詩的で、実験をしない机上のひとであり、結句、前近代的（魔術的）な自然哲学者の域を出ていない。前掲のカンパネッラのも加えると、だいたい四件が代表格だ。

今日ではブルーノの宇宙観のように完全に無限であるものはほとんど存在しない。今般、無限にかんする哲学的教説は再び「自然哲学」という揺り籠《かご》で静かにしているらしい。

最後に、第Ⅰ部のまとめとして、知や自然観や宇宙観への眼差しの転換期を記しておく。それは西欧社会での旧い秩序の瓦解の時期で、しだいにさまざまな考え方が花を開いた挑戦の年代でもあるが、それのみならず、時代の転換期が有する動揺と不安の時期でもある。自然がその理法を停止させ、宇宙の枠組が崩壊し、混沌《カオス》の状態が訪れるという恐怖が、うわべだけの秩序の光輝の真下にひそんでいた。宗教改革期の各種の宗教戦争の勃発、古代のひとたちへの共感、それにもかかわらず精神の崩落がやってくるという危惧の増大。生ける宇宙という印象《イメージ》の移り変わりや、自然の裡に混乱が生じているという感覚は、その奥底に横たわる、旧体制がほころびつつあるという是認の反映だと思えてならない。

第II部　両義的な、二人の巨人

ルネサンスには二つの異なる自然の観念、つまり物理的世界としての自然（所産的自然）と、創造力としての自然（能産的自然）が存在した。近代的意味での自然主義は、第一の自然の模倣のことを意味するが、何人かのルネサンスの著述家が主張したのは、第二の自然の模倣である。――ピーター・バーク（森田義之・柴野均訳）『イタリア・ルネサンスの文化と社会』

第1章　三次方程式の解法の公表者ジローラモ・カルダーノ（一五〇一―七六）

1　カルダーノ『自伝』の目次

奇妙奇天烈な「目次」だが、まずは、序文を含めて全五五の章からなる「目次」の発想の豊かさと自分自身を凝視する作者の観察眼の肌理《きめ》の細やかさを味わっていただきたい。第三六章の「遺言」で筆者は二分（前半は具体的、後半は抽象的内容で、二つを分けて考えているが）、三つに分類している研究者もいる。

各章で選択された項目にも注目してほしい。一六世紀をほぼ生き抜いた名士が思った以下のテーマにもルネサンス人の面目があると確信する。

序文　1　故国と祖先　2　出生　3　両親に共通な持ち味
4　今日（一五七五年一〇月末）にいたるまでの生活のあらまし　5　体つきについて

2　ルネサンス期の「知」について

カルダーノには『叡智について』（*De Sapientia*）という著書があるが、ここでは参考程度にとどめ、カルダーノの『自伝』のなかに顕われた知についての考え方をさぐっていこう。というのも、「1」でも述べたようにかれの『自伝』はきわめて特異な形式・内容であり、その『自伝』のなかに表現されたさまざまな知を考察していくことで、出来ればカルダーノの生活意識と知の関係にまで論が進展すれば幸いだと思っている。

『自伝』論に言及してみると、ジェイムズ・オルニーはその著『自我のメタファー』（Olney, James, *Metaphors of Self: The Meaning of Autobiography*, Princeton, 1972）で『自伝』を二種類に分類している。一つは「ダーウィンやミル、ニューマンの『自伝』――自己の過去の自我と現在の自我を全く切りはなして人生の諸事を語るにつけても、あたかも事後の出来事のように、またそうなり得るように語るもの。つまり遠心的で完結的」。二つめは「モンテーニュやユングの『自伝』――かれらの『自伝』は事後の出来事の経過報告ではなく生活の一部であり表白である。さらに生活の一端というばかりではなく生活の象徴的回想や完成における生活の全体である。つまり求心的で生成的」とある。カルダーノの『自伝』の場合はこの二つが混じり合っているように思え、その客観的な部分と主観臭の強い部分の融合の有様を丹念にみていくと、かれの生活意識が浮かび上がってくる。

筆者はこうも考えている。

この『自伝』は端的にいって偉業を書きたかったわけで、偉業とはカルダーノによると種々の名誉を意味すると第三二章で逐一述べている。その名誉に当たる多数の学問的業績や超自然的な出来事、霊的現象といった、現代人からみればことごとく異様な事件についてはすべて『自伝』後半部（第三七章以降終章まで）に記しており、前半部（第一章から第三六章まで）は日常的な事柄にさいている。しかしながらこの前半部に知の概念を表出していないとは言いがたく、後半部の学的知とはべつな生活の知恵が、また自分の身辺や肉体の特徴を描く即物的な視線を読みとることが出来る。

このようにカルダーノの『自伝』のなかに知の概念をさぐるにあたっては、この作品のもつ全体性を考慮せねばならず、あとでわかるが、ルネサンス期の知の概念の縮図を目の当たりにすることになる。

さて、カルダーノの知の概念の分析にはいるまえにルネサンス期一般にあてはまる知の特徴について触れておきたい。

知の世俗化

それは、中世の観想的な知、机上の学問としての知から役に立つ知、つまり実践的な学問知、理論知・医学的知、世俗的教訓の集成への移行だ。賢明になるために人間は「何を知らなければならないか」という提題を前時代のものとすれば、ルネサンス期では「何をしなければならないか」に移行している。

知の源泉は、神から人間、あるいは自然へと移り、日常生活、社会生活を円滑になしうる道徳哲学であり、長命や健康、政治生活や職業上の成功を司るものへとなっていく。これは古代ローマのキケロ（前一〇六–前四三）の抱いた知の概念と同類のもので、結局は古代知を糧に世俗活動重視の理想的市民生活を形成し得るものが知となり、その知を最大限に活用してこそ生きる意義もまた見出される。

生活上の知がこうした処世術を目途にしたものであったことから、学的な知も、実践的で功利的な知が重視される。

知ある人間は隠遁などせず市民生活に積極的にたずさわるべきであって、そうしたひとびとには百科全書的知が要求される。

以上の知を特に提唱しみずから実践したのは一五世紀のフィレンツェ人文主義者のひとたちだ。

第一に、そのなかのひとりレオナルド・ブルーニが分類した知を、ライス・ジュニア（Eugene F. Rice Jr., *The Renaisance Idea of Wisdom*, Harvard, 1958）の考察に沿って挙げてみよう（ラテン語表記）。

sapientia（サピエンティア・叡智）、scientia（シエンティア・学知）、
prudentia（プルデンティア・思慮）、intelligentia（インテリジェンティア・知性）、
ars（アルス・技術）

この分類はアリストテレスの『ニコマコス倫理学』でのそれと酷似している。

しかしこうした知の概念はフィレンツェとヴェネツィア、時代的には一五世紀の最初の四分の三世紀までに限られていたことをつけ加えておく。

一五世紀後半フィレンツェのプラトン（・アカデミー）の知

三大思想家と呼ばれた、クザーヌス、フィチーノ、ピコなどは、人知における神性の能動的な役割

と神的啓示の重要性を強調する。これは中世的な知の概念の繰り返しであり、さらに、フィチーノによって翻訳されて世に出たプロティノス、プロクロスの異教的神秘主義（新プラトン主義）との直接的接触の賜物と言えよう。人間の叡智とは神の似像《にすがた》なのだ。人間は賢明になることによって神に近づいていく。結局、古代にかんするすべての復興が次代の流行となり、古典的人文主義へと続くものとして、多くの古代哲学が再表現されたこの時代にあって、さまざまなかたちでプラトン主義が復活するのは必然だ（P・O・クリステラー）。

プラトン著作集のラテン語版への翻訳は、ブルーニとフィチーノの尽力による。二人ともギリシア語原典から的確な訳をした。ブルーニは、一四世紀初頭に、『国家』、『法律』、『ゴルギアス』、『パイドロス』を、フィチーノは一五世紀中葉以後に『プラトン著作集』の翻訳を成しとげる。これは、第Ⅰ部でも説明したように、当時ギリシア語がイタリアでは読める人材がおらず、一四世紀末にビザンツからギリシア語学者を招きフィレンツェ大学に講座を設け、はじめてギリシア語教育が始まったという経緯が裏に隠されている。それゆえ、ブルーニはその第一世代、フィチーノは第二世代のギリシア語修得者に相当する。中世で読めたプラトンの著作は『ティマイオス（自然について）』、『パイドン（魂について）』、『メノン（徳について）』の三作だけだったのだから、思想的に、急速にプラトンや新プラトン主義（の「ヘレニズム」の文化）が芽吹いたのが読み取れるだろう。フィチーノには『プラトン神学』という、霊魂の不滅を論じた書もあるくらいだ。彼は、中世の哲学的遺産・宗教的遺産とギリシアでのプラトン哲学の学説を融合しようとする。また、ピコはプラトン主義とアリストテレス主義の融和を訴えたが、彼の場合は、『人間の尊厳についての演説』で、人間には自由意志と自己決定権があると謳った点のほうで著名だろう。これらはすでに述べたとおりである。

もちろんこの時期にも「実践的（世俗的）知」は生き続けており、ブルーニたちの時期を市民的人文主義の時代（フィレンツェはミラノと交戦状態にあり、国家意識の高い市民の養成を必要としていた）と名づければ、このプラトン・アカデミーの時代は文人的人文主義と呼ばれ、イタリア出身の知識人が西欧各地へと流出して文化の通俗化が起こる。初期の人文主義者の活躍した時代は都市国家間の争いが絶えず、勢い政治的にならざるを得なかったが、この時代はローディの和（一四五四年）以後、約四〇年間（後述する「イタリアの平和」）──後世のひとたちが「黄金の（知の）時代」とみなすにいたる、政治的には比較的平穏な日々がつづく。とくにフィレンツェはメディチ家の庇護のもとに文化は興隆を迎える。しかしその反面非政治的、受け身的、隠遁的傾向を強めていく。

この黄金の時代も、ピコ、大ロレンツォ、フィチーノが死去し、サヴォナローラの神権政治が行われるにおよんで凋落の一途をたどることになる。プラトン・アカデミーにも翳《かげ》りがみえてくる。イタリアは外国勢力（フランスやスペイン）の侵入によって荒廃をよぎなくされ（イタリア戦争）、一六世紀へと時代は新たな局面を迎えることになる。この時期にフィレンツェ共和国で外務官僚として活躍するのが、第二書記官長のニッコロ・マキャヴェリ（一四六九-一五二七）だ。

北イタリア（とくにパドヴァ・ボローニャ）のアリストテリズムの流れ

フィレンツェの人文主義的ルネサンス文化とは異なり、大学では医学部（パドヴァ）、法学部（ボローニャ）が著名だった。後者は、法学部と（医学も学べる）教養学部の二学部制で、パリ大学などとは違って神学とは無縁だった。大雑把に分けると、在野での人文主義の勃興、それにたいして、大学ではイタリア・アリストテレス主義が中世来さかんだ。一六、一七世紀に最たる発展を北イタリアでみた、ザバレッリ、ポンポナッツィ、クレモーニ（一五五二―一六三二）が著名である（パドヴァ学派）。特に、ポンポナッツィの『霊魂不滅論』は、過日の諸学問を吟味して人間の本質とは何かに迫った書として話題を呼んだ。

またアラブ世界からの影響も受けて実学的気風が濃厚となる。したがって知とは実験や観察等の経験を尊重した経験知を指す。レオナルド・ダ・ヴィンチに「知識は経験の娘である」という名言（本当に彼の言葉かは疑問視されている）があるが、北イタリアの知を言い得ていると言えよう。一四世紀にペトラルカが当時の学問的主流であったこの北イタリアの自然科学や医学研究に反撃を加えたことを想起されたい（但し、ペトラルカは、アリストテレス当人は、彼の翻訳者や註釈者を通したものより優れている、という見解の持ち主である。こうした時代背景から、ギリシア語原典からの新しいラテン語訳が始まり、「一二世紀ルネサンス」ではいってきたアラビア語訳を介しての二重訳との比較検討が開始される）。このような風土のなか、やがてガリレイが登場してくるが、カルダーノはガリレイより二世代ほど早い時期（一六世紀初頭）に北イタリアのパヴィアで生を受けている。

カルダーノの考える「知」とは

カルダーノの考えた知はこの三つのグループすべてにわたっており、折衷的といってよいであろう。三つのグループそれぞれにかんするカルダーノの知を検討するまえに『自伝』のなかで登場してくる知を表わしている言葉を、原典である中世ラテン語で検討してみたい（なお引用文中斜字体は澤井）。

〈sapientia〉

- ... absqua humana *sapientia* nec memoria validus, sed providentia aliquanto melionr.（……人間らしい叡智もなく、記憶力にもこと欠いたが、このほうが神のご加護をうけられたようだ）（C二頁）
- ... *sapientiae*, quibus nihil in homine divnius potest inueniri.（叡智こそが人間のなかにある神的なものである）（C二三頁）
- omnis enim *sapientia* à Domino Deo est.（叡智はすべて主なる神に由来する）（C四三頁）
- *Sapientia* ut alia pretiosa, erunda est é terrae viceribus.（叡智は、高価なほかのもののように地中深くから湧きでる）（C四八頁）
- Magnum *sapientiae* indicium est, habere praestantem anicum.（すぐれた友人がいることは、叡智をもっていることの立派な証拠だ）（C四八頁）
- Bifariam enim peceat: primum docendo, quòd *sapientia* sit potentior fortuna: cum quotidie experiamur contrarium: et ratio est, quia fortuna totam se exhibit, et vires omoes in quauis re explicat; at nos solum surculum, et exiguum, ac exilem *sapientiae* habemus: non ergo fortuna est potentior *sapientia*, sed multo minus nostra *sapientia* victrix fortunae: Imo fortuna caedit ultro divinae *sapientiae*, nec audet ponere pedem, ubi illus vel praetereuntis odorem senserit.（二度誤りがなされている。人間の叡智は運命より力がまさっていると教えているが、われわれの日常経験からしてまったく反対だ。次の事実を考えてみれ

ばよい。運命はいつでもここぞと思うところで全貌を現わし、全力を傾注するが、われわれはごくわずかばかりの叡智しか持ち合わせていない。だから人間の叡智に運命を打ち負かす力はないし、運命にくらべて人間の叡智ははるかに勝ち目が少ない。運命は神の叡智をまえにするとたじたじとなり、その気配を察して領分を侵すことはない）（C四九–五〇頁）

• Primùm quia diligo solitudinem, numquam enim magis sum cum his quos vehementer diligo autem Deum, et spiritum bonum, *sepientiam* aeteram, ... （わたしはひとりになると、この二者〔神と良き守護霊〕を瞑想することにしている。その一方は神の存在で、いいかえれば精神の善、永遠の叡智……）（C五三頁）

〈cognitio〉

• Cum omnium rerum, quas indipsci humano generi licet, nihil iucundius, nihil praestantius, veritas *cognitione* videatur. （人類が学んでもよいとされるあらゆることのなかで、真実の知識を得るほどに愉しくて素晴らしいことは、ほかにないように思われる）（C一頁）

• Est ergo *cognitio* triplex, à sensibus per observationes multarum rerum ..... Secunda est *cognitio* altiorum per causam ..... Tertia est *cognitio* incorporeorum, et immortalium, ... （知識は三種類に分けられる。第一のものは、感覚に由来するもので、たくさんの事物を観察することによってえられる。……第二は、高度なものごとの知識である。……第三は、もはや形をもたない不滅なものに関する知識である……）（C四五頁）

以上、sapientia（叡智）が大部分を占める。

さきのブルーニの分類にあった「思慮」については『自伝』中一章（第一一章）がさかれている。そこに書かれていることは目的達成のための身の処し方であり、アリストテレスの言う「知慮（思慮）とは『人間にとっての諸般の善と悪にかんしての、ことわりを具え真を失わない実践可能の状態』であるほかはない」（『ニコマコス倫理学』）に相当する。つまりよく生きるための方便なのである。

さて、sapientia, cognitio のほかに数こそ少ないが scientia, intelligentia といった単語がつかわれている。

ここではルネサンス期の知の分類で試みた三つのグループの知の概念にそって検討していこう。アリストテレスやブルーニの行なった厳密な分類をカルダーノは試みておらず、正確な分析は至難だからである。

第一の「知」の系譜――「処世の知・徳」

カルダーノが生まれたのは一五〇一年であるが、ピーター・バークによれば、この世代の人間の特徴はおちつきがなく不安定で、世間にたいして皮肉的なものの受けとめ方と暴力的なまでの拒絶のあいだをゆれうごいたとある。またカトリック精神の動揺のため精神的危機に陥っているともある。この期は初期人文主義者のように理想的市民生活をめざして都市共和国のために働くことが生きがいを見出せる状況ではなかった。そういった政治体制ではなかったし、また、かといって現実から逃避して神を独り静かに観想するには現実はあまりにも苛酷で動きが激しかった。種々の疫病、飢饉、戦争、重税といった社会的問題、さらに病弱、両親の不和、出自（カルダーノは私生児）といったカルダーノ個人の苦悩など、生きていく、生きのびていくということが人生の最初の試練のような時代であった。

このような社会にあってカルダーノも一市民にすぎないのであるが、市民としてのカルダーノの考え方はきわめて小市民的といってよいであろう。「われわれをとりまいていることはみな些細なことから成りたっている」（二三一頁）と述べる人物に附随する印象は、『自伝』の他の箇所からも推測され得るのだが、人間関係に苦労し、つまらないことで悩む人間、裏を返してみればある意味で世事にたけた人間であろう。政治的であるはずがなく、極言すればこうした発想はきわめて文学的であり、世のなかの人情の表裏を知りつくしたモラリストの考え方である。

ごくつまらないことでも、いつも以上に繰り返し起ったりすると、ときにはそれを手がかりにものごとを推察すると理屈にかなっていることもある。ほかですでに言ったと思うが、一般に人事はすべて微細なことからなりたっていて、そこに要約されている。ちょうど網はたくさんの編み目からなっているし、水蒸気からいろいろの雲が発生するようなものだ。一見複雑なことも小さなことがらの帰結であるし、逆に微小な部分に分けることも可能と考えなければならない。こうしたことが理解でき、自分の仕事をたえず確かめようとするひとだけが、市民生活において技術と知恵の点で最もすぐれたひととなり、その頂点をきわめるであろう。どんな出来事であって

も、こうした些細なことが等閑視されてはならないのだ。（二二三頁）

引用文中の「知恵」は原語では intelliget であるが文脈上このように訳出した。さてこれと初期人文主義時代の代表格で、フィレンツェ共和国書記官長の重職にあった、レオナルド・ブルーニの見解とを比較してみたい。

人間生活を送り育てるための道徳教育のうちで、最高の位を占めるものは、何といっても国家および政治に関するものである。何故ならこうした訓練は、すべての人間を幸福にすることを目的とするからである。たしかに一人の人間を幸福にすることもよいことには違いないが、国中のものを残らず幸福にすることはさらに素晴らしいことではないか。まことに善はあまねくゆきわたればわたるほど、神聖なことと思われる……。（ガレン［一九〇九–二〇〇四］）

一読のもとにわかると思われるが、カルダーノの意識といかに乖離していることか。『自伝』には幸福を論じた章（第三一章）があり、また国家（第三二章）についても触れられている箇所はあるものの、幸福については「少なくとも生涯の一時期の仕合せは全体との比較のうえで成立する」（三九頁）とか、「自分の欲するものになりえないときには自分のなりうるものにわが身をあわせていけば幸福を得る可能性がある」（一四〇頁）とかいったきわめて妥当な見解を述べているが、積極性や活力を欠いた個人的な傾向の強い文である。国家についても「国家を讃えねばならない理由などどこにもない。とりわけローマ人、カルタゴ人、スパルタ人、アテナイ人の主張した愛国主義を誇りとするには及ばない。彼らは愛国に名をかりて善良な民衆に邪悪な支配を課し、貧乏人には浪費の政治を布いたのである。国家とは、非好戦的で、臆病な、なべて害のないひとびとを抑圧する小さな専制君主の集まり以外のなにものでもないのだ。ああ、人間の意地きたないことよ！　祖国や来世のために死をも辞さない人間がいたなどと信じられようか」（一四五頁）とあり、国家にたいして向日的な期待、国家のために働こうなどという意欲は毛頭感じられない。「自由のために戦う都市や君主に同じ科《とが》を負わせたいなどとは思わない。君主のやり得ることは正義を擁護し、善人を援助し、不幸なものを慰め、徳を涵養し、一族やすでに実権を得たものを優遇することであり、こうした仕事が彼らの名誉の唯一の褒賞なのである」（一四五頁）と書いてはいるが、政治については虚無的な見方をしている。

このような発想をするカルダーノを責めようとはむろん思わない。むしろこうした少し斜にかまえた、どこかしら皮肉ともとれるようなかれの心根を知っておきたい。またブルーニの時代とカルダーノの時代との根本的差違も強調しておきたい。ブルーニの時代（一五世紀前半）にも戦いやペストはあったが、ひとびとの意識はまだ向日的・肯定的であった。カルダーノの時代（一六世紀）は政治的にデカダンスといってよい。

加えてカルダーノという人物はその狷介《けんかい》な性格から対人関係に非常に気を配ったひとだ。病弱なことから健康にも留意した。それゆえ平凡な市民生活すら満足に出来なかった人間が抱く処世の知恵というものが、いかにしてうまく生きるかに集約するのはとうぜんだろう。

人間の幸福は長生きすることであり、長生きするための生活術として知というものが考えられ、そうした知恵があれば、優良な健康が得られ不死の希望さえ望み得る。この不死の希望とは永遠の生命と同義であり、カルダーノの考える名声獲得の手段ともなるものである。名声（名誉）とは「豊富な知識、数々の旅行、危機、経験した職業、多くの依頼、諸侯との友情、名声、書物、治療や他の機会で示された非凡な才、わたしのなかで確認された奇妙な、ほとんど超自然的な事柄。さらに守護霊と《天啓》による認識。加えてミラノをはじめパヴィアやローマの医学会（医師会）員であったこと」（一五二頁）であるが、結局、長命であって長くひとびとの心のなかで記憶されることを示している。

したがって肉体的な面が長命、精神的な面が名声ということになり、この二つはカルダーノにとって徳を意味している。徳とは「卓越性」の意義だが、その内実は時代によって異なっているのは言うまでもない。カルダーノにとってはみずからの徳を維持していくということが知の核となったに違いない。

しかし長命・名声を希求する意識の底には短命への危機感、社会的地位への不安等が存在したことを忘れてはなるまい。カルダーノの生活上の知とは、長命や名声といった彼のいう徳であることに反駁はしないが、それがカルダーノの個人や社会情況に由来する生活意識の危機感より醸し出されたものであることを銘記したい。いかにして長く善く生きるか――これこそが彼の懸案事項であろう。必然的に道徳哲学、医学という学術的知識が尊いものになることがわかる。いうまでもなくカルダーノは当代随一のモラリストであり内科医であった。

第二の「知」の系譜――神的叡智

前章でフィレンツェの人文主義者の抱いた知の概念の継承を述べてみたが、この章ではプラトン・アカデミー的な知の概念の影響を受けたカルダーノ像を追ってみたい。

知識こそが人間のなかにある神的なものである……（一四六頁）

叡智はすべて主なる神に由来する。（二七三頁）

とあり、これを読むかぎりカルダーノは敬神（pieta）、神学の知、つまり神的叡智の敬重を標榜している。知は人間の意志の訓練によるものではなく、神の恵み深い自発的な贈り物というわけだ。しかしこの場合の神とはいったい何をさすかは疑問の残るところだ。一六世紀という時代を生き、かつ反（対抗）宗教改革の波にもまれたカルダーノの思い描く神はもはや魂の昂揚としての彼岸の神ではあるまいし、とうぜんキリスト教の神だけではないと思われる。当時のひとたちに神に対する信仰は存在していたであろうが、心は教会に絶望してしだいに教会からはなれていき、もはや神によっては周囲との闘いを解決するすべを見出せなくなってきている。一部の知識人は、やがて「科学」とよばれることになる、新しい理性を予感するようになる。

カルダーノは確かに神の存在を信じていたが、個人的な魂の体験に由来するものではなく、あくまで外的なものに派生した信仰であったという指摘もある。ここで外的なものとはおそらく神を崇拝するという慣習のようなもの、また肉体が虚弱であったことなどからも考えられる。父の感化か、彼は「守護霊」（spiritus）を信じている。

神と守護霊については次のようにも書いている。


わたしは独りになると、この二者〔神と良き守護霊〕を瞑想することにしている。その一方は神の存在で、いいかえれば精神の善、永遠の叡智、純粋な光の源泉でありその創造者、喪失されることのない心のうちなる真の喜び、真理の担い手、惜しみなく与えられる愛、造物主、人格化された至福、全聖人の守り手でありかつ渇望のまと、深遠で気高い正義、死者を見守り生者を忘れない存在のことである。他方は神の命によってわたしのもとへ送られてきた守り手であり、慈悲深く良き助言者となり、逆境にあってわたしを助け慰めてくれる。（三四三頁）

神と人間を結ぶ媒介物的存在、それが守護霊であるようだが、運命の位置とくらべると、神智―運命―人知という段階を設けている。

この運命の役割を、カルダーノの側からみて意識的に果たしてくれるのがおそらく守護霊と命名されているものではないか。「人間のなかには動物性を越えたもの、感覚を越えたもの、つまり知性があって、この知性は外から突然人間にやってくるが、直接肉体と結びつかず、介在物――霊的な介在物――が必要である」とカルダーノの人間観を考察したガレンの文章にもあるように、神智を直接受容するのではなく、ひと呼吸おいて受け容れている。その呼吸にあたるものが霊的介在物であり、おそらく守護霊なのであろう。そしてさらに、「自然のしくみは、守護霊から得たものをいつも正確に心に伝達するようになっている」（二六二―二六三頁）とある。つまり守護霊は神の使いで、自然は守護霊から得たものを正確に伝達するように仕込まれている。その伝達が周到になされていたのなら、守護霊が神の化身のようになり、自然のなかに神が宿っていることを意味している。自然のなかに神の叡智がひそむということだ。神＝自然、すなわち神智＝自然知という関係が把握される。

この自然知という概念はカルダーノの知の概念のもう一つの側面といえよう。

自然のなかに神が宿っているという考え方はルネサンス人に共通してみられるものであり、カルダーノも主著『数学総論』において三次方程式を論じた箇所で次のように述べている。かれに言わせると「一次は線、二次は平面、三次は立体（肉体）とし、四次以上は自然が許さない」（『数学総論』英訳、一九六八年、二二二頁）となり、この自然とは神を示すことは言うまでもない。

カルダーノの考える神的叡智とは、彼の宗教的情熱からみても、フィチーノやピコが抱いた、目標とみなして上昇しうる神の叡智ではないようだ。かれはむしろ守護霊とかいった介在物にとりわけ関心があったと思われる。

第三の「知」の系譜――経験知

カルダーノは『自伝』の冒頭を次のように書き出している。

人類が学んでもよいとされるあらゆることのなかで、真実の知識を得るほどに愉しくて素晴ら

しいことは、ほかにないように思われる。（九頁）

カルダーノの知識欲のほどがうかがえる文面だ。彼はまた自分の生まれた時代を指して、「地理上の発見の時代」、「三大発明の時代」と呼び、しごくご満悦だ。

カルダーノが当時の科学技術の進歩に明確な意識をもっていたことがわかり、叙述にも具体性がみうけられる。この具体性および客観性は「体つきについて」「健康について」「肉体の鍛錬について」「食生活について」の章をみれば一目瞭然であり、カルダーノが確固たる観察眼をもっていたことが把握できる。カルダーノはこの観察ということに最大の関心を寄せていた。

第四七章「わたしの守護霊」で彼は知識を分類している。

　知識は三種類に分けられる。第一のものは、感覚に由来するもので、たくさんの事物を観察することによって得られる。下層民や無教養なひとがわたしに備わっているとして賞讃するものだ。

……

　第二は、一定の方法にのっとり原因を究明してはじめて得られる高度なものごとの知識である。証明と呼ばれる認識がそれで、結果から原因が解明されるからだ。

　第三は、もはや形をもたない不滅なものに関する知識である。すべては守護霊のつかさどるところとなる。（二八三—二八四頁）

まとめてみると第一の知識は感覚による観察知、第二は理性的知識、第三は洞察力ということにでもなろうか。

この観察（知）であるが、興味深いことに第二三章「生活の規範」のなかでも取り挙げられている。第二三章は「生活の拠りどころとなる規則を守るほど有意義なことはない」（九八頁）で始まるように、カルダーノが考えた、善く生きるための生活上の規律を番号で分類して述べたものである。その六番目に、

あらゆるものを観察することで、自然においてなにごとも偶然にはおこらないと思ったこと。そのため金勘定よりも、未知なる自然界の研究に情熱をそそいだ。（一〇〇頁）

とあり、日常生活のレベルにおいても学術面同様観察の重要性が説かれている。これは専業である医術の面でも顕われてくる。同章の八番目として、

さらに自分の技術、とくに治療を施す場合には知恵とか自信よりも経験にたよった。（一〇〇頁）

この引用中の「知恵」は原語では sapientia が使われており、神的叡智を意味しているが、これを読むと医学技術的においてはもはや神的叡智は不要であることがわかり、経験知による技術の開拓が

考えられる。

そのほか数かぎりない発見をわたしは引き合いに出すことも出来るが、特に次の点だけにしておこう。わたしは自然界の事物についてなされてきた観想をどのように技術や仕事に応用すればよいかを教えた。そうした試みは、わたしをおいてそれまで誰もしたことがなかった。（二四九頁）

魔術と科学の分類が定かではなかった当時、カルダーノのなかの科学者の面が出ていて興味深い。しかしここに注意しなければならないことがある。たとえば次の引用を読んでもらいたい。「さらに、正体不明な、驚嘆に値する特異性が身に備わっている」と説く（一八六頁）。

カルダーノはさきの守護霊のときもそうであり、また第三七章以下に登場してくる数々の超自然現象もそうなのだが、事象の正常性を観察して叙述するのではなく、奇跡的で異常なことの叙述に眼目をおいている。そしてその異常性を批判的に分析するのではなく、一見つじつまの合う解説をほどこしながらもなるたけ合理的に叙述している。これは現象をありのままに捉えようという姿勢の顕われであろう。

カルダーノはたしかに実験を強調し、また「催眠作用、または死者の怨霊に働きかける魔術」（一六九頁）を排除し、「象徴としての文字を実際に用いたり、作って解読したりする一種の準学問［カバラか？］」（一六九頁）を拒否している点で近代科学に一歩近いのだが、奇蹟・超自然現象を信用する態度は科学者の名に適さない。さらにあらゆる分野に寄せた知識欲によって蒐集《しゅうしゅう》された知識は統一・収束という方向には進まなかった。

カルダーノの態度は、方法的・体系的でありかつ社会的にも組織された共同研究である近代科学からは逸脱していたとはいえ、自然をありのままにみつめ、人間と自然との調和を重んじた自然魔術を体現した人物として位置づけられよう。

便宜的に三つに分類してカルダーノの知を検討してきたが、ルネサンスという矛盾の多い時代の知を見事に具現した人物と言えるであろう。

カルダーノの生きた時代は政治的にはイタリア戦争やトルコの西進でイタリアは世紀末的様相を呈し、ペストにおそわれて混迷の世相でもあった。世代意識も、二極的に単純に割り切れるものではなかった。宗教改革も勃発しており、カルダーノにとっても自分の拠って立つところを求めるのが至難であっただろう。

彼の知の様相が多種にわたっているのは、結局、多様にわたらなければ精神的に確実性を得なかったためと思われる。

「人間にとってこの上ない悦びと幸福は、天の深い秘密を知ること、自然の奥底にある神秘、神的精神、世界秩序を捜し当てることにある」（ガレン）――カルダーノの知識への渇望の強さを如実に表わしている文言である。それも「自然の奥底にある（秩序）」を、だ。隠《オカルト》された秩序の探求こそ、自然魔術師、カルダーノの目的であった。

もはや天に自分をゆだねることも出来ず、世相にもすこやかな事態を見出せないカルダーノは、ただ知の探求に自己を託して生きていったのだろう。ここにわたしたちは百科全書的人間（万能人《ウォーモ・ウニヴェルサーレ》）の淵源《えんげん》を見出さなければならない。と同時に生活に危機感を抱かざるをえない時代を生きた一知識人が、なんとかして知と生活を時代の潮流のなかで保たせていった生きざまを目の当たりにするのである。

3　カルダーノ『自伝』を受容すること――多種多様な自己主張

当該書を一読すれば、ある意味で「ルネサンス文化」を展望できると思われる。学術、生活、健康、病気、食生活、四元素論、現代人には理解しがたい奇妙な事柄等々、それほどに『自伝』は魅力に充ちあふれている。理念からでなく具現からのルネサンスの風景である。

3・1「数」へのこだわり

整理魔

『自伝』での、カルダーノの執筆姿勢としてまっさきに目に留まるのは、数字を振って若い順から順番に記していく点と、西暦を古いものから新しいものへと順序正しく並べて、ときにはその因果関係にまで話柄がおよぶことだ。

例えば第四章では、文中に「四つのことの観察」として、

(1)　満月の前に立てた企てがいつも何も考えていないのにうまくいったこと
(2)　他のひとなら普通身を退くところからわたしには希望がみえてくる、ということ
(3)　前に述べたように土壇場で幸運が生じること
(4)　六〇歳までたいてい旅行は二月に始めたこと

といった具合だ（四六頁）。

第一三章中の「自分の人間関係」を述べるくだりで、一九項目に分けて書いている。また第二三章「生活の規範」では八項目に分類している。第四五章の「著書――その執筆年代および動機と評判」では、一六に、第四八章「有名人による評価」のなかの「書物にみるわたしへの証言」ではなんと、七三項目が並んでいる。

さらに西暦順で目を見張るのは、唯一の（短い）編年体形式の第四章で、年代の列挙がみられる第四一章「奇妙な出来事と息子への濡衣」でも、一五五七年、一五三一年、一五一二年、一五一三年、一五六五年、一五三六年といったふうに順番こそ異なるが読み手にわかりやすいように西暦を明示している。この『自伝』を、仮に公表の意思なく描いたにしても、カルダーノはさすがに数学者らしく、順序とか序列という規則にこだわっての執筆だ。

読者は、たとえその順番の数が多くても、数字の持つ威力に負けて、最後の数まで、ついつい読まされてしまう。著者に、物事を「整理」して記述するという気構えがみてとれる。それは「数字」で表わすのがいちばん効果的であることをカルダーノは見知っていたのだろう。そして、内容の面白さ

で、数字の単なる羅列とは感じられないところにもこの『自伝』の魅力がひそんでいる。

「三次方程式」解答の公表

カルダーノが数に明るいのは当然だ。これは数学史上、有名な逸話だが、同時代の数学者で、『アルキメデス著作集』をラテン語に翻訳した、ニッコロ・タルターリアから、当人が導き出した「三次方程式」の解法を、公表はしないという約束でやっと聞き出したカルダーノは、自著『数学総論』で約束を破って公表してしまった。この一件にかんして、第四五章「著書」で、「その後『数学総論』に着手した。その間、わたしはジョヴァンニ・コッラ（ダ・コッラ）やタルターリアと論争した。第一章の題材はタルターリアから得ていたが、彼はわたしのなかに感謝の気持ちで結ばれている仲間や、だれにもまして忠実な友人よりも、むしろ恰好の競争相手を認めたのだった」として、いわゆるライバルとみている。ちなみに、四次方程式をカルダーノが解法したと記されている書もあるが、それは弟子のルドヴィコ・フェッラーリの業績である。

タルターリアから解法を聞き出す際、タルターリアは本意ではなかったので、「詩」で教示した。

立法と物が合わさって
或る離散数に等しくなるとき
これだけの差を持つ他の二つをみつけよ
ついで汝は次の二つに常にしたがうがよい

その積は常に物の三分の一の立法に等しいことに
そしてそれらの立法根が引かれた
その残りが一般的に
汝の元の物になるであろう……。（三三六頁）

$x^3+px=q$を表わしていて、「物」とは、「cosa＝x」を指す。カルダーノは故シモーネ・デル・フェッロ（一四六五－一五二五）の遺稿を検討した結果、三次方程式の解法を発見した。かくてカルダーノは自分が第一発見者だとみなし、タルターリアとの約束を反古にして公表するにいたった。但し、前掲の『数学総論』では、「デル・フェッロの解法」ときちんと書き記している。

「確率論」の先駆者

こうしてやや複雑な経緯から公にされた三次方程式の解法は横に置いて、カルダーノの数学への貢献度で最も重要なのは、確率論の先駆者という面にある。

第一九章のタイトルは「賭事」である。

彼はサイコロやチェスの類の賭事が好きだったようだ。チェスは四〇年以上、サイコロ賭博は二五年も続いて評判をおとし、金も時間も失ってしまった。勝負事が好きだったわけではなく引きずり込まれたという。したがって、「自分の技量を生かせる職がみつかったらもう遊ばなくなった」（八九頁）。キリスト教下で、賭博はご法度だったのは言うまでもないが、憂さ晴らしの一環として、止むことはなかった。カルダーノに『サイコロ遊びについて』（安藤洋美氏による抄訳がある。『現代数学』一九七七年一–六、八、一〇号所収）なる著書がある。そこでは「ベキ分布——『正規分布——試験などの結果で、平均点に人数が集中し、かなり良い点数や悪い点数のひとが両端に少なく提示される、山型の分布のことを指す』が——現実には必ずしも正規分布にはならない場合があって、例えば試験問題の作成如何で、山型がきれいに形成されないとき、それをベキ乗則と呼ぶ」や、「事象現象——『事象』とは確率論の基本用語で、例えば、さいころを振った際、その目が「一の事象」の確率が六分の一という使い方をする」への言及もみられる。

さて、カルダーノの評価は本国イタリアでもいまだ十全とは言えないし、まして日本に於いてをや、だ。第四五章は分野べつに分類して「著書」について述べている。三番目が「自然学の部」で、ここで彼は三冊の自著を取り挙げている。少し触れておこう。

ジャンバッティスタ・デッラ・ポルタ著『自然魔術』というルネサンス期の博物誌とも称される書と、カルダーノの『微細なものごとについて』（『数学総論』以前に刊行）と、その補足の書としての『もろもろの事物について』（一五五八年）は、ルネサンス自然学研究でその占める位置はきわめて高い。今後、カルダーノのこれら二書の翻訳が刊行されることを期待している。カルダーノの視線はいつも、自分にとって不可思議でもあり、母なる存在でもある自然に向いている。

『霊魂の不滅について』の説明では「(この) 本を執筆したのは、題材を研究するためであって決定的な見解を述べるためではない」（二六三頁）とある。同じ表題の本としては、ピエトロ・ポンポナッツィ著『霊魂の不滅について』があり、こちらのほうが著名だろう。この本は、先述したように、過日の諸学説の批判を通して、人間の本質の解明をモチーフとしたものである。パドヴァを中心としたパドヴァ学派を代表する著書でもある。

3・2　自分自身への眼差し

細部にわたる描写の冴え

冒頭から結論めいたことを書くが、カルダーノにとってこの世でいちばん関心があったのは、カルダーノという自分であったに違いない。

それは大きく二種類に分かたれる。外的要素と内的要素に、だ。あえて三種類と銘打つならば、現代人にはなかなか理解しにくい「超越的事象の感得」の面であろうが、これは後節で扱う予定だ。

まず、外的要素で第一に挙げられるのは、第五章の「体つきについて」だろう。この章は極めつきに面白いし、その描写力にも刮目させられる。カルダーノには失礼かもしれないが、ユーモアたっぷりにも読める。最初の段落を引用してみよう。

　背の高さは人並みである。足の裏の爪先の部分が広く、甲も高いので、ちょうどよい靴をみつけるのがむずかしく、いつも寸法を言って注文しなければならない。胸幅はわりと狭く、腕も案外ほっそりしている。ぽっちゃりした右手にはいびつな指がついており、八卦見の予言によると無骨で阿呆者なのだそうだ。しかし彼らこそ自分たちの予言の能力のなさを恥じるべきであろう。右掌には短い生命線と長く彫りの深い土星の線と呼ばれる線が走っている。左手は美しく、指も

長めで艶があり、気品も感じられる。爪もぴかぴかである。（三〇頁）

細部にわたっての巧みな描写には頭が下がる。まさに、「神は細部に宿る」（アビ・ヴァールブルク一八六六―一九二九。近代ドイツの美術史家の言葉）を彷彿とさせる。カルダーノが優れた観察者であったことがうかがえる。引用文のように叙しながらも、自分の容貌にはこれといって珍しいところはなく、肖像画を描きにきた絵描きたちを失望させているという（三一頁）。

彼が数学者であることはすでに述べた。数学者の目と医者の視点がそろって発揮される章が第六章「健康について」である。この章も「病」の分類から始まる。

(1)　生まれついてのもの
(2)　周囲の環境に由来するもの
(3)　自分の体の症状からくるもの

(1)の記述のなかの「歯」に触れた箇所で、「歯は歯槽膿漏で一五六三年から、はじめは一本か二本だけだったが、後に数本ずつ順番に失い始めた。いま一四本あって一本が虫歯である」（三二頁）。この数学者と医師の視線が融和した叙述はおそらくこのカルダーノを以てはじめての画期的な視点であろう。「一四本」となにげなく書いているが、こうした、自分の歯の本数にたいする認識はカルダーノ以前の書物にはなかったのではないか。

第七章「肉体の鍛錬について」では、「銃剣、長剣、短剣、さらに剣を持ち、外套を着てひらりと木馬に跨る稽古をした」（三七頁）とあり、運動神経はまずまずだったようだ。

次に内的要素に移ろう。これは『自伝』執筆の動機とも重なる。第1節でも記したが、第一三章「性癖・悪徳・過ち」でも書いている。

ほんとうのことだけを書く

『自伝』執筆に当たって、マルクス・アウレリウス・アントニウス（一二一－一八〇）は自己の理想の姿を、ヨセフス（三七頃－一〇〇頃）は真実だけ書いて過ちには触れない、という執筆態度を取ったが、カルダーノは「ほんとうのことをすべて書くほうがよいと思っている」（六三頁）。神へと帰依したい気持ちが強く、医学や占星術で性癖とはそのひとの裡なる先天的なもので、他方、教育・研究・他人との交流から後天的な社会通念が生じる、と言う。

ソクラテス（前四六九頃－前三九九）の「汝自身を知れ」に則して、「ひとの本性、これ悪に傾けり」――「性悪説」にそって性癖を、一九項目にわたって縷々語っている。多少とも例を示そう。「ひとよりも自分が始末の悪い人間だと思っている」こと。「臆病で心が冷たく、かっときやすい性」の持ち主であること。こういうのも挙げている――「歩幅がふぞろい」なこと。「信仰心はあまり篤くない」こと。「聞き手の耳に不快感を与えることばかり喋る」こと。「この上なく孤独に暮らしている」ことで、やはりチェスやサイコロ賭博に明け暮れたことにも言及している（六四－六九頁）。

第一七章ではさらに悪辣な事柄を述べている。章題そのものが「誹謗中傷・名誉棄損・奸策」ときているから、おおよその想像がつく。ひとを貶める方法として平然と二つ挙げている。一つは名声と名誉を非難する策だが、二つ目は記載漏れだ。箴言めいた文言もみられる。

　人間は恒久的な成果をめざすのではなく、つかのまのすぐに消えてしまう成果を求めて行動しているが、そんなものなど、目端のきいた人間なら目もくれないのに違いなく、手に入れるための手段にも注意をはらわないに違いない。成果として結実するものは夢のなごりほどに価値がないものなのである。（八四頁）

人間として永遠なるものを求めるのが信条だとしているが、引用文は悲観的な様相を呈している。この『自伝』にはこうした箇所が散見されていて、カルダーノの自己卑下的性格の一端が垣間みられる。

前述したチェスやサイコロ遊びについては第一九章「賭事」に詳しい。カルダーノはこれらの遊びに「みせた異常なまでの情熱がたたって（大学から）懲戒に処されても、それはもっともなことであり、疑問の余地はないはず」（八九頁）だとしている。しかしこうも書いている――「わたしは勝負事が好きだったわけではなく、ひきずりこまれた」（八九頁）と。開き直りもいいところだ。さらに、自己分析は続く。「ひとびとから中傷を受け、侮辱され、哀れに思われ、横柄な態度に出られ、また社会秩序が混乱し、軽蔑を受け、体も病弱であった。結局ひどい怠け癖のせいなのだ」（八九頁）。おそらくこれは真実だろう。「社会秩序の混乱」は、当時がイタリア戦争（一四九四―一五五九）の最中にあって、北イタリアを活動の中心としてきたカルダーノにとっては差し迫った難局だったと思える。「怠け癖」があったかどうかは確認できかねるが第四五章「著書」を読む限り、諸分野にわたって大業を成し遂げており、とても怠惰とはみなし得ない。カルダーノは謙虚な人柄ではなく、相手に「負」の要素を訴える性質《たち》の人物だったと推察される。私生児であって、生まれてきてほしくなかった子供だった（一四頁）、という暗い過去を背負う身としてはそうあってしかるべきなのかもしれない。

不可思議な出来事

さて、『自伝』中、後半の章に進むにつれて、カルダーノにとっても読み手である筆者たちにとっても奇異な出来事が記述されていくが、作者は奇異と認めつつも、筆を擱《お》くことはない。はなはだ合理的でない事柄が列挙されるが、あるがままに書いている。カルダーノ自身不思議な境地にありながら、目を背けない。第三七章「天賦の才と夢見る才」はその代表だ。ここでも、順番を決めて記している。例えば、「第四の特異な点は、眠りに落ちてからしばらくして、熱い汗をどっさりかくことだ」（一七〇頁）とか、「第八番目の特異なことといえば、もう救われる道はないと思われるような窮地にあるときでさえ、身を救うことが出来たことだ」（一七一頁）とか、である。なべて自分に都合のいい結果に終わった事例しか挙げていないし、その内実たるや自己自慢的要素が多い。自己顕示欲の強い人物だったに違いない。

神の御心

第四六章はその名もずばり「自己について」である。ここでは「我が身の不幸」が列挙されている。「息子たちの死（ジャンバッティスタとアルド）、なかでも長男の無残な死（斬首されている）、不肖な次男、娘の不妊などがある。そのうえ性的不能、……絶えざる困窮、不和、誹謗、不祥事、病気、おまけに入牢体験」（二七五頁）と続くが、「困窮」は当てはまらない気がする。カルダーノは著名な医師と同時に大学教授の職にあった人物で、この点、在野での数学者であったタルターリアのこうむった苦境とは一線を画している。

こうも書いている。

耄碌《もうろく》したといえ、青春時代を羨んでいるわけではない。五感においても、幸運から授かった恩恵においても、思索能力という点でも自分を不憫に思っていない。さらにこう言ったほうがよいだろう。人性が神性を分かち持っていることを知っているかぎり、人間はこのうえなく幸福だと思う。（二七六頁）

さらに、

神の御心に適《かな》ってわれわれのかぎりある寿命にも不滅性が分与されていることを考慮すれば、この無償の贈り物を軽視したり、その境遇を違ったふうに解釈したりすべきではないのだ。（二

七六―二七七頁）

この二つの引用文は、自己の立ち位置や自己が生きてゆく上での棲み分けを凝視したカルダーノが、自己の幸福観を敷衍して語った箇所として味わい深いものがある。

まとめとして、冒頭で述べたように、善くも悪しくも、カルダーノはわが身にもっとも興味があったのだ。この奇妙奇天烈だが医者として数学者として、また占星術師として名声を手にした自分自身へ向けた、それなりに合理的な、あるいは正直な腑分け――これがまさにこの『自伝』の執筆動機と明言してもよいのではあるまいか。

3・3　学術面

ひとつのことに集中せよ

学術の面では、第三九章「博識と想像力」から、第四五章「著書」にいたるまで、いろいろな角度で「学知」をカルダーノなりに切り取ってみせてくれている。そのなかで、ここでは主に、第三九章「博識と想像力」と第四四章「学問研究と功績」をみていくことにしよう。他の章が「超自然的な事項」や「奇異な出来事」、それに「著書」にかんする章だからで、後述することにしたい。

カルダーノ全集は一冊が、市販の百科事典くらいの厚さで、なかは（中世）ラテン語でびっしり埋まっているが、カルダーノ曰く、「文法はおろか、ギリシア語もフランス語もスペイン語も勉強した覚えはない」（一九一頁）。ここでいう「文法」とは「ラテン語」を指している。だが、日常生活を送っているうちに自然と身についたという。ラテン語の難解さを知っている筆者としては、じつに稀有なひとだ。

彼の学問にたいする姿勢としては、一つのことに集中することだ。「多くに通ずる者は一事に疎し」（一九二頁）と言い切っている。それぞれ時期を同じくしないで、順番に、占星術、幾何学、代数学、医学、弁証学、それに自然魔術、物性研究、数に入れてもよいのなら、と断って、サイコロ遊びを付加している。「幾何学や代数学や医学については、理論と応用の両方を深く研究した」（一九二頁）。医者なのに外科学を避けている（当時は、内科学、内科医師のほうが社会的地位が高かった）。

主要な学問を三六とすると、カルダーノはそのうち二六を断念して、残る一〇（＋歴史）を学んだという。そしてここまで言うかと、呆れるほどの自己自慢を披露する。

わたしには最高の教養と才能が具わっているが、それは想像力の賜物だとするひとびとが幾人かあった。想像力というものは、ものごとを深く静かに瞑想することによっても、周知の事柄をたくさん総合することによっても、またいちばん優れた原理を採用することによっても強化される。（一九三頁）

多くのことをなすより一つのことに集中するほうがよい、というのが彼の持論で、これは名声・名誉を得るためにも必須な姿勢だと述べている。こうした人物の読書論も見逃せない。

それによると、いかなる浩瀚な書籍でも三日くらいで通読し、繰り返し出てくる箇所や、それほど重要でないところは飛ばし、不明点には傍線でしるしを付し、わかるようになるまで待つこととある。また文章作法としては、「あくまで明晰、直截、簡潔、理路整然を旨として、もちろんラテン語を使用するのがよい」と（一九五頁）。

地理上の発見・三大発明への驚異

そして第四一章「奇妙な出来事と息子への濡衣」の頁を開くことになる。「第1節」でも触れたが、この章は、これまでの短調気味の筆致とは違って、希望と好奇心にあふれる長調の章だ。のっけからカルダーノの筆は躍っている。

地理上の発見（大航海時代）、三大発明に言及して、人知の所産と称えている。

> どうしてわたしたちは、地球全体のヴェールが次第に取り去られていくこの世紀に生まれ合わせたのだろうか。古代人にとって世界の三分の一が未知のものであったと言ってよい。当代こそは探検の時代だ。（二一六頁）

声高らかに記しているのが手に取るようにわかる。このあと、探検によって明らかになった土地や島の名前をこと細かに列挙していく、いかにも愉し気に。

次に一六世紀の発明品――黒色火薬、羅針盤、活版印刷を掲げる。なかでも活版印刷は神の奇跡に対抗し得るものとして絶賛している。「われわれに欠けているのは神の座を所有することだけだ」（二一七頁）とも豪語している。

「熱」と「湿」

第四四章は「学問研究と功績」と題していて、「功績」を加えているところがカルダーノらしい。弁証学、両刀論法、博学、比喩法、敷衍法、「天啓」（後項で詳述）の使用を心がけたという。続けて、教育学、代数学（数の性質に関する全領域、方程式）、幾何学（比率、不定数と定数との関係、定数の取り扱い方）、音楽（新しい音階、新しい調性）、そして最重要な自然学の分野では、「元素のカテゴリーから火を除外した」（二四七頁）。さらに、万物それ自体「冷」であり、元素の相互交換は不可能であることを教示した。

> 世界の蘇生をわたしは解説し、物質の本性（特質）はただ二つ、つまり熱と湿であるとの見解を支持した……。完全な動物が発生するために、天空の熱以外のほかの原理はその交わりに作用しないこと。神は無限とされるべきこと。各部分に一定の秩序を保っている統一体は、すべて魂と生命を持つこと。われわれ人間の魂の不滅性は、哲学者の見解によれば、真実で疑問の余地がないこと。万物は一定の部分から成ること、したがって植物を構成している一部分である葉と種子も同じであること。（二四七―二四八頁）

カルダーノは当時、未解決であった様々な自然現象を並べ立てて、率直に所見を述べている。特に、「植物の腐敗した葉全体から、その性質の差によって異なる生き物が発生するのを見出した」（二四八頁）と語っている。

自然は、「実体のない作りものにすぎない」（二四八頁）とも結論づけている。これがカルダーノの自然観なのかどうかは断定できない。もしそうだとしたら、自然が神の被造物であるという聖書の話は嘘となる。彼の議論はいつも定着しない。

自然学の次には哲学について論じている。哲学をカルダーノは、「人間を対象とする」（二四九頁）学問と定義している。そしてこの観点から、「人間だけでなく生き物はすべてモラルという点で同じ条件下にあること」（二四九頁）として、見方によっては、アニミズムに接近しており、人間以外の生き物を人間が支配し管理する立場（「創世記」第一章二六節）に反するとも考えられよう。

最良の人生、平等な生活を送るには三つの方途があるという――一番目は、「人間の領分では個々人で善悪の度合い、幸福の程度がそれぞれ違うので、他人の善悪を云々しないほうがよい」（二四九頁）と、相対的に人間を観察せよ、との意見だ。二番目は、それぞれのひとびとに共通な風俗の確認、三番目に、おのおのの民族の習慣などに精通することを挙げている。

「尿」――微小から全体へ、全体から微小へ

最後に、本業の医術分野では、得意な領域を列挙しているが、カルダーノの名誉のために掲げるとすれば、「尿」と「梅毒」の研究だろう。とりわけ傾聴に値するのは「尿」についての以下の発言で

ある。

『尿について』の諸巻はまだ完成をみていない。これほどにも微小な部分にあらゆることが含まれている事実でなく、逆に全体から微小な部分のことが明らかになるといった自然の驚異を如実に物語ってくれるものが本書だ。（二六四頁）

尿にたいするこの考え方は、現代医学の血液検査や採尿検査と多少とも異なる立場（つまり、全体から微小へ）としているが、それでも通ずるものがあって興味深い。体内の一部である尿を検査すれば、体調（病）が判明するという診断で、その逆もありだと説いている。当時の思考に則ってみれば、マクロコスモス（人体）とミクロコスモス（尿）の照応・呼応を指すだろう。

カルダーノは自然界の事物をめぐってなされてきた「観想」を、どのように技術や仕事に応用すればよいか、と趣向をこらした人物で、皆から「発見のひと」と呼ばれたという（二四九頁、二五〇頁）。これは文字通り賛辞と言ってよいだろう。

3・4　人生訓・処世訓

規範・生命へのこだわり

カルダーノは古代哲学の一派であるストア派に傾倒している。とりわけ、マルクス・アウレリウス・アントニウスに惹かれている。だからというのではないが、高潔な立場に身を置いての発言が多い。ほぼ、箴言《アフォリズム》であるが、苦労人からの言葉には重みがあり、そういうものなのだ、と納得させられるものも多い。

第四章には、「不確実なことのために確実なことを棄てられるか」（二七頁）。またこれは何気ない言葉だが、カルダーノが敬虔なカトリック信者であることを示している一文がある。――「厳しいデンマークの気候のせいもあったが、宗教も違うからであって……」（二八頁）と述懐して、新教国デンマークにはおもむかない旨を明言している。これを敷衍すれば、当時、旧教と新教の間の断絶が歴然としていたことが理解できよう。

第一〇章の表題は「生活の信条」で、たくさんの人生訓が読み取れる。つまり、自分の名声を不滅とするには、規則正しい生活を送り、自分の能力を活かせる方法を用いると、結果が「吉」と出ること。そして生きていく上で必須な要件はつねに臨機応変であること。生活の方針が立たない折には、試行錯誤しながら苦難を乗り越えていくこと（四九頁）。

若い頃、法学に進むか医学に向かうか、逡巡した際、命を守る職に親近感を抱いた彼は、「医学というものが地域や時代を越えた共通のものであって、さらに人知ではなく自然の永遠の法則に基礎を置いているものであり、そのため真実にいっそう近いと思っていた」（五三頁）。さりげなく「自然の永遠の法則」と記しているが、一六世紀にあって自然界の解明はわずかにしか達成されておらず、森羅万象の謎解きこそが自然魔術師が立ち向かうべき仕事だった。カルダーノが考える医学の道とは自然界の全貌を知ることであり、いちばんの対象である人間は自然のなかに存在する生き物、即ち、自然と調和する位置にあった。

「自然」へ視座

第一一章「思慮分別について」の内容はその名のとおり、分別くさい文言が並んでいるが、人生の師として教えられる文句が多い。特に、人間という者は、自分の才覚で他人を判断する傾向にあり、自分の能力より一段も二段も上のひとの言辞を把握できかねると言う。これは至言である。

第一四章「善行とねばり強さ」でも、「自然がよしとしないものをわれわれのせいにすべきではない」として「自然」を重んじる発言をしている。

「善行」を表題に掲げているにもかかわらず、カルダーノは逆境について頁を割いている。「快楽、観劇、病気」から、「迫りくるわたしの異端的見解に対する危機」まで、計、一四項目を挙げている。「快楽」など、逆境の部類ではないと思えるが、順境を述べた箇所の特徴として、禁欲的生活態度を吐露していることからも、カルダーノがストア派の教え（「自己」とか「魂」とかいうもの以外は、結局どうでもよいもので、いかなる逆境にも崩れぬ「自己」を究極の理想とした峻厳な哲学）を尊崇していたことがわかる。

第二三章「生活の規範」では、「生活の拠り所となる規則を守るほど有意義なことはない。良い規範とは長い人生経験と多年にわたる艱難辛苦のなかから生まれ出る徳目なのだ」（九八頁）と冒頭で断言して、八つの「規範」を述べ立てている。二番目は、神の功徳に触れて、それが自著に「永遠なる生命を与えて下さること」と切望している。だが、カルダーノらしさが顕われているのは、六番目だろう――「あらゆるものを観察することで、自然において何事も偶然には起こらないと思ったこと」（一〇〇頁）。

カルダーノにとって「自然」こそが、自分自身を措いて、第二の関心事であることがうかがえる。

幸福観

第三一章は「幸福について」で、筆者自身、とても気に入っている章である。「しあわせ」という漢字ひとつにしても、筆者は「幸せ」とはせず、「仕合わせ」といつも書く。「仕事」が「うまくいっている」ときこそ、「しあわせ」だからだ。

カルダーノは、仕合わせは順序正しく起こり、生涯の一時期の仕合わせは全体との比較のうえで成立するとしている。そして、自分の成りたいものになれない場合には、「成り得るものにわが身を合わせていけば幸福を得る可能性がある」（一四〇頁）と、都合三つの案を提示している。含蓄のある言葉だ。

幸福の反対の不幸はどうかと言うと、万事空虚なこの世なのに、充実したものを追究するから生まれる、と説いている。さらに、知ったかぶりをしたり、身のほど知らずに自分をみせようとすることからも不幸は生じると言う。

第四九章「世事寸評」には、味わい深い箴言が並んでいる。ストア派の哲学に傾倒した人物だけはある。六つ記されている。ここではすべては挙げないが、もし二つ掲げるとすれば、「神は誤ることはない。死ほど確実なものはな」い（三〇五頁）と、「ものごとは量でなく中味で判断しなくてはならない」（三〇五頁）だろうか。「中味」を、いま「質」と捉えれば、「質」を重視した自然魔術師と、「量」を重んじた、ガリレイをはじめとする近代自然科学者の相違がこの時点で見受けられて興味深い。

３・５　家族

占星術

カルダーノの実母は当時の避妊薬を使って堕胎をたくらんだが失敗した。誕生した子がカルダーノで、私生児ということもあろうが、望まれて生まれた子ではなかった。それも、母体から仮死状態で「引っ張り出された」（一五頁）。占星術で自分の出生を占っている――「太陽と月とは傾きながらそれぞれの角の下へ没しかかっていて、どちらにも上昇の見込みはなかった。なぜなら両方とも第六と第一二の家に、そしておそらく第八の家にも入っていたからで」（一四頁）、畸形児に生まれてくる可能性が高かったし、生殖器に傷があって二一歳から三一歳まで交接が出来なかった、と嘆いている。

第二章は「出生」にかんする章だが、カルダーノの占星術の知見披露と言ってもよいほどに、星辰の位置で誕生や幸不幸、寛容な心のなさ、叡智も体力も記憶力もないことを訴えている（だから、なおのこと、神のご加護がある）。占星術はローマ教会からはご法度だったが、教皇みずから占星術師を雇っていることからしても、暗黙の了解が存在していた。カルダーノは後年、イエス・キリストのホロスコープを作成した廉で投獄の憂き目に遭っている。

お父さんっ子

カルダーノの父、ファツィオはレオナルド・ダ・ヴィンチの友人で、ユークリッドの著作の研究家で職人気質《かたぎ》だった。「『よろずの魂、神を頌すべし。神はあまねき徳の源なればこそ』」（一七頁）が口癖だ。いつものように外的描写が始まる。「顔は赤く、眼には色素が乏しく、夜間でもよく眼がきいた。死ぬまぎわまで、眼鏡は使う必要がなかった」（一七頁）。

母は怒りっぽく、才能に充ちあふれていた。背が低く、信心深い女性だ。だが、カルダーノにとっては父のほうが母より善良に映った。信仰心に篤い父は、父が信仰すると公言した神である守護霊よりも聖ヒエロニムスに願を掛けて、赤痢に冒されていた八歳のカルダーノを救った。ここで『自伝』のなかではじめて、「守護霊」（二二頁）が登場する。父は、一五二四年、四六歳で死去した。

カルダーノには、夢に出てくる父をたいへんありがたく思っている節があり、そこで、各惑星と諸学問の照応・対応を論じている（月―文法学、水星―幾何学と代数学、金星―音楽・占星術・詩、太陽―倫理学、木星―自然学、火星―医学、土星―農業・植物学・技術、天の第八圏―上記の全学問の集大成、自然の与える叡智、その他もろもろの学問研究）（一八一頁）。ダンテの『饗宴』にもそうした頁が見受けられる。双方、一致はしていないが、こうした、惑星と学問との照応・感応は時代を越えて思考の対象になっていることが興味深い。

二男一女

カルダーノは夢に現われた、バンダニーレ家の娘と、夢のお告げ（悪い夢で、その後の人生で起こる、家族に付随する災難の予兆ととれた）とも言えるようなかたちで結婚する（結婚生活は一五年間）。当初、男の子二人を妊娠四か月で流産した。その次に生まれたのが長男のジャンバッティスタだ。祖父に似た顔つきだった。さらに描写は続く——「左耳は聴こえなかった。目はつぶらで澄んでおり、くるくるとよく動いた。思い違いでなければ左足の指、親指から数えて三番目と四番目の指がくっついていた。背中は若干突起していたが、不具ではなかった」（一〇九頁）。

その下に長女がいて、末っ子にアルドという男の子を授かった。

長男は結婚後、孫を二人、儲けてくれたが、あろうことか産褥の妻に毒を盛ったとされて逮捕、牢獄内で斧によって首を落とされた。「最初にして最大の不幸だった」（一一〇頁）。

次男も性悪な男で、女癖がわるかった。長女だけが、「持参金の出費はべつとしてほかに迷惑をかけなかった」（一一〇頁）。

当時は新婦のほうから持参金を持って新郎に嫁ぐのが仕来りだった。娘の多い家は難儀したと言われている。将来の持参金の見込みが立たないときには娘（たち）を女子修道院に入れた。また、赤子は乳母に預けられた。カルダーノは生後一か月も経たないうちに乳母をペストで喪っている。『自伝』を読むかぎり、カルダーノは温和な家庭で育ったのではなく、みずからの家族にも恵まれていなかったようだ。「こうしてわたしの一縷の望みは孫のファツィオに託された」（一一一頁）。

死というものが必ず訪れるこの世にあっては、ものみな切なく、夢の名残りではないか。ならばもろもろの功績とは、仕事とは、人生とは、そして明日をも知れぬ人間の運命とは　何なのか、みんなこのようなもので成り立っているのではないか。（一一一頁）

諦念に色濃く染まった、絶望の淵にたたされている一人の人間の苦渋がにじみ出ている文言だ。

3・6 「守護霊」・「天啓」

守護霊

「守護霊」について詳しくみていこう。『自伝』第四章で、父が信仰の対象とすると公言した神と説明されていることから、「神」（の部類）だと理解できる。

豊富な知識、数々の旅行、危機、経験した職業、多くの依頼、諸侯との友情、名声、書物、治療や他の機会で示された非凡な才、わたしのなかで確認された奇妙な、ほとんど超自然的な事柄。さらに守護霊と「天啓」による認識。（一五二頁）

ここに挙げられているさまざまな「才覚、才能」は、カルダーノが否定し得ない事実として彼みずからが列挙したものだ。そこに「守護霊」と「『天啓』」が埋め込まれているが、それほど合理性は感じ取れない。

第四七章はそのものずばり「わたしの守護霊」だ。ひとの行為に影響を及ぼしたり助力したりするのが「守護霊」で、ギリシア語で天使《アンゲロス》、ラテン語で精霊《スピリトゥス》と称されている。そして個人個人によって、守護霊の役目が異なると述べている。例えば、アントニウスとキケロの場合は栄光の守護霊。フラウィウス・ヨセフスのは輝かしくてしかも評判の毛並みのよい守護霊。ソクラテスのは制止を司る守護霊、等々。

カルダーノ自身が守護霊を感得するのは特別な資質によるという。その理由として、「ひたすら真理と叡智に大いなる愛を捧げたからだろう……」（二八一頁）。また、「守護霊は非質料的で神に依拠する善なるもの、神学者が命名した『善天使』という存在だから」（二八六頁）神の御心に適った未来への道を、いつも誤りなく示してくれる存在なのだ。さらに、自然の仕組みとは、守護霊から得たもの（情報？）を、常時正確に心に伝達する所作を執り行なう。難解な内容だが、自然が仲介役を担っていることを意味しているのではあるまいか。

そしてその守護霊じたいも仲介者と言えよう。

観点を変えれば、カルダーノが「神とは何か」を考察する際、直に思考するのではなく、本人と神の間に二者の意を取り次いでくれる存在が必要だった？　そうすれば見神《けんしん》できたのではないか。医師で数学者でもあるカルダーノにしてみれば、モノは目にみえて触れる実体でなければならなかった。それと信仰行為が異質であることも充分に理解していた。しかし、「自然学」と「信仰」の板ばさみになっているようにもみえない。このまま受け取るしか術はない気がする。

自然魔術師たちが、自然をあるがままにみつめようとしたのにならって、筆者はカルダーノをありのままに捉えることにしたい。こういう思考形態の人物が一六世紀のイタリアに存在したのだ。これは確固たる事実である。ルネサンス文化の両義性（複数性）がみえてきはしまいか。

ところで守護霊は「天啓《イルミナティオ》」にもかかわっている。この訳語には、正直、悩んだ。英語でいう「イルミネイション」だ。「照明」が第一の訳語。しかし、これから引用する文章では、「照明」では文意をなさないことが明白になるだろう。

敷衍や「天啓」がわたしにもたらされるのは、一つには訓練の賜物であり、もう一つは守護霊のおかげだ。もう四〇年以上のまえから、「天啓」を完全なものとしようと、努力してきた。著述をし、即興で講義をする能力は守護霊と「天啓」に拠った。（二八五頁）

「敷衍」とは「言い換えたり例を挙げたりして、詳しく説明すること」を指す。よりいっそう具体的に教示することだ。「天啓」が宿るには「訓練」が必須だったという。発想を変えれば、みずからが「天啓」なる「ひらめき」を受け止めるには、自身の裡にそれを受容できる力がないと不可能だということだ。その力能《ポテンツア》を日々培っていなくてはならない。それが「訓練」だ。また、観点を変えてみて、精神障害をきたす「トラウマ」にある意味であてはまるのではないか。外部から襲ってくる傷が身心の裡に巣食って内的「傷」となる、この「外」から「裡」への経緯が、「傷」とはならずに、「天啓」では「賜物」となるのではないだろうか。

二番目に「守護霊のおかげ」とあるが、本来的に守護霊は助力や仲介の役目を担っているから、ここはそのまま受け容れるのがよいと思える。

最終章の第五四章で、しみじみと語っている。

わたしに具わる神聖な存在は「天啓」だ。それを直観することは出来ても。書き記すことは出来ない。わたしのなかに存在する超自然的なものとしては「守護霊」がある。これも言葉で説明することも、暗に示唆することも叶わないし、わたしの力の及ぶところではない。（三五一頁）

真率な回顧だ。カルダーノは誠実におのれに具わった「神聖な存在」と超自然的な「守護霊」を挙げている。カルダーノ自身が「超人」にみえてしまう。現代人の尺度では測り切れない、混沌のなかにいて、しかもそれを包み隠さず吐露している。「神」のほかに、それもなんとか「神」に結びつけて存在を訴えている。すでにルターの宗教改革は起きている（一五一七年）。カルダーノの「神」には付録が必要だったのか、あるいはそれとは違うのか。

回答は容易には出ないだろう。占星術師でもあった『自伝』の作者の筆は筆者たちを、不安定ながらも異種なる思考体系の共存・共生の世界へといつの間にか導いてくれる。

3・7　病気

病のオンパレード

カルダーノの場合、虚弱体質であるので、さまざまな病気に罹るのだが、それでも強運と言ってよいと思うが、なんとか生き抜いている。また医師でもあるので、診療した患者の数だけの病を診てきている。これら二つの面からさぐっていかなくてはなるまい。

第四章の編年体の章と、第六章の「健康について」に罹患の病名が列挙されている。

まず、八歳のとき、ひと目に触れずにすっぱい葡萄をたくさん食べたからか、赤痢に罹っている。

熱を出し、瀕死の状態だった。父が守護霊よりも聖ヒエロニムスに息子の回復の願をかけた（二二頁）。

赤痢がじき全快というときに、鍵を持ったまま階段から落ち、その鍵が当たって「額の上の左側の部分に穴が開き、骨にひびが入ってしまった」（二二頁）。これは重傷だが、筆致はあっさりしたもので、この傷が回復してからすぐ、「家の敷居の上に座っていた」折、隣家の屋根から落ちてきた「胡桃の実くらいの大きさの小石に当たって、……左の側頭部を負傷した」（二二頁）。

隣家の屋根から石が落ちてくる、とは信じがたいが、ここがこの『自伝』の愉快な叙述で、つい笑ってしまうが、その後、父は縁起がわるいと言って、同じ通りの向かいの家に転居している。子ども思いの父だが、どことなく可笑しい。

第六章「健康について」では、健康よりもその逆の病気についての記述が圧倒的多数にのぼっている。紙幅の都合ですべては挙げられないが、これは、と思うものを選んでみる。

胃弱、動悸、痔疾、痛風、ヘルニア、脱腸、皮膚病（デキモノ）、尿の大量排出、不眠症、三日熱、日々熱（四〇日間つづいた。三六〇〇CCの尿を排出して危機を脱する）等々、まだまだある。今日ではどういう種類の病なのか検討もつかないものもあるが、カルダーノはありのままを記している。そして、結びの言葉として、

自然は多量の病気を抱えているものである。わたしはいま述べた病気を、治療に期待もせずなんら処置も施さないで、自然に任せて治した。（三六頁）

最初の「自然」は森羅万象の意味での「自然」だろう。二番目の「自然」は、一番目の「自然」と、「しぜんに」という副詞が重なっていると思える。いずれにせよ、病気の原因や症状に予測がたたないときには、「自然」にその病根を求めている。換言すれば、「自然」とはそれほどに便利な文言でありながら、謎めいた概念だということが理解できる。

診察・回復の事例

第四二章は、「医学とほかの分野にみる予見能力」と題された内容だが、「予見能力」にかんする記述のほうが多く、「治療」では、第四〇章「治療の成功例」を挙げるほうがよい。整理魔であるカルダーノらしく、四〇の治療例を羅列している（一九七―二一二頁）。イタリア半島だけではなく、イングランド、フランス、ミラノのスペイン人を治したことを、その報酬とともに、自慢げに述べている。解剖も行なっていて、解剖学の祖であるヴェサリウス（一五一四―六四）との親交にも触れている。

カルダーノの医師としての自覚の堅固さは、次に記すように出色だ。

医師が携わっている「技術分野」では運不運を云々することは出来ない、と述べ、続けて、それでも医術にも運不運が影響する場合もあると結論づけており、三つの例があるという。

(1)　ときに医者は、深部疾患や複雑怪奇な病気に出くわすことがある。

(2)　医術は多くの分科から成り立っており、過去にあっても現在にあっても、外科医、眼科医、内科医、泌尿器外科医（結石を専門とする医師）、本草学者、接骨医に分かれていて……さらに細かくたくさんの専門に分かれている。したがって、自分が長年とり組んでいる病気に出会えば幸運、さもなくば不運だろう。

(3)　医者は、医薬、看護人、助手、薬剤師、外科医、栄養士を必要とするだけでなく、……火、水、清潔な寝室、静けさ、友人の介抱が挙げられるだろう。……わたしの言いたいことを手短にまとめると、技術はあくまで技術であって、運に左右されることなどないということだ。（二〇七―二〇八頁。傍点澤井）

(2)と(3)に「外科医」が収まっているが、当時は、医師と言えば「内科医」を指し、「外科医」の社会的地位は低かった（理容師が手術を兼ねていたので、「理髪外科医」と呼ばれている）。近代外科学の祖は、従軍医師（外科）であった、フランスのアンブロワーズ・パレ（一五一〇―九〇）だとされている。ヴェサリウスもパレも、カルダーノと同時代人だ。

一六世紀に近代医学の基礎的技術や思念が生まれたと言っても過言ではないだろう。先述した、まさに「発見の時代」であり、文化史家ミシュレ（一七九八―一八七四）が唱えた、「人間の発見」の医学面での到来である。(3)の傍点部「技術はあくまで技術であって、運に左右されることなどない」――何気ない発言だが、難しい言葉で言い換えれば、「経験主義」的発想をカルダーノがとっていることがわかる。

3・8　奇妙かつ異様な出来事、それに予知能力

共時性《シンクロニシティ》

『自伝』の半ばから後半部に及んで、カルダーノは後年、分析心理学者であるカール・グスタフ・ユング（一八七五―一九六一）が提唱した「意味のある偶然の一致」を指す、「シンクロニシティ」の事例を盛りたくさん挙げている。これは簡単に言えば、虫の知らせのようなもので、因果関係のない二つの事象が、類似性と近接性を持つこと、を意味する。カルダーノがことさらこの現象を書きとどめているのは、当人（体験者・目撃者）にとってきわめて重要だったからに違いない。

第三七章「天賦の才と夢見る才」では「夢」のなかで、「『みな死に向かっている』」（一七九頁）という返答を聞いてからの模様が詳細に描かれている。この夢の解釈が「やがてわたしの名が不滅のものとなること、さらに尽きることのない困苦、投獄、驚愕、苦しみなどをはっきりと予知していた」と解釈している。

第三八章「五つの天性による救い」では、「この身に具わっている、ある驚くべき特異性」、つまり、「実際よほど驚嘆すべきものとみえ、何か自分でも得体の知れないものが身体に宿っていると思われるのだ。いくら自分本来のものでないと言い聞かせても、わたし自身のなかには確かに何かがある」（一八六頁）。

その二つ目にはこうある。「一五三四年のこと、わたしは夢にまもなく起こるかもしれないことを予見するようになった。もしその日のうちに起こりそうな場合には、明け方に正夢をみるのだった。

もし夜が明けてから夢をみる場合には、それが正夢であるのはもちろん、委曲を尽くしていた」（一八八頁）。

夢の話が続いたが、第四一章「奇妙な出来事と息子への濡衣」では、「地震・振動」をキーワードとして、シンクロニシティを語っている。もちろん、カルダーノにとっては奇異であることに変わりがなく、相変わらずありのままに述べている。一五五七年一二月二〇日のことだ。なかなか眠れなかったカルダーノがやっと眠りに就こうとするとき、「地震かと思うほどぐらっと寝室が揺れるのを感じた」（二一八頁）。

彼は同じくローマにきていて、隣室の折り畳みベッドで寝ていたシモーネ・ソリアに訊くと、シモーネも同刻限にベッドともども部屋が揺れたと応えた。カルダーノは広場に出かけて、そこにいるひとたちに尋ねたが、誰も揺れを感じなかったという。ところが帰宅すると、悲嘆にくれた下男がカルダーノの許に駆け寄ってきて告げた――「(長男の) ジャンバッティスタがブランドーニア・セローノと結婚しましたと。その娘は……まったくいいところのない女だった」（二一八頁）。

その後たびたび、部屋が振動し、左側を下にしてベッドで寝ていたカルダーノが心臓に手を当てると、動悸を打っていた。座ると振動も動機も止んだ。だが、よこになるとすぐに振動と動悸が始まった。彼はこの二つの現象には依存（因果）関係があると推察する。「心臓の動悸は不安の結果生じた現象で、まったく自然なことであるはずだ。しかし、なぜ最初に部屋が振動したのかわからない……ただ後になって、重複している現象が問題になっているのがわかった」（二一九頁）。

一方の心臓の動悸は、自然現象。他方の部屋の振動は、心霊現象で、二つとも守護霊がもたらした、と解釈している。

第四一章には他にさまざまな奇妙な出来事が記されているが、たいていが守護霊のせいにしている。カルダーノが夢でみたことを忘れず仔細に叙述しているのには感嘆する。自分の結婚のときも夢のお告げによるくらいだ。なかでも父親の現われる夢を大事に思っている（一八一頁）。

長男の死の折もそうだ。

　翌年（一五六〇年。息子の死んだ年）二月、わたしはパヴィアに逗留して大学で教えていた。たまたま両手をみると、右手薬指の付け根に血で染まった剣のようなしるしがあるのに気づいた。……夕方、ひとりの使いがわたしの娘婿の手紙をもって……きた。息子が捕まったので、至急ミラノへきてほしい……。血に染まったしるし（剣）は、翌日になると次第に指先に向かい、……五三日経った最後の日には指先に達して、先端は鮮血色を呈した。……わたしの息子が斧で首を刎ねられたのは、五三日目（一五六〇年四月七日）の真夜中のことだ。その翌朝、血に染まっていたしるしはみるみるなくなり、二、三日経つと跡かたもなく消えてしまった。（一七六頁）

「偶然の一致」が、カルダーノにとっては「必然」を招き寄せる。読んでいて彼の思考回路をたどるのにはひと苦労するが、その「労苦」を一片たりとももらさず、自己の体験を信じて書きとどめるカルダーノにたいして、敬意を払いたい。

3・9　食生活

庶民の食生活

一三四八年にペストが半島を襲って、フィレンツェでは人口の半分以上の市民が死亡した。ペストにかんしては、ボッカッチョ著『デカメロン』第一日目第一話で、その症状や死に方、恥じらいをなくした瀕死の婦女子などのことが活写されている。この描写の文学的意義は他所で書いている（『ルネサンスの文化と科学』山川出版社）ので、興味のある方はそちらに当たってほしい。ここでは、どうしてそれほどまでに人口が減ったのか訳を考えてみたい。

まず、栄養が行き届いていて体力があったならば、抵抗力がついて、そうおいそれとペストに罹患しなかっただろう。だが、その反対ということは、体力を培うからだにはほとんどの市民がいたっていなかったことを示唆していよう。これは端的に言って、食糧事情が絡んでいる。

ここでいわゆるルネサンス期の食生活を語るまえに、農作物に大きくかかわる天候に触れておきたい。ルネサンス期のそれは、寒冷期に相当して、作物の実りが温暖だった中世より低かった。経済も、中世のほうが興隆の度合いが高く、「商人の英雄時代」（この一、二世紀前の庶民や商人、下級騎士や色欲に充ちた修道院長などを主人公に仕立てたのが『デカメロン』で、「商人の叙事詩」）とも称されている。「神」という観点からすれば、中世のひとたちにとっての「神」は温和で優しい「神」だったが、ルネサンス期のは、手厳しい峻厳な「神」と、ひとびとには映ったことだろう（こうした強面《こわもて》の「神」をなだめるために、教会の普請をしたり、絵画や彫刻を献納したことからルネサンス文化運動が興ったという説もある。温暖期の中世がもたらした三つの遺産に、「ミラノやケルンの大聖堂」、トマス・アクィナスの『神学大全』、ダンテの『神曲』がある）。

閑話休題。

寒冷気候の下でとれるのは、デンプン質のものばかりだ（大麦・小麦・燕麦《えんばく》・粟《あわ》など）。農民や都市の下層階級のひとたちは、薄いスープに具がわずかばかり浮いた、いまで言うミネストローネをすすって腹を充たしていた。肉や魚は保存用に塩漬けされたものを食していた。これでは栄養価は低いし免疫力もつかないだろう。ペストによる死は、ペスト菌のせいばかりではなかったのだ。

上層階級のひとたち（カルダーノたち）の食事

カルダーノが上層階級の人物であることは、その履歴で明白だ。大学教授、医学（師）会長、アルプス以北の貴人から稼いだ診察料、半島内での診察費といった個人で得た金額はたいそうな額にのぼったと推測される。

第八章は「食生活について」だ。豊かで豪勢な食事を一部、紹介しよう。

……金曜日か土曜日ならば、貝か、または、ざりがにのスープに浸けたパンと、適量の肉を食べた。リキュールなど何も加えずに鍋のなかで焼き、包丁の峰で長いあいだたたきあげた、硬い仔牛の肉ほどおいしいものをわたしは知らない。仔牛はひとりでに肉汁よりはるかに汁が出るからである……。

魚は良質で新鮮であれば肉よりも進んで食べる。……ヒラメ、カレイ、ロンボ（ヒラメの一種）、ハゼ、リクガメ、ウゴイ、ときにはヒメジ、……次に淡水の魚では、カマス、コイ、アゼ、ウゴイ、ウゴイの両側、……。

甘いものでは、ハチミツ、サトウ、垂れているブドウ、熟れたメロンを好んだ。（四〇-四一頁）

庶民では考えられない食事だ。筆者の少年期ではメロンなどめったに口に出来ない高価な果物だったのに、カルダーノは食べていたのだ。肉も魚も塩漬けではない。イタリア料理の二つの原則に、「fresuco（新鮮な）」と「saporito（風味豊かな）」がある。カルダーノの食卓はそれらを充たしていたに違いない。

3・10　拾遺

帰納法と演繹法

ほんとうはこの章で、「神・信仰・宗教」をとりあげるつもりでいたが、この三つは各項目で折につけ、意図的に論じなくとも触れてきたので、止めることにした。カルダーノはあれやこれや述べ立てているが、根本的に「神」を信じ、そのご加護に頼っているのは明白で、信仰心も（ときには薄いと書いているが）篤い人物だった。その他「守護霊」という独特の存在を自覚していて、「神」からの善き使者とみなしている反面、不可思議な出来事が起こると、たいてい「守護霊」のせいか、おかげかにしている。『自伝』中の準主役でもある。これまでも何回も出てきたし、拾えばまだある。

この項では、見逃してきたいくつかの事例に言及してみよう。断片的になるかもしれないが、ご寛恕いただきたい。

占星術の話題をたくさん書いていて、いちいち引用すると量がかさばるので控えるが、星辰の力が人間などの生物に影響を与えるという考え方は、全被造物に星の力が宿るという意味で多神教的であり、一神教のキリスト教から批判されるが、「運命」を占うこの「術」がすたれることはなかった。第II部の第2章で扱う、カンパネッラの著作品にも頻繁に占星術が現われる。総じて知識人を惹きつける要素を兼ね備えていたのだろう。

前の項で紹介した「食生活」についての最終的なカルダーノの構えは、いかにも学者らしいそれだ――「わたしは深い思索と輝かしい理性で、上に述べたこと（食生活）を神聖な学問を用いてまとめたかったのだ。結局、非常に明白なことでも、理性のひらめきがないと何もはっきりとみえはしない」と（四二頁）。

「ひらめき」という文言は、「天啓」のある面を示唆している。彼は「理性」を尊重し、「学問」を神聖視している。カルダーノの筆致の特徴としては、帰納法と演繹法を自由に使いわけている点にある。番号を振って事例を述べていく筆法が多いので、演繹法のほうが多いのだが、前述（四二頁）の引用からでもわかるように帰納法も用いている。帰納法を使用すると内容が引き締まる利点があって、カルダーノの凝縮された思考が見受けられる。

ストア派的文言

カルダーノは後期ストア派の哲学者、ローマ帝国五賢帝のひとり、マルクス・アウレリウス・アントニウスを尊敬していた。筆者も帝の著書である『自省録』を翻訳で読んだことがあるが、金言・謹厳実直な言葉に充ち、身の引き締まる思いがした記憶がある。その影響が『自伝』のあちらこちらに散見でき、終章に近づくにつれ多くみられる。例えば第五〇章「座右の銘と息子に寄せる挽歌」の冒頭――

人間はいつの時代になっても、自分の思い出が不愉快なものにならないように振舞わなければならない。そうするには、意欲もさることながら能力のほうが人間に欠けている。だからそれを達成できれば、あとから振り返ってみて、ひとの心はなごむものだ。もし一抹の後悔の念も残らなければ、なおさら結構だ。（三一二頁）

この章は、父カルダーノが、斧で首を落とされた長男ジャンバッティスタに向けて読んだ「挽歌――亡き児を忍ぶ歌」で閉じられるが、筆者と共訳した清瀬卓氏の名訳（三二三―三二九頁）を堪能していただきたい。「亡き児を忍ぶ歌」とは原文にはなく、クラシックに詳しい方なら、これがマーラーの楽曲名であると察しがつくと思う。

最後に、カルダーノが「神」を敬愛し、かつ新しければ、発明品に深い関心を寄せている箇所を引用して本章を閉じたい。いずれも第五三章「話術」からである。

心を例にとってみるならば、人間以上にあてにならず、邪悪で嘘偽りの多い動物はほかにいないだろう。混乱をきたしやすい心の一部はべつにしても、知性だけは愛したいものだ。しかし、神の叡智より純粋で気高く、不動で真実なものはほかにありえようか。（三四四頁）

人間社会からは何を期待できるだろう。人間はおしゃべりで欲張りで、嘘つきで野心の権化だ。これほどにも繁栄を享受し、印刷術という便利なものができた今世紀であれば、テオプラストス（前三七二頃―二八七頃）の発見の一〇〇分の一でもいい、何か考え出したひとには喝采を惜しまない。（三四四頁）

第2章 汎感覚論者トンマーゾ・カンパネッラ（一五六八―一六三九）

1 『太陽の都（市）』（一六〇二）

影響

社会革命を狙った、カラブリア蜂起の失敗後、獄中でカンパネッラが執筆した、彼の名を今日まで記憶に留めさせている、ユートピア作品『太陽の都（市）』について左記の叙述は、引用後に挙げる著作品▽印以下の文面の影響だ。

筆者がどのようにして世界を一周し、タプロバーナ島に到着し、そこに上陸せざるを得なくなったか、そして恐ろしい土人から逃れるために密林に身を隠し、やがて赤道直下の大平原に出たか……

▽『太陽の都（市）』の在るセイロン（現・スリランカ）の地理的根拠を述べた部分――ジョヴァン

ニ・ボテロ（一五四〇―一六一七）『普遍的関係』からの影響。

その広い平原のなかに一つの丘がそびえております。都市の大部分はその丘の上に建てられているのですが、都市をめぐる幾重もの城壁は、丘の麓のそと遠くまで拡がっています。都市は直径二マイル以上で、周囲は七マイルあります。だが、この都市は丘の斜面に作られているので、平地よりもずっと多くの家が建っているのです。……

▽都市の立地を述べた部分――フランチェスコ・パトリツィ（一五二九―九七）『幸福の都市』からの影響。

都市はそれぞれ違った惑星の名前がついた非常に大きな七つの環状地帯から出来ています。

……

▽都市の形態について述べた部分――アントン・フランチェスコ・ドーニ（一五一三―七四）『賢者と狂人の世界』からの影響。

その他、トーマス・モア（一四七七頃―一五三五）の『ユートピア』は言うにおよばず、ヤーコポ・マッヅーニ（一五六四―九八）『共和国の建設』、ルドヴィーコ・アゴスティーニ（一五三六―一六〇九）『空想の共和国』などからも少なからぬ影響を受けている。

これら一六世紀の理想都市国家像は、時代の混迷の深度を反映してか、わりと安定していた一五世紀に構想されたユートピア像とは一線を画すことになる。

一五世紀のアルベルティ（一四〇七―七二）やダ・ヴィンチの考案した都市は、なによりも多元性を軸に考えられた、世俗社会に密着した都市であった。つまり、「多数の自治組織のなかに自由と平和の秘密をみ、市庁舎や大学や銀行の傍に聖堂を建て……唯一の関心事である俗界における共存関係を定めようとする」（ガレン）もので、全盛期のルネサンス文化の爛熟の下で公衆衛生や治安、防衛の問題をも解決済みの、余裕のある人間が住む、「人間を尺度とした都市」である。

ここでは都市対自然という図式は、共存関係に変化しており、「人間の理性は、敵対する自然の力と闘うために用いるのではなくて、むしろ宇宙法則を表現し完成している法則」（ガレン）に通じているものなのだ。

したがってユートピアと言うよりも、モデル都市と表現したほうが適切なのかもしれない。

それに反して、前掲のプラトン主義者であるパトリッツィや、奇怪な精神の持ち主であるドーニ、それにカンパネッラにあっては、理想都市建設の場が現実の世界にあるのではなく、理想都市それ自体が彼らの神の地であって、苦汁の現実を体験して身にしみついた「宗教的憧憬」（ガレン）の芳香がわき立ち、まさに落日の光芒にも似た輝きが彼らの思念を彩っている。

ましてトータル二九年間も獄中生活を送ることになったカンパネッラにとっては、その傾向が顕著であったと思われる。たとえ軟禁の時期があったにせよ、獄舎のなかにいることだけでも非日常的なのに、それがいつのまにか日常化して、『太陽の都（市）』のなかでは、非日常的な日常として結実していると言えよう。

至福千年――千年王国論

『太陽の都（市）』は、一五九九年の「カラブリアの蜂起」後に計画していた神政共同体の構想を、対話形式で綴った小品だが、この作品は、ルネサンス期のユートピア作品中、ひときわ特異な存在である。

一四世紀後半から一五世紀前半にかけての初期人文主義の時代より、政治闘争を行ないながら同時に理想国家の建設に想いを託すことは、ルネサンス精神の一つの特徴であって、ルネサンス知識人の胸を焦がして去ることがなかった想いに違いない。

カンパネッラも充分にこのルネサンス人の熱い血を受け継いできていて、この点まさにルネサンス的なのだが、『太陽の都（市）』の次の一節を読んでもらいたい。

「太陽」になるには、誰にもまして形而上学者や神学者でなければならず、あらゆる技術や学問の基礎と証明、事物の異同、世界の「必然」「運命」「調和」、神および万物にそなわる「力」と「知恵」と「愛」、もろもろの存在者の基層的秩序、それらの存在者が天空・地上・海洋それぞれの事物とのあいだに持つ照応関係、なぞを知り、しかも「預言者たち」や占星術をも深く研究しなければなりません。国民の歴史、祭祀、共和制の国々、立法者、学芸の創始者について何でも知っていなければなりません。（二九頁。傍点澤井）

『太陽の都（市）』の支配者構造は、形而上学に相当する「太陽」を頂点に、その下に「権力」（ポン・戦争、和平、軍略担当）、「知識」（シン・学問［自由学芸・技術学芸］担当）「愛」（モル・生殖、医学、薬学担当）の三者（三つの基本原理《プリマリタ》。後で詳述）が並立する。

右記の引用は、その「太陽」たる者の資格を述べた部分で、傍点を付した「世界の『必然』『運命』『調和』」には、ヘルメス思想の影響がみられる。それは一種のコスモロジーの提示でもある。また、自然界との「調和」も含意しているだろう。「預言者と占星術を深く研究」の箇所を読むと、きわめて呪術的なにおいを帯びた支配者であることがわかる。

蜂起発覚で逮捕されてからカンパネッラが陳述した「釈明書」には、一六〇〇年前後に洪水、地震、天体の合《ごう》があり、諸権力を再構成するであろう宇宙的規模の刷新があって、自分はこの預言に基づいて行動したとあり、一五九九年スティーロに帰って著わした『世界の死の徴候』には、自分が組織しつつある反乱は、預言にしたがって最後の勃発を先取りすべく世界統一を実現するもの、ということになっている。

カンパネッラ蹶起《けっき》の原因が、カラブリア地方の搾取者たる聖（ローマ教会）俗（スペイン）両界の権力の打倒をめざしていて、きわめて現実的な理由に基づいていたように傍目にはみえるが、彼の内部では、占星術や預言による至福千年の理念が強く作用しており、むしろこのほうにすべての根拠があったと言っても過言ではないだろう。

カンパネッラにあっては、政治的刷新が宗教的刷新と結びついており、世界の救済は軍事力の平衡からではなく、精神の再生から生み出されるということになる。

ここに一六世紀末の理想都市国家像が、「宗教的憧憬」の上に築かれていくことが明白になってくる。それだけ現実社会は混迷をきわめ、宗教的意識が偏狭的に民衆の心をとらえつつあった。

カンパネッラは、世界統一、世界改革というルネサンス的伝統を、同じ南イタリア出身のフィオーレのヨアキム（一一四五頃―一二〇二年）の「至福千年（千年王国論）」の思想に重ね合わせている。

至福千年とは、イエス・キリストが再臨して地上に王国を築くであろう、という思想で、古くはユダヤ教の終末論に端を発していて、普通、キリスト教徒は、この世での勝利が近づいていることを意味するものとして用いている。

カンパネッラが影響を受けたと思われる、カラブリアの隠者ヨアキムの思想は、歴史を父の時代、子の時代、聖霊の時代の三つに分け、三番目の新しい時代が一二六〇年より始まるとしたもので、聖霊の時代までには未曾有の苦難がキリスト教会を襲うが、天使のごとき新しい教皇とこれを助ける平和皇帝とともに、待望の聖霊の時代にはいる。その時には国家権力も聖職秩序も教会財産も消滅し、ただ神と直面して観想にふける霊的修道士からなる霊的教会があるのみとなる。

このようなヨアキムの教会改革的預言は、フランチェスコ会士に受け容れられ、一般のひとたちにも深甚な影響を与える。

カンパネッラは、この第三の聖霊の時代を一六〇〇年以降とみなしたわけで、未曾有の苦難の先駆けとして人為的な蜂起を計画している。したがって彼自身の意識としては、蜂起の主謀者というよりは預言者といったほうが強かったに違いない。

矛盾の縫合

カンパネッラは、自分が乱の主謀者でありながら、あくまで精神面の企図者で、預言者を以て任じていた向きが強い。即ち、「救世主《メシヤ》」だ。

革命というきわめて血なまぐさいにおいのする現実的蜂起に、もっぱら精神面で彼は挑んだことになる。それも神がかり的な様相を呈してだが、こうした大事には往々にして精神至上主義が前面に押し出されてくる場合が多く、それじたいすでに敗北の兆候を意味していると言ってもよいであろう。カンパネッラはいざ知らず、他の参画者にしてみれば、その心底はもっと現実的な利益と結びついていた。

それだけ生活に差し迫るものがあったと想像されるが、内部崩壊の原因は、万民の平和という高い理想よりも、彼らが自分たちの利益をまず優先したからに違いない。

『太陽の都（市）』で、財産の破棄を書きつけるカンパネッラだが、仲間がそこまで彼の考えを理解し得ていたか、疑問の残るところだ。カンパネッラ一人が駆け出した、無謀な計画でもあった気がしないでもない。

『ネーデルランド論』（一六一七）でもそうだったが、カンパネッラはマキャヴェリと同じく、目的は手段を正当化し得るという考え方を持っていた点では共通している。

この蜂起を起因として書かれた『太陽の都（市）』的な普遍的な共和国を確立するためには、教会の軍隊としてスペインの軍事力が必要とみており、スペインの衰えたあとは後年フランスがそれにとってかわる（カンパネッラは晩年、フランスに亡命して、リシュリュー［一五八五―一六四二］の知遇を得て、宗教はおろか政治的にも活躍する。ルイ一四世［太陽王］誕生のホロスコープを作成し、ルイ誕生の一六三八年と同年に死去している）。

カンパネッラは、人類の幸福のために知識と知恵のある人間による、宗教を基盤とした共同体を目標としたが、マキャヴェリは宗教を政治の道具として、（理想的）君主による単一国家を提唱している。

偉大で根本的な事物のみならず、人間と政治も、われわれを生んだ大地という劇場にいるのに、目にみえない、それ自身でも矛盾し合う原因に操られ、動かされている、と要約できる文言を述べるカンパネッラは、森羅万象——天と地——宇宙と人間との大いなる結合を求めていた点で、マキャヴェリとは根本的に異なっている。

スペインの武力という後ろ盾による理想国家を夢みたカンパネッラ本人が、当のスペインと教会を敵に廻した革命は、一見矛盾しているようにみえる。

人民の疲弊にあえて立ち上がった、教会の腐敗に我慢ならなかった、と言えばある程度説明はつくかもしれないが、イタリア南部の特殊性の妥協点を見出すべく、カンパネッラが「国家理性」（国家の存在を至上のものとし、すべてのものが国家の維持・強化を図ることに従属するとした国家行動の基本法則・基準。ルネサンス期イタリアの諸都市国家にて生まれ、後にアルプス以北の地域に普及。ボテロに同名の書物がある）に勝利の見通しを抱いたと考えることも出来る。

その間に彼は、『太陽の都（市）』と『スペイン帝政論』を著わすことになる。

一六〇三年、ローマから終身入獄の刑が届く。以後、一六二六年、五六歳に至るまでカンパネッラは牢獄生活を送ることになる。

『スペイン帝政論』（一六五四年、没後刊行）

狂人を装って軟禁されていた一六〇〇年から翌一六〇一年にかけて、カンパネッラは自分の裁判の判決を有利にしようと、その擁護の手立てとして、『スペイン帝政論』を執筆する。

スペイン勢力（当時、ナポリ以南、シチリアも含めて、スペインの属州で、副王が統治していた）の一掃を眼目に蜂起しようとしたカンパネッラの態度の豹変がうかがえて興味深いが、これはカンパネッラという矛盾の多い人物を観察していく上で、格好の材料となるだろう。おそらくカンパネッラ自身にしてみれば、スペイン救済の願いをこめて、カンパネッラ自身を国家相談役として雇うことを説いたこの論文をものにしたことに、なんら矛盾を感じていなかったと思える。

彼は、それまでの苦汁に満ちた人生、ときとして死の淵に立たされた人生で、自分が生きのびるその一点を第一義とする発想を会得してきたと思え、生き抜くためには、さまざまな妥協を、外部、もちろん内面ともしていかなくてはならないと結論するにいたったに違いない。

妥協の模索それじたいが、自己を全く否定せずに危機を乗り越え得る術だったのではないだろうか。この生き方は、イタリアという風土性の枠で眺めてみると、イタリアの政治的動向ときわめて符合する面がある。トラスフォルミズモ（妥協工作）という政治姿勢が一九世紀に出現するが、これなどカンパネッラの生き方に表面的に当てはまるような気がする。

しかしそれよりも、カンパネッラの生への執着、また悪く言えば策士的生き方、良く言えばこだわりのある生き方に、こういう人物の在り方をさぐってみることにも好奇心が燃え立つ。

当の『スペイン帝政論』だが、これはダンテの『帝政論』と違って、抽象的な性格では全くなく、きわめて具体的内容に満ちあふれている。それは当局側に読んでもらって理解しやすいものであることを、第一に心がけたためだろう。

まず、議会、軍事、国の歳入、産業、農業について細ごまと書きつらねていく。特に当時のスペイン経済については的を射た忠告を行なっている。つまり新大陸から輸入されてくる金銀を基礎とした経済政策をほどほどにして、農業と工業生産に国家経済の根幹を据え、地道に富を築き上げていくべきだと説く。

また国内の政策では次のように意見する。

トウモロコシ、肉、ブドウ酒、布地等の生活必需品の価格が高騰して、一般市民にとっては高嶺の花となりつつあるのに、庶民には重税が課せられる一方で、多数のひとが非生産的な生活（山賊、兵士、宗教家）になってしまって、一定の生産を維持しづらくなっている。意欲をなくしたこれらのひとたちに、王は積極的に施設を設けて働く場を提供する必要がある。国立の修道院や神学校を各地に新設すれば、民衆は物乞いもしなくてすむし、物資不足で疲弊する心配もない。

さらに国を富ますために、新大陸の原住民を大いに利用せよと説く。征服した土地の住民を訓練し、彼らにアフリカやアジアに都市を建て土地を耕作させ、技術面の教化をはかる。

以上の如く持論を展開するカンパネッラには、征服、搾取、奴隷制度といった、本来彼が憎むはずの悪に何ら良心の呵責を示さず、それらを進んで奨励しているようにみえる。

ルネサンスは人文主義の精神と中世的十字軍の精神が交互に顕われた時代とも言えるが、『スペイン帝政論』は、カンパネッラの裡に潜むまさに後者の精神が表出したものと考えられはしまいか。

スペイン帝国は神聖ローマ帝国の最後の段階として登場すべきで、この帝国はオーストリア・ハプスブルグ家を含む全西欧、新世界、アフリカを吸収すべき運命を担っている。古代のアレクサンダー大王がペルシアを征服したように、スペインもトルコを払拭するまで、君主権を伸張する。教皇の「右腕」となったスペイン王に保護された教皇権によって、神のご意思による真の帝国の建設を実現すべきだとカンパネッラは強調する。

反（対抗）宗教改革の理念が、ここに結実することになるが、トレント公会議（一五四五年から一八年間断続的に三回開催された）を終えていたカトリック側の見地からすれば、行き過ぎて迷惑の面があったかもしれない。

生へのベクトル

これまでカンパネッラの生きた時代の政治経済的背景、並びにいくばくかの文化的背景を述べてきて、そのなかでカンパネッラのとった行動を眺めてきたわけだが、こうした観点から、おおよそのカンパネッラ像は把握されたと思う。

政治的には策士と呼ぶ者もいる。実際、『スペイン帝政論』が一六五四年イギリスで出版された折、彼は「イタリアの第二のマキャヴェリ」として紹介されている。この場合のマキャヴェリの例えは、たぶんに権謀術数をうたったマキャヴェリ像を持ち出していると思え、読者の注意を惹こうという出版社側の意図もみえてくる。

ところで、果たしてカンパネッラは政治的に策士だったのであろうか。

確かに、蜂起の主謀者として逮捕されると、掌《たなごころ》を返したかのように、スペインと教皇におもねる『スペイン帝政論』を書き上げるのは、策士の策士たる所以かもしれない。

しかし腐敗した教会、僧侶を憎み、スペインの圧政に打ちひしがれている人民の疲弊に我慢ならず立ち上がった気概は、イタリア南部の悲劇的な歴史的特異性を考慮に入れれば、策士どころか自由主義の先駆でもある――として、カンパネッラを、その後の自由主義的社会運動の先達とみなす研究者もいる。その証拠に、蜂起の思想を結晶させた、共産主義的国家を描いた『太陽の都（市）』を時を同じくして著わしている、これこそまさに最良の証拠である、と。

なるほど、『スペイン帝政論』と同じ軟禁状態で書かれた『太陽の都（市）』は、前者とは全く異なる内容、性質の作品だと言えるかもしれないが、つぶさに読むと、表裏一体の関係にあることがわかる。双方矛盾しているとは決め兼ねる要素が感得されるからだ。

二つの作品はともに「生」という一点を出発点として、放たれた矢の向きが異なるにすぎない。現実主義者、処世家としての顔と、理想主義的で内省的な顔がみえてくる。策士でも自由主義者でもない、その二つがともに彼の裡にあるのであり、そのバランスを巧みに取り持った、まさにルネサンス的な人間と言える。

あまりにも生臭さすぎる生き方に顔をそむけたくなるひとも多かろうが、一六世紀後半から一七世紀へと移り変わるその様相を、そのまま写しとった人間像だと思える。

そこで、カンパネッラの生の躍動を描いたとみなされる知的思想的自伝とも言える『太陽の都（市）』は、まとめると、カンパネッラと自然とのかかわりは、彼の全体論的《ホリスティック》見解に基づく理想社会の確立の試みにあると考える。一五九九年、南イタリアのナポリ、およびカラブリア全州にて、スペイン人による苛政支配転覆を目指す革命蜂起の先頭にカンパネッラは立った。そしてそれは、キリスト教徒たるスペイン人が世界を一つの法の下に統合する（つまり、教皇制を精神界だけでなく世俗世界の中心にしようと考えた）ことだ。

ありていに言えば、精神界の長たる教皇を、スペインという世俗帝国が軍事面で支えるという、二頭構造だ。

ルネサンス期の人間が、あらゆる発展的可能性、未来への希望を秘めた可動的な精神構造を持っていたということは、現実の社会が不安定ゆえに占星術や魔術に専心するという見解を、覆《くつがえ》すだけの力を持っていたと言える。

文化現象や、その時代の人間の精神構造が、現実社会の反映だとするならば、その現実が流動的で不安定であればあるほど、文化も精神も大きな揺らぎをみせるわけだが、ルネサンス期のひとたちは、その揺れる海原を精神の無尽蔵な宝庫として、果敢にも航海を続けたと推察する。

人間存在の曖昧さは、即ち、人間の可能性に収斂《しゅうれん》していったわけだ。

こうした、無限への射程を秘めた可能性が創り出す文化は、まさに肉欲と情念の入り混じった生々しい人間の世界の文化であり、普遍的な理念にすべてを雁字《がんじ》搦《がら》めにされた中世的神学世界とは決して相容れない文化である。

カンパネッラの実存を宙吊りの状態とみたときの見解を進展させれば、ピコの言葉どおり、人間は神の世界にも、下界（獣）へも自由にみずからの意志で移動することが出来るのだ。自分にあたかも魔法をかけたかのような操作が可能であり、その意識はおそらく、中世からの抑圧をはねのけてルネサンス期に地表に現われ出た魔術、錬金術、占星術の類の、ヘレニズム文化の影響のはずだ。オリエント的な要素の強いこれらの異教・異端は、中世期には陽の目をみることなしに、脈々たる地下水を形成してきている。

宇宙を主宰する力が、地上の森羅万象（自然）のなかに働いているとする、唯一神のキリスト教からすれば断固許せないこの思潮（多神教の魔術の知）が、ルネサンス期のあらゆる知識人の精神をとらえていく。

自然には隠れた《オカルトな》対応や共感が存在し、精気がそこを貫流している。つまり、人間も含めたこの大宇宙には、隠れた意味の信号が往き交っており、その不可思議な声を聴き届けるのが、魔術師なのだ。「魔術的＝占星術的立場が要求していたものは、全体の統一と連帯性で、そこでは、はるか遠くの星の瞬きが世界の最も隠れた場所にまで反映し、逆にそれぞれの精神運動は無限の震動のなかで顫《ふる》え」、「断絶はなくあらゆる全体的生命の流れのなかにみられる一つの音階的対応」（ガレン）なのである。

2『事物の感覚と魔術について』（一六二〇）

汎感覚論

前述したように第一巻は「感覚と神」が論議の対象だ。第一巻にはいるまえに、序文めいた文言を付している。本書の性格の統括的披瀝なのでここに紹介したい。

隠微哲学《オカルト》の驚くべき部分では、世界は生ける神と善智の像《かたち》で成っていて、森羅万象あらゆる部分やその粒子にも感覚がある。その感覚は保存に足るほどに明暗が歴然とし、万事につけ一致点が見出せる。万物の理法や自然の秘密の幕《ヴェール》が明白になるのである。（T三五頁）

「世界は生ける神」という表現は、次節で扱う『哲学詩集』の「6・哲学の方法」内での、「世界とは生きている神殿」という表現を想い起こさせる。双方、内容は同じで、カンパネッラは汎感覚論の立場を提唱している。動植物、それに鉱物にも感覚が宿っているという姿勢だ。

「万物の理法や自然の秘密」というのは、自然魔術師の常套句であり、デッラ・ポルタ、カルダーノなどの発言ですでに周知の事実だ。だが、彼らとカンパネッラの差異をあえて挙げようとすれば、カンパネッラの「感覚」への思い入れだろう。第一巻全一三章を熟読すると、「思い入れ」をはるかに超えて「思い込み」にいたっていることに気づくはずだ。次の、とてもわかりやすいが、しかし、ここまで記述するかと思う箇所を引用する。

世界が脚や目や手を所有していないがゆえに感覚しないと判断するのは莫迦げた話である。……手とは光線であり、重々しい腕のなかに閉じ込められずに活発に自在に機能する。目は星であり、対象をみせてくれる星の光である。大勢のひとたちのなかで、われわれが目をつぶると、感覚器官という窓を通して筆者たちは空中にあるものを眺める。天が開かれているのがわかる。目も口も耳もないからといって事物の感覚を否定することはたいへん愚かしいことである……。

（T一〇五頁）

いかがであろう？

「世界は生ける神」くらいならいまだ抽象論でぼんやりと想像可能だが、手、脚、目、口、耳と具体的に列挙されると、どことなく気味が悪くなってしまう。だが、「天が開かれている」という発想には賛同する。天は閉じているのではなく、人間にとって開かれているものだからだ。

第一巻について議論してゆくが、大きく「感覚」と「神」の二色に分けてみていこう。

知と感覚と太陽

カンパネッラは第一章ののっけから、世界が四元素を感覚するので、動物の存在を、人間の腹のなかにいる虫に例えて、世界のなかにあると言い、さらに、人間の腹のなかの虫は、人間と知識の上で劣るので、人間の感覚を尊重するべきだ、と説いている。この「虫」という言葉はカンパネッラの著作ではよく出てくる語で、たいていは「ウジ虫」として登場する。知識の有無で動物と人間の感覚受容の相違を述べている。こうした発想はカンパネッラならではだ。

このあと「太陽」にかんして記述している。「太陽」は「清純で高貴で純白」で、「火を生産し続け、……普通の火を持つ一なるものである」と太陽礼賛の文言を列挙しているが、一点、「（冷である）葡萄酒を痛めつけて湿化させてしまう」と文句をつけている。むろん、「太陽」の強烈な「熱」を言いたいがためであろう。

感覚の独自性と受苦

感覚を否定しているアリストテレス学派の人物も、感覚の独自性は肯定している。独自性が顕現するときとは、四元素が穏やかな折だという。その際に四元素は統一し合っていて調和を保っているべきで、そこに「生命力《ヴィルトゥ・ヴィターレ》」が生まれるのだ。

さらに感覚の特性としてその「受苦」的特質を挙げている。「感覚とは受苦である」と言い切るカンパネッラの思念の背景には、愉快なものをみると他の愉しかった出来事を連想し、不愉快な体験をすると、同じ経験を思い出すという発想があるようだ。感覚が記憶に織り込まれていくようだ。それゆえ、感覚が受苦だとすれば、四元素と三つの基本原理（愛と知と力）は困難に耐えうるのだ。即ち

――

感覚は受苦を知覚して破壊力を持ち、苦痛を与え、抵抗して妨害する。そして心地よく長持ちし称賛をして、当然のごとく愛を与える。（T四七頁）

「受苦」にかんして盛んに訴えるカンパネッラだが、ある苦しみを受け容れるには、その目的を遂げるための（能動的）力が必要だ。ここに受動が能動へと一変することが把握でき、受動―能動―受

動―能動、という円環のイメージを描くことが出来よう。

共通感覚

第一〇章は「空虚」を論じている。

アリストテレス主義者は「空虚」の存在を否定するが、世界が生きていると唱えるプラトン主義者は反対の立場だ。この問題はアリストテレスの考案した「エーテル」の有無にもかかわってくる。また、「空虚（＝間《ま》）」として捉える日本の、例えば龍安寺の石庭の石と石とのあいだに生まれる「間」にかんする東西比較文化の点でも重要だ。

最初に「エーテル」とは、第Ⅰ部第3章ですでに説明しているのだが、アインシュタイン（一八七九―一九五五）の光速度測定で否定されるまでの「紆余曲折」を具体的に紹介しよう。

はじめにエーテルの存在を否定したのは、一八世紀、ラヴォアジュエ（一七四三―九四）が実験して水素と酸素の性質を解明して、四元素と違って本当の意味での「元素」の存在を明らかにしてからだ。だが、なぜかそれ以前からエーテルの存在は信じられていた。デカルトやホイヘンス（一六二九―九五）が、真空の宇宙を光が伝わるためには必要な媒体が存在し、その媒体がエーテルではないかと想像した。無なる空間＝真空、といったことを信じられなかったのだろう。

その後、一九世紀のマクスウェル（一八三一―七九）が光は「電磁波」、即ち、「波」の性質を帯びていると主張し、媒介であるエーテルの存在が必要になってくる。海の波も音波も、波動が伝わるためには水や空気が必須であり、光が電磁波とするのなら、宇宙にも「媒体＝エーテル」があってしかるべきだと考える。そしてヘルツ（一八五七―九四）が電磁波を実際に観測して、エーテルの存在が明白となる。

これを二〇世紀になって先述のようにアインシュタインが否定することになるが、これからさきまたこの否定説がひっくり返されるかもしれない。

カンパネッラの説はエーテルにかんしてではないが、「長くて幅のある奥深い空間……（その）一方の端から他方の端まで行くためには、途中で何かを介して往かなくてはならない。それゆえ共通感覚は空虚を憎悪する」と、空間を充たしているモノ（＝共通感覚）があるとしている。

西欧では、日本人とは違って、「間」が意味を帯びず、empty（からっぽ＝空間）と把握しているが、カンパネッラは異なるようだ。それを「共通感覚」と名づけている。

しかし、そのまえの第九章の表題は「万物は空虚を嫌うがゆえに、相互の接触を感覚し享受し合う。つまり世界は生きている」とあって、一〇章の、これまで分析してきた内容と正反対の見解だ。だが、第一〇章がアリストテレス主義者に向けられた議論であることを考慮すれば矛盾は立ち消える。

目的論批判

カンパネッラはじめ自然魔術師たちがアリストテレス主義者を嫌うのは、その自然観が、第Ⅰ部でも言及したように「目的論的自然観」だからだ。彼はここで目的論者アリストテレスにたいして、プラトンと同じく四大を唱えたエンペドクレス（前四九三―前四三三年）を対峙させて、「棘は身を守るためだし、葉は身を隠すためである」とし、「この点で大部分の事物は共通している」と述べているが、これはアリストテレス主義者に百歩譲っての主張だと釘をさしている。

哲学者たちの師であるアリストテレスですら『自然学』第二巻で、植物やあらゆる存在が目的があって機能し、目的を理解するのにこれまでの論点でよいとしていると書いている。さて、有能な演奏家があれこれ考えなくとも演奏が出来るように、自然界のあらゆる事物はみずからどう振舞えばよいかを知っている。聖トマスも、自然とは事物に本来備わっている技であり、その技は自然にとって付帯的であると付言している。……最終的には自然そのものと一緒でなくては目的にたどりつかない。目標に向かうばかりでなく、向かうことも出来る徳性を刻みつけながら、である。さもなければ、神が人間と等しくなってしまい、矢に徳を授けることも出来ないし、力を与えてもわずかしか保たず、矢を弱めるのが関の山だからだ。（T五二頁）

自然が「技」だという見解はデッラ・ポルタの自然観にも似ており、その具体的例として「農耕」を挙げている。カンパネッラは自然が単独では「目的」を持ち得ず、自然じたいとともにあるときにだけ「目的」が生まれると説いて、「目的」の独り歩きを論難している。

結句、目的を棄てて自然を「あるがままに」みつめよ、という論理にたどりつく。

所在は神のなかにある

カンパネッラはみずからを敬虔、かつ正統派のカトリック信者と任じているので、とうぜん世界は神の創造物であり、無限だと理解している。一般的に「神」を表現する際には、否定の言葉を語頭に冠するものだ。日本語でも「『無』限」、「『不』死」、「『不』滅」……といった具合に、直截的表現を避けている。そうしなくては「神」の定義ができないからだ。もし肯定的に表わすのなら、「森羅万象の第一の基礎的な存在」ではいかがであろう。カンパネッラもそう表現している。

しかし、そういう神が、「神に所在はなくて、所在は神のなかにある」（T六三頁）と正面切って言われると一歩も二歩も身を退いてしまう。神がおのれのなかに神を抱え込んでいることになって、汎神論（pantheism）と汎心論（panpsychism）の混交のような印象を受ける。そしてそのあとの文章を読んでいくと、カルダーノの規定する「守護霊」を想ってしまう。神は他のあらゆるものの存在の惜しみない「守り手」で、いかにして立命しているか、と言及し、「神にたいしての知見の者を除けば、事物とともに空間が生み出される」（T六三頁）と言う。いきなり「空間」が出てくるが、カンパネッラがテレージオの影響下で思想形成を行なったことを考慮すれば、得心のいくところである。「冷と熱」による運動を支える「場」をテレージオが考察した折、その「場」の上にはとうぜん「空間」が出来るからだ。

第一巻にはその他、さまざまな事柄で一杯なのだが、とりあげた「（共通）感覚」、「目的論批判」、「技である自然」、「内在する神」のほか、磁石を例に挙げた「生気論」もある。

磁石は大理石と鉄の血をわけて生まれてくる。鉄よりも生気に充ちているのは、鉄は鉄に惹きつけられないからだ。鉄も完璧な石であるが、磁石より強くない。(T五六頁)

さらに、「神」についての総合的意見を明言していて唸《うな》らせる。第六章だ。

神こそが万物のなかで第一原因であり、存在すること、存在と作用することの美徳を授け、非存在でなく行動している場合に限って行動は一致する。拙著『形而上学』で立証したように、自然の事物にたいしては欠落が、われわれ人間には罪を犯すことである。罪には充分な原因でなく、不完全性があるということである。しかしこれで、形相が機能し、火は熱を持ち、大地は冷となって重さを得るのが真実である。同じ理法で、事物はみずから動き、世界霊魂や同一の性質を共有するものは、神から学ぶことで、万物に必要なものを与えるのである。(T五〇頁)

このあとにも神が世界を形成したといった内容の文面が続いていく。読み応えがあるし、カンパネッラの神への思いに感じ入る箇所だ。

あと、第二、三、四巻が残っているが、第二巻の一章(二五章の一部)はすでに触れている。第四章については拙著『ルネサンス再入門――複数形の文化』(平凡社新書)で考察しているので、ご笑覧いただきたい。

第四巻で重要な内容の一端は、いままで「魔術」と呼ばれてきた知がその皮をはがされると「科学」として格上げされ、未知なる、解明されていない知が依然、魔術とされるという、カンパネッラの卓見だ。魔術と近代自然科学の双方に足をかけた人物の吐露した、積極的な相互理解の賜物をみる気がして晴れやかだ。

3『哲学詩集』（一六二二）

人智の体現

『哲学詩集』は *Scelta d'alcune poesie filosofiche*（『幾篇の哲学的詩集からなる選集』）の略称である。全八九篇（最後の三篇は「*APPENDICE*（補遺）」となっているが、これらも加えれば、八九篇となる）からなり、カンパネッラの信奉者である、サクソニア（＝ザクセン［州］。州都はドレスデン。チェコ共和国の北部と接していてドイツの南部）の人文主義者トビア・アダミによって、ドイツの某所で、偽名（*Settimontano Squilla*――「七番目の山の小さな鐘」の意）で出版された。カンパネッラは普通名詞で、「小さな鐘」の意味であり、彼の頭に七つの不吉な瘤があったことや、代表作『太陽の都（市）』が七つの環状で成っていることからも、意味的もじりであることがわかる。出版年は一六二二年。獄中で詩稿をアダミに手わたす際、カンパネッラ自身、詩の解説をアダミに口述筆記させている。

さまざまなテーマがまじりあっているが、究極的にカンパネッラの世界観を体系的にうかがい知ることが出来る。それらは一篇のなかにそれぞれ詠み込まれていて、採り当てるのもひとつの醍醐味だ。

全篇、彼が獄のなかでもたえず詩作を続けてきた営為の結晶と言えよう。さる著名なカンパネッラの研究者は「末期ルネサンスの核心」に位置する「体系化された人智の体現」として評価している。

ソネット（一四行詩）あり、カンツォーネ（定型の複数の詩節からなる抒情詩）あり、マドリガーレ（一六世紀に栄えた三声部以上から成る世俗歌曲）あり、長詩ありで、多彩である。底本には、Tommaso Campanella, *Poesie*, a cura di Givanni Gentile, Sansoni, Firenze, 1939 / *Tommaso Campanella*, a cura di Lina Bolzini, U. T. E. T. 1977（この版には長詩3が抜けている）を用いている。

構成

序1から89までの『哲学詩集』だが、ソネットだけのときもあるし、カンツォーネに、マドリガーレが十篇前後ついていて一作が成立している場合もある。長詩もあるし、韻らしきものを踏んでいるものもある。一見、複雑な構成だが、整理してみると、意外にきちんと組まれていることがわかる。

まず、全般的な見取り図を示してみよう。

1――3の長詩を除いて――22　ソネット
23　「第一の叡智に」カンツォーネ　Ⅰ　マドリガーレ・五篇
24　カンツォーネ　Ⅱ　マドリガーレ・五篇
25　カンツォーネ　Ⅲ　マドリガーレ・五篇
26・27　ソネット

28　「真正なる哲学に則した愛のカンツォーネ」マドリガーレ・一一篇
29　「善の徴《しるし》となる美、つまり愛の対象」カンツォーネ　マドリガーレ・一一篇
30　「自然愛の対象である至高善についてのカンツォーネ」マドリガーレ・九篇
31　「形而上的な至高善について」マドリガーレ・九篇
32―35　ソネット
36　「ギリシアの作り話を用いて詩作に心を寄せるイタリア人たちへ」マドリガーレ・八篇
37―71　ソネット
72　「監禁されていた穴にそっくりの牢獄、その底から発せられた、預言に類する悲し気な祈り」
カンツォーネ　マドリガーレ・八篇
73―75　相互に関連する形而上学的な聖歌のなかでの三つの祈り
73　第一のカンツォーネ　マドリガーレ・一〇篇
74　第二のカンツォーネ　マドリガーレ・一〇篇
75　第三のカンツォーネ　マドリガーレ・九篇
76―79　四つのカンツォーネ・「生を寿ぐこと」
76　第一のカンツォーネ　マドリガーレ・一二篇
77　第二のカンツォーネ　マドリガーレ・八篇
78　第三のカンツォーネ　マドリガーレ・六篇
79　第四のカンツォーネ　マドリガーレ・八篇

80　懺悔《ざんげ》したくて、悔いあらためた慈父ベッリーノへ捧げる歌《カンツォーネ》。コーカサスで創られたマドリガーレ・一三篇
81　第一の力について　カンツォーネ　マドリガーレ・九篇
82　ソネット
83　人間の力能について
84―86　Salmodia che invita……で始まる長詩三篇
84　被造物に共通する性質を謳う聖歌と神を賛美する、肉をまとった第一の存在
85　天空とその部分、それに神聖な神を賛美するすべてのひとたちを招く聖歌
86　大地や神を称えるために生まれた森羅万象を招いたり、その終末や神の摂理を明らかにしたりする聖歌
ラテン語の規範で作られた三つの挽歌《エレジエ》からなる補遺
87　Ⅰ　ラテン語を慮《おもんぱか》って、その話し方と、ラテン語から異民族《バルバロ》の言語を韻文に変える方途に尽力すること
88　Ⅱ　聖歌　cxl（主を畏れるひとは祝福される）
89　Ⅲ　太陽に捧ぐ

以上であるが、単なる羅列ではなく、内容に沿って配列されていることが理解できよう。その順番が意味するものはカンパネッラが大事と考えたものが先にきているのか、それとは全く異なる意図で

編まれたかはわからないが、弟子のトビア・アダミの尽力でドイツにて出版されていることにも考慮すると、アダミの編纂意向をともなっているかもしれない。ともあれ、ここに『哲学詩集』の全貌が明らかになったわけだ。

人倫の詩集

『哲学詩集』は、ごく一部（特に、6・「哲学の方法」）が訳されている率が高いが、「1・序から89・太陽に捧ぐ」までも、カンパネッラの思想の内実を解明するに充分あたいする詩が詠み込まれている。「序・1」から読み進めていけばすぐにわかることだが、抒情的な詩は3と、それに各カンツォーネの、末尾に出てくる韻を踏んだ詩が相当する。3は長詩だが、例えば、後半部の、

神が生ける像、雅な方になるために、
太陽、星々、選ばれし者を称え、
ともに集って神を寿げ。（二六頁）

といった箇所などどうであろう。これでもペトラルカ風の抒情詩には距離感を覚える。月桂樹、そよ風、低木、吐息、小鳥、休息、などの単語はみられず、「序・1」のようにのっけから、

ぼくは永遠の知性と叡智から生を受けた、

真、善、美を愛する点で人後に落ちない、
自分自身の意にそぐわない乱れた世を正さんと反乱を企てたぼくだが、
母の乳を再び、と願う。
　母はぼくを育て、夫を敬い、
新約・旧約を問わず聖書をわかりやすく、簡潔に
かつ深く教えてくれた
いまいろいろと聖書について思いめぐらせるのも母のおかげである。
全世界のひとたちがぼくの家と同じなら、
友よ、人間の叙した書物を棄てよ、
長さや重さや広さの単位を記しているにすぎないのだから。
　人間の言葉が事物の本質を言い当てられないとすれば、
友の苦しみ、傲慢、無知を、
ぼくが太陽から盗んだ火で焼却してやろう。（二一頁）

という具合に、とても勇ましい。真、善、美、などの道徳的ないし倫理的な語句が、変奏曲さながらに全編を貫いている。さらにうがった見方をすれば、後年、ガリレイと見解を異にする、「量（長さ・重さ・広さの単位）」重視でなく、「質（色・肌触り・においなど）」尊重の姿勢も判読できる。端的にまとめると、『哲学詩集』は、抒情詩でも叙事詩でもない、人倫を謳い込んだ稀有な、教訓

的道義的な詩集と言えよう（特に、43から45まで）。

カンパネッラがスペイン政府やローマ教会にたいして、その苛政を難詰し、さらに「千年王国論」に依拠して、「反乱を企てた」のは事実で、それが事前に発覚して投獄され、尋問や拷問に処される。それを詠んだ詩もあるし、投獄生活を恨んだ詩もある。後者だと、「門や出入り口の守護神ヤヌスはぼくを牢獄から出してくれない」（89の一行目）と直截に吟じている。

さらに、カンパネッラは、自分の犯した行為を後悔するタイプの人間ではなく、猛省してさらに未来に意欲を傾けるような性格に思える。なぜなら、この詩集が獄中で綴られて、前述のように、弟子のトビア・アダミに、みずからの註釈を筆記させてのちに手わたしているからだ。その痕跡がもっとも明らかなのは、「21・キリストの聖墓のなかで」であろう。その註釈には、「このソネットの主題は明白である。注意と遵守、認識とキリストの真似《まね》びの大切さを詠んでいる」と短くあるだけだからだ。もしカンパネッラの研究者なら、もっと詳細な解釈を付すだろう。

最後に謳われている「太陽から盗んだ火」というのは、言うまでもなく、プロメテウスの神話を下敷きにしている。人間に火を与えるために太陽神から火を盗んだプロメテウスをゼウスが怒ってコーカサス山に鎖で縛りつけた逸話だ。カンパネッラ自身も、ナポリのカステル・ヌオーヴォ（新城）に軟禁されている。〈火〉が、「苦」・「傲慢」・「無知」を燃え尽くすと語っている。浄罪界を想わせる。

三つの基本原理《プリマリタ》

さらに思うに、『太陽の都（市）』にも出てくる、「三つの基本原理」を詠んだ詩があるが、主張が二分されている点に興味がわく。

第一は、「28・『真正なる哲学に則した愛のカンツォーネ』」の「マドリガーレ1」だ。ここで、「三つの基本原理・プリマリタ（primalità）」を形成する「愛」、「力」、「知」について言及している。「力や知は愛なしでは存在しない」とあって、「愛」が三者の根幹だと述べている。この三つは、同詩の、「マドリガーレ2」を読むと、**必然（性）**、**運命**、**調和**（これらは、形而下的自然にあって形而上学的に作用する）を謳っていて、三つの基本原理はこの三つによって時間をかけて創り上げたものだとしており、プリマリタの親とも考えられる。

ところが詩集の後半部でのプリマリタにかんして触れた「81・『第一の力について』」のマドリガーレでは、力が中心テーマからか、万物の本質は力に由来し、力こそが知と愛の礎なのだ、といった内容だ。これは28の、愛が生みの親であることを詠んだ詩とは異なって、力が第一の役を担っている。*Città del Sole*（『太陽の都（市）』）では、プリマリタを統括するのが「太陽（形而上学者）」で、「神」は、最高の「力」と最高の「知」を配下に置き、「愛」は、「神」と「最高の知」の双方から生み出されるということになっている。

さらに「知」も、scienza（シエンツァ・人知）と書かれているときもあり、sapienza（サピエンツァ・神智）のときもあって、一定していない。

ともあれ、プリマリタは、「愛」が母体のときと「力」が主導権を握る折の、二つの場合があることがわかる。カンパネッラ自身、決めかねていたのではないだろうか。

世界劇場

「世界劇場」という文言は、14の最初に出てくる。それは、西欧精神文化のなかで、きわめて重要な事項だ。古代からある思考形態で、人間の存在を、世界という舞台で演じる芸人とみなし、中世の思想家たちは、これを劇場としての世界という比喩にまで高めている。

カンパネッラの場合は、そこで、**愛**、**知**、**力**を披露する場と考えたに違いない。この際に観客は、もちろん、神と天上界のあまたの星々である。

神が役者を決定する責任者で、万民に「役」を与えたのは言うまでもない。ルネサンス期のひとたちも、自身の人生を「劇」としてみなしていたと思われる。

正義感と救済観

『詩集』を人倫的と先述したが、それは43から45までのソネットで、「正義」に反する、「詭弁者、偽善者、異端者」にたいしての批難的言辞でうかがい知れるからだ。神はこうした悪（人）にたいして辛辣な諫言を投じている。

43　詭弁者と偽善者、奇蹟的に直った異端者と虚言者たちについて

誰もあなたに言わない――ぼくが独裁者だと――ぼくが偽キリスト《アンティ》だと――あなたは言えないし、言えもしないだろう。けれども、抜け目なくよこしまで意地悪なひとは、聖徳に賭けて、己

の受けた傷をあなたになすりつける。

さて、悪賢い詐欺師、売春婦、それに強奪者は、信心深くないが貯えはある。それゆえ、悪質だとみずからを認めざるを得ない、というのも他のひとたちに露見してしまうからだ。

あなたは己を守ることが出来る。ぼくは守れずにたやすく屈服してしまう。自家撞着や他者排撃にいたるファリサイ派に対抗するサマリア人を、神は選ばれた。

声ではなく、奇蹟でもなく、善を張り合うのでもなく、
実際、多くの神々がこの地上に一定の規範をしつらえた。（一〇七―一〇八頁）

この規範《ミズーラ》という言葉、いかにもカンパネッラらしい。『詩集』には、悪や悪徳に対峙する言葉、善・勇気・正義・勇武・理性・思慮（分別）・摂理・神意・賛歌・聖歌、それに、愛・知・力などが頻出する。

「序・1」で意気軒昂に謳い上げた詩句が蘇ってくる。ここに、カンパネッラが抱いた、政治的、宗教的、道義的刷新への意欲をみる思いだ。

正義感を謳うことでカンパネッラはある種の救済を詩に託している。それが明白に顕われるのが、73から75までの、「相互に関連する形而上学的な聖歌のなかでの三つの祈り」という大枠のなかで詠まれる、多くのマドリガーレ、全二九篇だ。

おそらく作者が心を込め沈潜して創作したのだろう。表題に「祈り」とあるように、どのマドリガーレも内省的な、まさに「祈り」を感受する。例えば、「73・マドリガーレ8」をみてみよう。

世界とは変化するものであるが、その変容に苦言を呈さず、そうした不平ゆえに、神にもっぱら祈りをささげるのだ。それらの祈願がおおよその出発点なら、あなたは**永遠に**あなたの救いを求めるのだ。万物はそれぞれの方法で神に祈りを捧げる。あなたの数え切れない決断の瞬間にぼくがその場にいなかったらどうなるだろう？　誠実な議論が最終的にぼくに向けられていなかったら、祈願は朽ち果てる。そうしたらぼくは理性的にかつ心を込めて語るだろう。そのような話し合いこそが、充分に耕した畑に果実を稔らせるのだ、と（「永遠に」は原典では大文字）。（一三九頁）

連続して謳われるマドリガーレであるが、ひとつひとつに光が宿っていて、ソネットと較べても遜色はない。むしろ、同じ主題についてのカンパネッラの執着や恋着が迫ってきて胸を打つ。

必然、運命、調和

これら三つの単語をカンパネッラは、「75・マドリガーレ４」、「77・マドリガーレ５」などで、大文字で筆記している。すべて神からの授かりもので、世界の構成要素だという。ここでの詩人の立ち位置はおそらく、自然世界の創造が人智を超えた神のご意志によるものという主意主義（意志を知性・理性よりも価値あるものとして重視する立場）にあるかもしれない。必然、運命、調和とは、人間にたいする神の戒めであり、意識して理解し把握して然るべき要素なのではなかろうか。

『神曲』からの影響

この作品には、聖書とダンテ『神曲』の文言を踏まえての引喩が散見する。聖書のほうは、カンパネッラが修道士であることから容易に想像できるが、『神曲』からの引喩の多さには驚かされる。これは、抒情詩的雰囲気を、『神曲』の三行詩節《テルツァ・リーマ》を縫い込むことで醸し出そうとしているのではないか。このダンテ、じつは政治活動家でもある。カンパネッラとダンテを結んでいる根幹には、政治にたいする「正義」がみなぎっているかもしれない。数が多くて挙げ切れないけれども、ダンテからの引用だ、と作者そのひとが自註で述べている詩もある。印象に残っているのは、「5・霊魂の不滅」の最終行の s'illuia（「ひとつになる」）と incinge（「［神意］に充ちている」）だ。前者は、「天国篇」第九歌七三行目にあり、後者は、「地獄篇」第八歌四五行目にある。カンパネッラはこの二語を意識的に用いることで、神の慧眼や洞察力を強調していると思える。

異色な詩

37から41までは、『哲学詩集』のなかで異色な題材を扱っていて興味を惹く。国、都市、人民が表題だ（順に、「イタリアについて」、「ヴェネツィアへ」、「ジェノヴァへ」、「ポーランドへ」）。「40・ポーランド」は「選挙君主制」ということをテーマにした、ポーランドの国政に熟知していなければ、理解不能な作品で、手を焼いた。ここではコロンブスが登場する「39・ジェノヴァへ」をみてみよう。

カンパネッラの頭のどこかに、こうした都市や国家にたいする指向がつねに潜在していたことを示す適例として留意すべきだ。いかにも『太陽の都（市）』の作者らしい。彼はつねに当時の政治、経済、社会問題に関心を寄せる姿勢を生涯くずしていない。この点が他の自然魔術師と異なっている。

39　ジェノヴァへ

アルノ川の妖精であるピサやリヴォルノ、それにアドリア海の女神ヴェネツィアよ、ラテン民族の御旗が、シリアやパレスティナ地方を、そしてギリシアやナポリに寄せくる波をたいせつに守った。

思い切った産業の振興策がジェノヴァを支え、その他の都市から頭ひとつ抜きん出た。アジアの各地、アフリカやアメリカの海岸を、ジェノヴァ人コロンブスがいなければ知ることは出来なかった。

けれどもコロンブスよ、スペインにとっては外国人であるあなたよ、ささやかな報酬のために、スペインに勝利をゆずることなかれ、学歴はないが、強靱な手足の持ち主なのだから。

女性名詞であるジェノヴァよ、
スペインは、奴隷たちに金属を掘らせて、国民の人気を勝ち得ている。（一〇四頁）

コロンブスはジェノヴァ人であるが、新大陸発見の費用を出してくれたのはスペイン王国だった。彼は都合四回の渡航を試みている。

韻律

『哲学詩集』は『神曲』のように韻は踏んでいないが、84から86までの三篇の長詩では、前の詩の最後の詩句を、続く詩が文頭で受けて次の詩が始まる、という体裁を取っている。とてもリズミカルで、声に出して読み上げたくなる。骨太な詩がカンパネッラの特徴だが一概にそうだとは決めかねる。この三つの詩では、動物や樹木、天空や大地が謳われて抒情的でもあり、その韻律の巧みさとともに、詩とはもともと謳い上げるもの、という原点に還れば、見事な出来栄えだ。

「84・被造物に共通する性質を謳う聖歌と神を賛美する、肉をまとった第一の存在」から一部分、切り取ってみよう。

天空は動き、大地は不動だ、肉体の巨大さ、一なるもの、あるいは分裂したもの——を崇拝し——高潔な理念、それゆえ歓びにひたる——いつも新しい形態にたいして——優美な存在と思念。優美な存在と思念と栄光、あなたたちとぼくによって賛美される生——その主をぼくたちは見失う——時間がかつて存在していた、時間こそ実体の本質。(一八九頁。傍点澤井)

獄外へのメッセージ

最後に、カンパネッラにとって、詩とは何だったのだろうか。性急な回答は避けたいが、せっかく『哲学詩集』に言及したからには、多少とも触れておきたい。

この詩集の特徴は牢獄のなかからカンパネッラが外の世界へ、思いの丈を訴えたものであろう。それゆえ、美辞麗句などで主張するにはおよばない。自分を得心させ、他者を説得するのが目的なのではないか。

つまり、外の世界とのコミュニケーションを求めた詩集なのだ。そして読者は詩を介して、カンパネッラ独自の神への想い、自然観、宇宙（世界）観、倫理観を共有することになる。人間にたいする抱負は、現況の姿を改善の方向に導くことだと推察される。

友人の裏切りで失敗に終わって逮捕されたが、一五九九年の「カラブリア蜂起」は、そのひとつの顕現だと解釈できる。

第III部　人文主義と宗教改革

ルネサンス（・人文主義）も宗教改革も、ヨーロッパ文化の旧い基盤にさかのぼり、スコラ主義的にゆがめられた姿を矯正し、そうして革新された純正の権威から生を改新しようとした。「始原への招きと再生の感情」、「敬虔の復活」、「古典古代の文献の再生によって生まれた人文主義」は、「矯正」と「生の改新」の双方に共通している。——エルンスト・トレルチ（内田芳明訳）『ルネサンスと宗教改革』（一部・改訳）

第1章　ルネサンスと人文主義

1　ペトラルカを中心にルネサンス・人文主義の始原を問う

ヒューマニズム（humanism）

この「ヒューマニズム」という言葉について、気の利いたひとなら、「ちなみに」といった接続詞を用いて、一九世紀のドイツ人研究者の造語だと教えてくれるだろう。また、もう一つべつの解釈を示してくれるひともいるかもしれない——西欧のキリスト教世界とはまったく異質な、人間を中軸とする世俗主義の意味も含まれる、というものだ。これはギリシア文明の世界観かな、とも思えるが、そうだとは決めがたい雰囲気が文面からうかがえる。だが、反キリスト教で世俗尊重の精神を訴えていることにはかわりない。

「humanism」は、昨今、「人道主義」とか「博愛主義」の意味で用いることが多いし、英和辞典の最初の訳語は「人道主義」で、二番目に「人文科学研究」と出てくる。ルネサンスでの「ヒューマニズム」はもちろん、第二番目だ。「人文主義」、「人文学研究」、「フマニタス研究」、「古典的人間教養の研究」とか、呼び方はいろいろある。そして本来的意味での「人道（博愛）主義」は、「ヒューマニタリアニズム（humanitarianism）」が正しい。この区別をきちんとしてほしい。「ヒューマニズム」は日本語化《ジャパナイズ》してしまって気の毒な意味を負うことになった。

ここでは「ヒューマニズム」を初めから大上段に構えて論じるのではなく、「人文主義」の成立を「生活」の面から考察し、だんだんと理念化していきたい。素朴な内容になるかもしれないが、「──主義」と捉えると難しくなるのを避けるためだ。「主義」とは（生活、ないしは、生きていく上での、そのひと自身の）「態度、姿勢、立場」の意味だと考えている。

「生活」の面から

「人文主義」の成立過程を「生活」の観点からたどってみる。

第一番目の要素としては、時計の出現（一四世紀初頭）が挙げられよう。一三三五年にはミラノで定時法が定められている。科学史家の金子務氏によると、自然界には三つの天文学的周期があるという──「地球の自転つまり一日、地球のまわりを回る月の公転つまり一か月（二八日）、太陽のまわりを回る地球の公転つまり一年（三六五日）という刻み」だ。これらは古代から経験上、ひとびとは知っていたようだ。

こうなると最初の時計は「日時計」だろう。次に自然現象に合わせた時計となれば、「水時計」や「砂時計」が思い浮かぶ。また、初期の機械時計を所有していたのは、中世期、いちばんの金持ちだった教会に違いない。その後、ゆっくりと時計は発達して、時間は飛ぶが、ガリレイの「振り子の法則」が発表されて（一六三七）、実際に作成したのがクリスティアン・ホイヘンスだ（一六五三）。これによって計時は驚異的な進歩を遂げる。

二番目の起因は、一二世紀から始まった、経済の進展だろう。地中海、北海、バルト海を舞台として、ヴェネツィア、ジェノヴァの商人が活躍した（中世の北欧商業圏を支配したのはドイツ諸都市を中心としたハンザ同盟である）。一二、一三世紀、特に一三世紀のイタリアは「経済のルネサンス」とも「商人の英雄時代」とも呼ばれ、初期資本主義の時代と位置づけられている。貨幣経済の浸透によって「商業が復活」したのだ。これとほぼ同時期に、「中世都市（コムーネ）」が誕生する。一五、一六世紀のイタリア・ルネサンスを支える経済力は中世後期にすでにみて取れる。

三番目の要因は、「地理上の発見」時代前後の東洋との貿易（西欧からは「東方貿易」、東洋からは「西方貿易」と称される）のめざましい展開だ。この時期、イタリア・ルネサンスは始まったばかりで（一五世紀中葉から）、一三四八年を中心としたペスト来襲（その後近代まで西欧各地に何度もおそってくる）のキズが癒えぬか治らぬかの時代であったが、インドや中国などとの交易は隆盛をきわめる。

一四八八年、バルトロメウ＝ディアス（一四五〇―一五〇〇）が喜望峰を発見し、そのおよそ一〇年後に、ヴァスコ＝ダ＝ガマ（一四六九？―一五二四）がインド航路を発見している（一四九九）。東洋からは香辛料（古代は絹、近世は茶葉、綿布）を中心とする物品が西欧にもたらされ、西欧からは、銅、毛織物、果実、オリーブ油が移出された。この交易には地形的にも商売の面でも、イタリアを通過しなくてはならず。とりわけ北イタリアの商人は、仲買業（東方からの品を安く買って、アルプス以北の地域に高く売る）で儲けた。即ち、利ザヤをかせいだことになる。

西欧のこうした、時計の誕生、それにともなう商人の活動の展開、また、地中海貿易や東方（西方）貿易による利潤を、ローマ教会が大目にみていたわけではない。商人の社会的立場も考慮しなくてはならないが、いまは「人文主義」の成立過程を追っているので、それは後項で、ということにして、往時の商売繁盛の思想的背景をさぐってみよう。

イスラームの思想

合理的な思考をするイスラームの影響が強かった。イスラームがスペイン（イベリア半島）から追放され、西方でのレコンキスタが達成されるのが一四九二年だ。それまではイスラームのひとたちがスペイン各地で暮らしている。そのなかで最も秀でた人物が、医師を生業とするアヴェロエス（イブン・ルシュッド、スペインのコルドヴァ生まれ）で、アリストテレスの卓越した注解者で「コメンタトル（注釈者）」という異名を取っている。彼の唱えた思想に「二重真理説」という、当初は「二重」という観点から西欧のスコラ哲学の興隆を促しつつも、その没落をも招いた思考形態がある。説明に時間を要するので、簡潔に述べると、アヴェロエス主義とは、真理には二種類ある、というもので、「宗教的真理＝信仰」と「哲学的真理＝理性」に二分され、信仰と理性はべつものだとする。スコラ哲学は「信仰と理性の調和」を主眼としているから二重真理説はスコラ神学や哲学を難詰することになる。この思想、北はパリ大学に向かったが、神学を中心とするパリ大学では異端視されて、パドヴァ大学で大切に扱われる。その思想が南はイタリア南部（シチリア島のパレルモ、そして南イタリア）

へと伝播して、半島を南北から思想的に締め付けることになる。

二重真理説を主唱した段階で、神学と哲学は分離し、哲学が神学の下僕ではなくなる。当初、スコラ神学を支えてくれたこの思想は、結局、信仰と理性の調和ではなく、分離してべつの物となった。というより、対等になった。

当時のパレルモはノルマン王朝（一一三〇年、両シチリア王国の誕生）の支配下で、三代続いた王たち（ルッジェーロ二世、グリエルモ一世、善王グリエルモ二世）は、各宗教（キリスト教、ユダヤ教、イスラーム）に寛容で、首都パレルモを中心として三つの文化が混交した、いわゆる異文化接触・共生の形で文化の繚乱期を迎えている。

また往時、一二世紀は、東方の文化の移入期であったことは、第I部第2章の「1　翻訳文化運動の効用」で言及したとおり、「一二世紀ルネサンス」という、主に理系の文献の翻訳がなされたことは、記憶に新しいはずだ。

商人（商業）の社会的立場

時計の出現とイスラームの合理的思潮の次は、商人の活躍期の訪れだ。

ここでは、一二世紀以降（地中海貿易以降）の商人（商業）の社会的位置づけに触れてみよう。

一二世紀半ばまで、教会側は商業を「罪」なるものとみている。商いのみならず、世俗的職業すべてを、金銭の授受が発生するために、罪深い行為と断罪している。

一二世紀後半から一四世紀までにおよぶと、商業そのものに罪はなく、善悪のいずれかにいたらせなる。

は、商人の心がけしだいとなる。

一三世紀後半から一四世紀まで、商業（商人の存在）は否定されず、条件づきで肯定へと格上げとなる。

これら三つの時代の商業観は、もとよりローマ教会の見地による。教会の判断基準は「利子」の高低や有無にあった。だが、地中海沿岸地域やイタリア半島（特に北イタリアの諸都市＝「中世都市・コムーネ」）を中心に貨幣経済が浸透し始めて、「商業が復活」し、「商人の英雄時代」と呼ばれたことはすでに述べた。近代散文の祖である、ボッカッチョ著『デカメロン』に登場してくる「商人」たちのモデルが活躍した時代だ。

ただし、中世を通していちばんの金持ちは、「ローマ教会（教皇）」である。贖宥状（免罪符）販売から得る莫大な金銭が教会の経済的基盤、さらに教会運営をすみやかにした。金銭の絡む商取引を、当初、蔑視していたローマ教会はみずからの財政基盤をその「蔑視」の対象に求めざるを得なかった。皮肉な話である。教会の世俗化の一端を垣間みてしまう。

富はいつの時代も満遍なく廻らないものだ。ローマ教会に富みが集中したとは言え、必ずしもみなが恩恵を被ったわけではない。当時は自由競争の時代。貧富の差がはっきりするものの、勝者はおちおちしていられない。長子相続の時代はまだ先だ。

極端な言い方をすれば、あらゆる人間が「君主」になれる。逆を言えば、「君主」はつねに追われる身、ということである。

往時のひとたちの心の底には、恐怖と孤独感が巣くっていた。これが当時の支配的雰囲気と呼ぶのならそれには一理あろう。そうなると、頼みのツナは「自分だけ」となる。自立意識が要求される。それは、これまでの習慣に依存しない合理性、強い意志を確立することを意味する。つまり、旧来の理念にとらわれない、開放された自我の覚醒だ。

仕事に没頭せよ

恐怖と新陳代謝の時代にたいする対応策は、われを忘れて仕事に打ち込むことだ（以前は、「神」に没頭していたが……）。富のみがひとびとの心の支え（巨万の富を稼ぐ者も出てくる）だ。しかし、「富」が「消費」と結びつくのではなく、まだ次の商売の資金源だった。

フィレンツェでは、一二五二年に、フィオリーノ金貨が鋳造され、莫大な富が、いくつかの「両替商（「銀行」）」の乱立を促すことになる。大手では、「バルディ商会」（ここにボッカッチョの父親が勤めていて、息子のボッカッチョをナポリの同行の支店に見習いとして送り出している）、「ペルッツィ商会」、その他、「アッチャイウォーリ商会」、「フレスコバルディ商会」などがある。有名な「メディチ家」はまだ登場してきていない。

これらの銀行は、金銭を貸すのにきわめて慎重だった。商人に貸してもよいが、返金してくれるかどうか不安に陥る。危険がいっぱいのご時勢なのだ。だが、国家や教会などの組織を相手に選べば、まずは安泰だろう。そう踏んで、英仏百年戦争開始時の、英国のエドワード三世（在位一三二七–七七）にフィレンツェの主な銀行が貸与した（百年戦争勃発の一三三八年）。ところが、英国軍がフランス軍に敗北し、貸与した金はもどってこなかった。

バルディ商会とペルッツィ商会が倒産の憂き目に遭う。

大袈裟な言いかただが、イタリアの財産がなくなった。換言すれば、イタリア経済に深刻な打撃を与えたことになる。「英雄時代」の商人の倫理観に痛烈な痛手となり、商人たちは経済面よりも精神の分野に目を向ける。これはうがった言い方をすれば、個人の力ではどうにもならない実社会をまえにして無力感を抱かざるを得なくなる。勤勉、という行為が裏目に出たわけだ。

そして気候が中世の温暖期と違って寒冷期にはいっていた。食物が実らないから栄養も摂れない。そこへ、歴史の偶然か必然か、ペストが襲ってくる（一三四八年から五二年）。栄養失調気味の（フィレンツェ）市民たちはペストに次々と罹患して、凄惨な、「肉体の死」が訪れ、またそうした死を市民たちが目の当たりにする。

ボッカッチョ（一三一三―七五）著『デカメロン』（第一日目第一話）には、その原因を「神の怒り」と叙している。ペスト席巻以降の神は、中世の「善良なる神」ではなく「峻厳なる神」なのだ。

商人たちは何を頼れば救われるか、と自問自答する。「商人の英雄時代」には、とにかく利ザヤを稼ぐことが第一だから、目は「外界」に向いていた。それが天災で自己の内面へと向きが一変する。

「意識変革」の到来である。

多くの場合、（再度）宗教へ。また、蓄積していた富を、修道院や教会に寄付したり、投資したりした。ペスト猖獗《しょうけつ》以後に、商売への投資が文化財への投資へと移行していく。

新しい世界観、人生の指針を見出したい、とひとびとは希求した。

ここに現われたのが、フランチェスコ・ペトラルカである。

新たな生き方

ペトラルカの活躍はペストが襲ってくるまえから始まっている。彼は、アヴィニョンに教皇庁（「教皇のバビロン捕囚」［一三〇九-七七］。教皇クレメンス五世から七代。六九年間アヴィニョンに教皇庁がおかれた時代のこと）が移ったと同時に、南仏のプロヴァンス地方に、フィレンツェ南部のアレッツォから転居している。ペストで理想的な女性であるラウラを亡くしている（ラウラの存在は確認できていない）。ペスト席巻まえより詩人として、また古典古代の文献の発見者・校訂者として優れた仕事を遺している。詩人としては、「桂冠詩人」の地位を得て、文字通り西欧にその名をとどろかせた。イタリア語で綴った詩作品に『詩集《カンツォニエーレ》』が、未完の寓意詩『凱旋』がある。『詩集』の内容はラウラに寄せる愛の詩が大半だ。

父親の希望でボローニャ大学で法学を学ぶことになるが、その折、ローマ時代のキケロやセネカの文献に出会って、古典ラテン語の美しさに惹かれる。ラテン語は古代ローマ人が使用した言語のことだが、ペトラルカの時代までに、その正統性が崩れて「中世ラテン語」という独特な言語になっている。ペトラルカは古典ラテン語の優美さだけに魅せられたのではないと思えるが、ともあれ、キケロやセネカの文章を模範とみなすにいたる。そして、みずからは聖職禄で暮らしている身でありながら、古代の異教徒の偉人たち（特にキケロ）に向けて熱烈な書簡を認めることになる。

三大「発見」

ペトラルカは古典古代の文芸・文化を賛美する一方で、自分を含めてこれからのひとびとの生き方の指針や方向性をさぐろうとする。そのために、現在の自分の立ち位置の確認作業を行なった。みずからがたたずむ場が「近代」で、それ以前、太古から西ローマ帝国が崩壊（四七六年）するまでが輝かしい古代だ。瓦解以後から「近代」までは、ゲルマン民族やビザンツ（東ローマ帝国）によってイタリアは文化的な致命傷をくらった。その時期を「中間の時代、即ち、中世＝暗黒」と意図的にみなした。

　「近代」と「古典古代」の間の時代を「中世（暗黒時代）」と決めつけたことで、向後の新しい歩みをペトラルカは自覚的に確保する。そしてこの決断は、見方を変えると「歴史（意識）」の発見につながる。これまで「歴史」がなかったわけではないが、「年代記」の類で歴史意識に欠いていた。ペトラルカが初めて時代を意図的にみる目を擁したことになる。「古代・中世・近代」の誕生だ。

　さらに大切なことは、弟と南仏のヴァントゥウ山に登り、頂上からの眺めに感動し「風景《パノラマ》」を発見したことだ。そしてこれが外界での発見なら、内なる「内面」の発見にもいたる。登山の際にポケットに入れてきたアウグスティヌス著『告白』の、たまたま開いた頁に、魂の大切さを説いている箇所をみつけた——「いまや私は、山をみることには飽きてしまって、内なる眼を私自身へと振り向けました」（『ヴァントゥウ登攀記』）。

　まとめると、ペトラルカは、「歴史（意識）、風景、内面」の三つを発見した人物と言っても過言ではない。

「融和・融合」

詩人であり、敬虔なキリスト教徒であるペトラルカの拠って立つ精神的かつ心情的にふさわしい都市はキリスト教の聖地、ローマだろう。さらにそこは古代ローマの首府でもある。前者が神の研究の場、後者は古典古代の文献を調査する場であり、のちに両者合わせて、キリスト教的人文主義の意義を体現する都市、ローマの誕生となる。都市が、ある独自の意味を帯びると「トポス」と呼ばれる。ローマはペトラルカに、そういった都市《トポス》として位置づけられた。

彼はキリスト教の伝統を維持しようとした点で保守的だが、無批判に従来のキリスト教を支持しているわけではなく、スコラ神学を批判している。そこで、キリスト教を保持し、かつ何らかの補強をして時代にふさわしいものにしなくてはならないと考える。

みずから批判の対象としたイスラームの合理主義にはキリスト教的な要素が欠落しているのだが、両者ともに、「法則化」されているという点では同じである。言い換えれば、手枷足枷《てかせあしかせ》されて、自分で思考していない（出来ない）のだ。

それでは何を礎にして自分で考えを進めていくべきか。

古代のひとたちの叡智ではどうだろう。その自由な精神、道徳的な一貫性がその糧となっている。人間を支配するものは精神であって、自然法則や社会体制ではない。ペトラルカは晩年、宗教文学に惹かれていくが、その宗教が独善的で排他的であってはならない。

古代人の知恵や知識を採り入れて、キリスト教と「融和」させるべきではあるまいか。そこで得た営養は、単なる古典古代の模倣ではなく、古典から得た素地こそが現実を乗り切るための手段となり得るはずだ。

こうして誕生したのが、「キリスト教的人文主義」である。先述したがこの思潮は「融合」の産物だ。もし、この時代の社会にひとつの統一した思想があったならば「融和」など必要ないに違いない。ルネサンス文化の特徴を「寛容」とする習いがあるが、ひとつの哲学（思想）を他の哲学（思想）と「融和・融合」させることで時代の色合いがみえてくると思われるのだが、いかがなものであろう。それは思想的に危機の時代と捉えてもよいのだが、危難よりもむしろ、種々な文化が芽吹くことが可能な世界とも考えられよう。ある者は宗教に、またある者は思想や哲学に、拠り所を求めたことだろう。

一種、混沌《カオス》としている。だが、カオスこそが、文化誕生の序幕なのだ。そしてそれは、従来からの思潮の「融和」に端を発するに違いない。

2「人文主義」の意義とその変遷

キリスト教的人文主義

最初の「キリスト教」からは、「善く生きていく倫理（理念）」を、「人文主義」からは「善く生きていく方途（手立て）」を読み取ることが可能だ。それも双方、「善く」が共通項だ。「倫理」とは「(行動) 基準」のことで、「方途」とは「方法」を意味する。「生命倫理」、「交通道徳」と、置き換えてみればわかりやすい。

現世肯定、世俗尊重の「人文主義」に、来世肯定、聖的なるもの尊崇の「キリスト教」がかぶさっている。「人文主義」とは、古典古代の文献を読むことによって人格形成を行なって人間性を涵養しようとする生活態度だ。「人間」ではなく「人間性」であることが重要だ。つまり、教養を磨くということだ。これにキリスト教がプラスされると、「涵養しよう」ではなく「いかにして涵養していくべきか」に変化するであろう。宗教には、「should、―すべきだ」の要素が濃厚だからだ。まとめると「いかに善く生きるべきか、その方法を探っていこうとする、前向きな生活態度」とも言えようか。

ペトラルカはこれを実行に移せたし、生来、そういう気質の人物だった。知性的、高踏的、自律心が強く、自由・独立尊重の精神の持ち主だ。まとめると、個人意識が強い人間像が浮かんでくる。それは、孤高のひとという印象も免れないだろう。そのペトラルカの主張をニコラ・アッバニャーノが、「ルネサンス人文主義」で巧みに語っている。

本当の叡智とは、人間とその行為、即ち個人の私的生活や国家の統治を律し、また美の歓びを享受し、真理に思いを凝らすことなどにかかわるものであって、古代の哲人たちはつねにこうした事柄を追い求めたものである。しかるに昨今の哲学者たちは、これらの目的をなおざりにし、単に研究の手段に過ぎぬ弁証法を目的と取り違えている。若者にとっては討論の訓練として有用なものである弁証法も、人生の現実の問題に直面せねばならぬ成熟した人間がこれを弄《もてあそ》んだのでは、不毛で滑稽な勝負ごとに堕してしまう。

ペトラルカの、古代の哲人たちに習ったこうした姿勢はイタリア・ルネサンスを貫く根本的な定理となる。

歴史や自然に学び、かつそれにかかわる知的営為などが評価された。ルネサンス文化運動の発祥の場が大学ではなく在野のアカデミーだったことはすでに述べたが、それは必然的に、運動に携わる者の職業が「大学教授」ではなく、書記官、歴史家、倫理学者、政治家が担って展開していくことを示唆している。

「キリスト教的人文主義」と「異教的人文主義」

人文主義が一四世紀中葉から一七世紀前半までどのような道をたどったかについてはすでに確定された論が存在する。それを披露するまえに一考したいことがある。

第Ⅰ部第2章「1」で、翻訳文化運動について述べ、ギリシア語の修得、普及、実用化について記した。普通、「ギリシア・ローマの古典の再生」と書かれるが、これは文明誕生の時系列に沿った筆記形態で、実際の再生では、ローマが先でその次にギリシアがくる。ともに共通しているのは、ヘレニズム文化ということだ（繰り返しになるが、ローマ人はギリシアを政治的に征服したが、文化面では憧憬・尊敬の念を抱き続け、ギリシア人奴隷からさえギリシア文化を学び取っている）。そのギリシア文化がイタリアの地で翻訳によって開花した一五世紀中葉以降、「異教的人文主義」という、これもまた「融和」の文化が生起する。

「キリスト教的人文主義」と「異教的人文主義」の二つは、人文主義の変遷のなかで特別な位置にある。宗教が冠になっているからだ。確定されている人文主義の頭には、時系列に沿って、「市民的」、

「文人的」、「宮廷的（風）」の語句を置く。この三つは世俗世界の呼称で、宗教界のそれではない。

さて、「キリスト教的人文主義」と「異教的人文主義」との差異は何なのだろう。

ここでの「異教」とは、ギリシア文明を母体とした、ヘレニズム文化（「新プラトン主義」、古代神学のひとつである「ヘルメス思想」など）を指している。新プラトン主義者であるプロティノスは、プラトン、アリストテレスともども、「三大哲学者」と称されている。このこともすでに触れている。いずれも反キリスト教思想だ（第I部第2章を参照）。

素朴《シンプル》に考えてみよう。

「キリスト教」のほうは「一神教で父性信仰、初めがあって終わりがある直線的思想、それにキリスト教精神を核とするヘブライズム、そしてキリスト教の倫理が、人文主義の依拠する道徳哲学（方法・方途）によって秩序づけられもする」。これにたいして「異教」のほうは「多神教で母性信仰（豊穣信仰）、季節の循環に例えられる、円環の思想。それにギリシアの思想による人間中心の文化（ヘレニズムの文化）」である。

ともあれ、二つの「主義」は、互いに異なる教義をひとつに「融合する（結びつける）」根本原理を追究することになる。この態度こそ「寛容」であろう。その背後には、往時のキリスト教研究者が教会の権威による解釈を離れ、原典の正確な研究へと向かった経緯がある。古代ラテンやギリシアの原典の翻訳・研究は人文主義者の作業で、他方、聖書や教父たちの書き遺した文献も彼らが厳密に検証している。ここに方法論的に双方が一致をみる。

さらにルネサンス期の知識人が拠り所としたのは、前者ではキケロ、セネカ（の文章）。後者ではエピクロス（派）、ルクレティウス（前九八頃-前五五頃）（の未完の傑作に『事物の本性について』がある）だ。当該書は、全宇宙は自然の永遠の法則で動いており、超自然的力の作用ではなく、また魂は肉体とともに消滅するという立場に立ち、神への畏怖および死とそれに伴う恐怖から人類の解放を意図している。この点、精神の平穏を説くエピクロス派の思想を継いでいる。しかし「自然法」でなく神秘的力を希望していた当時のひとたちの考え方と一致せずうずもれていくハメになる。彼を発見したのは、ペトラルカの衣鉢をついだ、一四世紀のポッジョ・ブラッチョリーニだ。

ルクレティウスの本の影響を全面的に受けて成立した名画が、ボッティチェッリ（一四四四／一四五五-一五一〇）の『ヴィーナスの誕生』であることが最近論じられていて、その説には説得力がある。『事物の本性について』のなかのある一節がボッティチェッリの絵筆について描かれているからだ。

その部分を読んでみよう。

目覚めた春が草地を彩り、
自然の新たな光景が立ちあらわれる。
たくさんの花のつぼみや明るい緑が姿をあらわし、
西から風が怠惰な年の錠を開ける。
歓びあふれる鳥たちがあなたに最初の歓迎の挨拶をし、
素朴な歌で陽気な興奮を打ち明ける。
ついで、あなたの矢に打たれた野獣たちが、わずかな餌を飛び越えて、流れの急な川をあえて泳ぎわたる。
大地も空気も海も、すべてはあなたの贈り物だ。
息する者たちのありとあらゆる子孫は、
歓びに打たれて、あなたに駆り立てられる。
荒涼とした山々を超え、花咲き乱れる草原を超えてゆく。
青葉茂る森と水の大海が
あなたの自由で果てしない王国に広がる。
あなたはすべての命ある場所をめぐり、
行く先々で優しい愛の種子をふりまく。

ボッティチェッリの名画が目に浮ぶだろうか。

閑話休題。

さて、「人文主義」が双方に共通しており、すでに説明したからその定義は省くが、どちらがルネサンス精神を代弁するかと言えば、従来の教会がもはや道徳的にも知的要素でも民衆を満足させ得なかったがゆえに、ルネサンスの根本思潮は異教精神にある、と結論づけてよいだろう。これはブルクハルト（一八一八–九七）の見解だが、主著『イタリア・ルネサンスの文化』（一八六〇）には少なからず難点があるが、「異教精神」の発露として当代を把握している点には賛同できる。

ギリシア語が読めるようになったイタリアの知識人たちは、中世来の教育科目（自由七学芸）に変えて、文法（ラテン語）、修辞学、道徳哲学、歴史、詩学の五科目（人文主義的教育科目）を必須とした。哲学が「道徳哲学」と「自然哲学」（第Ⅰ部、参照）とに分かれたことになる。教育《パイデイア》と人文学《ウマネジモ》の二分野を探究することで、ルネサンス期のひとたちは、人間を他の動物から区別して、人間と動物の間に明確に人間の位置を定め、そこに人間の尊厳と誇りを見出した。

市民的人文主義

それでは宗教局面からではなく、時系列の見地からみていこう。ペトラルカの後継者たちである、コルッチョ・サルターティとレオナルド・ブルーニが活躍した時期が舞台だ。おおまかに言えば、一四世紀末から一五世紀半ばまでである。家門で言うとメディチ家の勃興期と重なる。「祖国の父《パーテル・パトリアエ》」と呼ばれた老コジモ（コジモ・デ・メディチ／一三八九―一四六四）の活躍期に該当する。

「市民的人文主義《ウマネジモ・チヴィーレ》」の名のごとく、市民としていかにして生きるか、共和国としてどのようにあるべきかが中心課題となる。サルターティとブルーニ、この両名ともにフィレンツェ共和国書記官長《カンチェッリエーレ》（フィレンツェの書記官長の実質的な仕事は、外交を担当する事務次官）を務めている。日本の政治形態に置き換えると事務方のトップ、事務次官に相当するだろう。官僚であって政治家ではないが、市政への影響力は強く、二人とも大教養人だった。第Ⅰ部第2章の「1」で示したように、ギリシア語修得第一世代でもある。

両名は約五〇年余にわたってフィレンツェの政治的舵取りをした上に、「知識階級」という存在を初めてルネサンスにもたらしている。彼ら自身がそうだったことも関係していて、まさに知識社会の誕生である。二人はルネサンス文化（特に、人文学研究とギリシア語原典からの翻訳）の推進者となり、社会の装飾品であった学術や観念世界を、必要品目に変えるのに貢献する。

もともと「官僚」が入用となったのはほかでもない、政治の素人である貴族や市民が政務を担当していた、国務未分化の中世ではなくルネサンス期にいたると、国務が複雑化して（条約や条例文などの執筆）、政治の専門家（役人［官僚］）が必要になった。政治家は人文主義者に着目する。彼らは人文主義の教育を受けてきた新しいタイプの事務官とみなされる。

一四世紀のイタリアは独立国が乱立していた（君主国と共和国と教皇領）。北・中部の中世都市《コムーネ》が解体し、各地で（自治都市の）行政官《シニョーレ》が争うようになってくる。

そのなかにあって、北イタリアのミラノ公国が南下。ピサ、シエナ、ペルージア、ボローニャなどを占領する（ヴィスコンティー家のジャンガレッツオ公［一三五一－一四〇二］による）。フィレンツェ周辺を包囲してイタリア統一運動を起こした。ミラノが拠って立つのはカエサルの考え方で、彼を称えた。

このミラノの戦意にとうぜんフィレンツェは対抗しなくては滅ぼされてしまう。政治理念の礎は、ペトラルカよろしくキケロに置き、彼を顕彰した。半島を守護する砦《とりで》として市民・共和国を守るために積極的に戦いに挑んだ。市民の戦意を煽《あお》るのは意外と簡単だった。ミラノにたいして、祖国の愛国心に訴えれば済んだのだ。

「市民的人文主義」という術語は、ドイツの歴史家で、ナチスの台頭でアメリカに亡命したハンス・バロン（一九〇〇—八八／『フィレンツェの市民的人文主義を求めて』一九八八）が生み出したものだ。ペトラルカがキケロに向けて熱烈に書信を書き送ったことはすでに述べた。それはキケロの書簡がペトラルカやサルターティによって発見されたがゆえだが、それによってストア派の重鎮として知られていたキケロのもうひとつの一面、実践的な政治家像が浮かび出てくる。キケロの研究の進展と対ミラノ戦役のなかから、市民の日常生活（とりわけ、政治活動）への「参加」を重んずる市民的人文主義が、主に従前からの支配層である上層市民階級から生じる。市民的人文主義者の性向は、キケロやセネカのストア的傾向を受けて質実剛健を旨とした。

ミラノとのこの戦いは敵将ジャンガレッツォの急逝によって中断したが、次男のフリッポ・マリア（一三九二—一四四七）が引き継いだ。けれども結果としてミラノ側が敗北して、領土拡張の夢はフィレンツェやヴェネツィアとの戦闘でついえた（一四二三—二八）。

市民的人文主義の特徴

ミラノとの戦役に身をさらしたフィレンツェの指導者層の現実は、プラトンを称揚した「黄金の知の時代」、即ち、「イタリアの平和」（後述）の時代でもなかったが、彼らはそうした理想的な共和国を打ち建てることが人類には出来ると信じ、かつ責務とさえ思っていた。人間が世界の中心にいて、みずからの自由意志と自己決定権を主唱し、自由、正義、平和に向けて歩んでいけると確信していた。

こうした理想的な信念はペトラルカ譲りのものだが、ミラノとの戦争の最中から終結にいたるまでに、一方で理想を抱きながら、他方で現実指向が高まっていき、いっそう行動を重んずるようになる。

ペトラルカの時代、（キリスト教的）人文主義（者）は、言葉は悪いが、一種の道楽（者）だ。それが当代では「職業」とみなされるまでになる。国家が人文主義者を優遇したからだが、ここに、知識階層が知識で生計を立てることが可能となる世が訪れる。人文主義者の出自は必ずしも良い家柄ではなかったが、刻苦勉励をして頭角を現わし従来からの知識階層の仲間入りを果たしている。

それと半島全域に人文主義が流布していった。人材に恵まれない（小）国家ほど装飾（文化政策）に力を入れるものだ。そうした視座に立てば、人文主義者という「飾り」を雇用しておくことは有力な「武器」となり、名声を博すことにもなろう。むろん待遇がいいから人文主義者は半島内の各共和国の政府や君主国の宮廷に進出していく。極論すればフィレンツェの文化が半島の津々浦々まで浸透していくことになる。一六世紀の前半までには半島の文化的統一はなったと言っても過言ではない。

人文主義者の家柄は必ずしもよくないことはすでに述べたが、そういう彼らにも就職の先（君主国や共和国の官僚）が充分に存在していた時代はすぐに去り、半島内での就職が満杯で困難になるときが早晩やってくる。

余った人文主義者は半島外へと向かう。

例えば、サルターティに見出されたポッジョ・ブラッチョリーニはイングランドへ（一四一九年、ウィンスター司教の秘書として四年間滞在）、将来のローマ教皇ピウス二世（在位一四五八-六四）ことエネア・シルヴィオ・ピッコローミニはドイツへ出向き、フリードリヒ三世（一四四〇-九三）から桂冠詩人の称号を受け、皇帝の役所で任務に就いた（一四四二-五五）。その後二人ともイタリアにもどってきて要職を歴任する。

古典の発掘――ポッジョの活躍

イタリアはペストの襲来による大量の死者の発生で死生観が一変し、「死を記憶せよ《メメント・モリ》」という文言が流布した。その「死の勝利」（ピーテル・ブリューゲル［一五二五頃–六九］の絵の題名）に打ち勝つためにも、古典学、ラテン語、ギリシア語の研究・教育を率先して進めた。ラテン語文献の発掘に尽力したのはペトラルカ、ブルーニなど初期の人文主義者だが、その最後尾に連なるポッジョ・ブラッチョリーニの貢献度は大きい。その尽力ぶりは、フィレンツェの書籍商であるヴェスパティアーノ・ダ・ビスティッチ（一四二一–九八）著『一五世紀著名人列伝』に詳しい。おおよその内容はこうだ。コンスタンツの公会議（一四一四–一八）が開催されたときポッジョもそこに赴いた。彼には公会議よりも友人の学者たちから頼まれていた、消失したと言われているラテン語の文献を探すという目的のほうが大事だった。そしてポッジョはかの地の修道院で眠っていたたくさんの貴重な古典を発見する。断片的な物もあって、能筆家の異名を取っていた彼はみずから筆を執り、三二日間かけて清書した（クインティリアヌスの著書）。さらに、キケロの『弁論家』に『演説・数編』などの貴重な著作品。極めつけは、ルクレティウスの『事物の本性について』（一四一七年）だ。その他にも、友人たちを歓喜に震えさせる文献を持ち返るか、その場で流麗な筆遣いで筆写した。

ルクレティウスの『事物の本性について』の発見はエピクロス派の再生でもある。これはルネサンス期の最も大掛かりな思想的事件としてみるならば、哲学的ないし思想的内実を形成したのではなかったが、一神教にも多神教にも排斥されたエピクロス派の代表的な書物が、その存在の意義を見出したからだ。それがポッジョの手で蘇ったのだ。エピクロス派の再生がここに成立する。ポッジョはフィレンツェ共和国の書記官長にもなったが、こうした地道な仕事に精励する人物でもあり、ペトラルカの第三番目の弟子としての活躍を見逃してはならない。

さらに老コジモとも親交があり、フィレンツェ共和国に院政（メディチ家の偽装君主国家）を布くきっかけをコジモに与えることになる。

文人的人文主義

一五世紀後半が相当する。老コジモの肝いりでフィレンツェ郊外のカレッジにメディチ家の別荘が建てられ、サロン的な「プラトン・アカデミー（「アッカデミア・プラトニカ」）」が出来上がる。第Ⅰ部第2章の「3」で触れたように、そこにフィレンツェの知識人が集うことになる。アルプス以北の地域からも、その象徴的存在であるフィチーノを慕って識者が頻繁に来訪する。

一例としてフランス人のルフェーブル・デタープル（一四五三頃–一五三六）を挙げておく。彼はフィチーノの許で新プラトン主義に浸り切って一四九二年、フランスに帰国する。ヘルメス思想に魅了されもしている。神学者であった彼は聖書のフランス語訳を完成させ（新約・一五二三、旧約・一五三〇）、一五世紀末のパリの知識人の象徴的存在としての位置を得る。

フィレンツェで政治を操ったのはロレンツォ・デ・メディチ（大ロレンツォ／一四四九–九二）である。父のピエロが早世（一四六九年）したので、わずか二〇歳でフィレンツェ政界の黒幕となった。爾後、急逝するまでの二〇年余、フィレンツェ・ルネサンスの黄金期を支え、みずからも詩人として活躍した（ちなみに、大ロレンツォが政界にデビューした一四六九年に、かのニッコロ・マキャヴェリ、エラスムスが生まれている)。

プラトン・アカデミーでの研鑽の目的は、神と人間との考察でありながら、プラトン哲学を、新プラトン主義も含めて、この異教の哲学を尊《とうと》んだ。なぜか？　容易には回答は出にくいだろうが、一つ思い浮かぶのはルネサンスの基本理念である「始原への回帰」だ。「始原」とはキリスト教徒にとっては「神」でしかあり得ない。だが、世俗性を重視する人文主義者にとっては、あながち「神」だと断定しなくともよいと思える。回帰すべき始原とは、この世の人間、人間社会の淵源が妥当だと考える。

また、ゲルマン民族やビザンツの者たちといった「異邦人」が違法的、あるいは野蛮に映るのは、古典の知識が不足していたのではなく、古典の文献を真実の歴史的位置で把握し切れていなかったからに違いない。人文主義者が古典を発掘したのは、異邦人たちが自分たちのラテン文化を混淆して捉えることのないようにと、巧みに引き離したからだ。それゆえ、中世でもあまねく知られていたウェルギリウスやアリストテレスを真の意味で見出したのは人文主義者たちなのだ。この「発見」の遠因に、ペトラルカによる「歴史意識」の発見が作用していることがわかる。

古代を古代として発掘することは、自分自身と比較して、自己を古典文献からいちど引き離して、いまいちど関係を保持することと同義である。

イタリアの平和

一四五三年というのは記念すべき年だった。英仏百年戦争がフランスの勝利で終結し（その後、フランスは軍事力をいっそう強めて絶対君主国への道を固めていく）、他方、東方では東ローマ帝国の首都コンスタンティノープルがオスマン・トルコに滅ばされ、多くのギリシア人がイタリアへと逃げてきた。当時のイタリアは五つの都市国家や公国などに分裂していて、オスマン帝国の次の狙いがイタリア半島の支配にあるという危惧が高まっていた。

そこで、翌年の一四五四年、五か国（ミラノ公国［スフォルツァ家］、ヴェネツィア共和国、フィレンツェ共和国［メディチ家］、ローマ教皇領、ナポリ王国［スペイン・アラゴン王家］）が、ロンバルディア地方の都市ローディに集って、オスマン帝国の西進を防ぐために、半島でのいさかいを中止する、一致団結の締約を結んだ（「ローディの和約」）。以後、フランスのシャルル八世がアルプスを越えて攻めてくる一四九四年（イタリア戦争の勃発）までの四〇年間、イタリアに平和が訪れ、ルネサンスの文化が各都市で花咲く。

ナポリのルネサンス

ルネサンス文化が盛行したのはフィレンツェばかりではない。南イタリアの港都、ナポリでも、フィレンツェ・ルネサンス（一五世紀半ば以降）とほぼ同時期に華やかな宮廷ルネサンスが起こっている。

このときまでのナポリの歴史を一応たどっておこう。シチリア島が地中海の「十字路」と呼びならわせていたと同時に、ナポリは「人種の坩堝《るつぼ》」との異名をとっていた。その歴史は複雑にして錯綜している。ごく単純にその支配勢力を時系列でみていくと……。

ギリシアの植民市―ローマ帝国―東ローマ帝国―ノルマン人（王朝）―ホーエンシュタウフェン家（ドイツ）―アンジュー家（フランス）―スペイン王国の属国（一五世紀後半以降）

このようになる。スペイン王国から解放されるのには、一九世紀前葉のナポレオンの登場を待たねばならない。

これから扱うのは、右記の最後の、一五世紀後半、属国の首都ナポリの文化運動だ。五二年間にわたる、親子の国王の治世下でフィレンツェに勝るとも劣らぬ文化の繚乱がみられる（アルフォンソ一世［大度王《たいど》。在位一四四二―五八］と、その息子フェルディナンド一世［スペイン名・フェランテ。在位一四五八―九四］）。

通常、この後のスペイン・ハプスブルク家の治下と合わせて、「ナポリの黄金神話時代」と称す。全ヨーロッパの称賛の的であり、ナポリがいよいよ地中海の臍《へそ》、中心的地位を占めるときがきたわけだ。それでも異国の支配下であるのは否めないが、前記の歴史に鑑みて、さまざまな異文化との共生・混合・融和があったのはとうぜんだろう。

一四四二年、アルフォンソ一世（スペイン王としてはアルフォンソ五世。ナポリ王となったのは四七歳のときで、会話はスペイン語で通した）の命で、「ナポリ・アカデミー」という文芸サロンが設立される。王は宮廷を、フランス・アンジュー家の城塞と呼ばれた「カステル・ヌオーヴォ（新城）」に設け、図書館に貴重な写本や彩色写本を収めた。

「ナポリ・アカデミー」に集った識者や芸術家たち

創立時の会員としては、パオルミータことアントニオ・ベッカデッリ（一三九四―一四七一）がいる。北イタリアのパヴィアで宮廷詩人として仕えたのち、ナポリ・アカデミーの創設に参加。アルフォンソ大度王に忠節を誓い、『アルフォンソ王言行録』を著わしたが、なによりもこの人物の偉大さは、ラテン語による同性愛詩『ヘルマフロディトゥス』を遺したことだろう。この詩はカトリックの教義に反して評判がわるかったが、もちろん評価する者もいた。フィレンツェのコジモ・デ・メジチはこの詩の献呈を受けている。ベッカデッリは深い学識と巧みな詩の技巧の持ち主で、このアカデミーの特色を詩と人文主義色に染め上げる役を担うことになる。

この風潮はジョヴァンニ・ポンターノ（一四二二―一五〇三）が受け継ぎ、アカデミーの名前も「アッカデミア・ポンタニアーナ（ポンターノ・アカデミー）」に変わる。ポンターノはアルフォンソ王とフェルディナンド王の双方に仕えている。天才的な詩人で、同時代のフィレンツェの詩人ポリツィアーノと並び称される当代随一の詩人として名を馳せた（ちなみに、イタリアの詩の流れはペトラルカを輩出したあと、その亜流である「ペトラルキズモ［ペトラルカ風］」が横行して独自な詩風の詩人の登場は上記の二人を待たなくてはならなかった）。

ポンターノのラテン語の詩は同時代、および後世の詩、とりわけ牧歌に多大な影響を与える。『ナポリ戦争』ではアラゴン王家とスペインの戦いを活写している。また、当時としては貴重な、働くことを賛美して労働を推進した『堅忍論』を執筆している。

その牧歌だが、ヤーコポ・サンナザーロ（一四五七―一五三〇）が極めつけの作品を書く。『アルカディア』（イタリア語）がそれだ。牧歌という西欧文学の伝統を見事に復活させた傑作だ。

牧歌の生みの親でシチリアを舞台として作詩したテオクリトスの作品、サンナザーロと同じくギリシアのアルカディアの地を理想郷に設定したウェルギリウスの牧歌の伝統を踏まえて書かれた、史上初の田園ロマンス作品である。この理想郷は再生のための休息の場で心の平安をひとびとは得て、自分をみつめなおして現実社会へともどっていく「帰還の文学」であって、決して弱者や逃避の文学ではない。「アルカディア」とはひとつの場、即ち、再生、蘇生のためのトポスである。「アルカディア」とは、ウェルギリウスが謳う『牧歌』に登場する、現存のギリシア南部の山岳地帯を指し、ひとつの文学的伝統となった理想的田園世界を意味している。サンナザーロは、古典復活の精神の下、この文学的トポスを蘇らせることに成功する。

三番目に、ロレンツォ・ヴァッラを挙げておこう。二八歳から四〇歳までナポリの宮廷で過ごした。フェルディナンドの教育係で、アルフォンソ王の書記官も務めている。イタリア・ルネサンスのなかでも傑出した学者・思想家である。

ヴァッラはスコラ神学を否定しつつも、神と人間の裡なる関係として信仰を捉えている。宗教を人間の裡なる体験として考えたわけだ。反アリストテレス、反トマス、反スコラの徒でもある。

一四四〇年、『コンスタンティヌス大帝の寄進状偽作論』を発表する。四世紀のコンスタンティヌス大帝が書いたとされる、ローマ教会への寄進状のラテン語がその時代のラテン語ではないことを見抜いた画期的な論考で、文献批判学の端緒となった。これはローマ教会にとっては痛手で、後年の宗教改革の火種となっている。一四四四年には『ラテン語の優雅さについて』を著わしている。本書の意図は、高度な文明の樹立は軍事的征服ではなし得ず、一定の言語に依拠せざるを得ない、というもので、そのためには古典ラテン語を再発見すれば、スコラ学者の手で地に堕ちた中世の文化を再興でき、信仰が人生の稔り多きものになるだろうと言う。この本は版を重ねて近代まで読み継がれた。本文ではラテン語を、もういい加減にせよというほどに褒めちぎっている。

ヴァッラは晩年、教皇庁の書記官となってローマ教皇庁に赴任する。

次にフィレンツェからナポリに使節として赴いたジャンノッツォ・マネッティ（一三九六－一四五九）を紹介しよう。彼はジョヴァンニ・ピコ・デッラ・ミランドラの『人間の尊厳についての演説』に似た題名の『人間の尊厳と卓越性について』（一四五一－五二）を執筆してアルフォンソ王に謹呈している。この作品でマネッティは人間や人間の尊厳を扱っていて、新たな人間のあらゆる主題を途切れずに記している。マネッティはギリシア語とラテン語にヘブライ語を結びつける仕事にも貢献している。

一五世紀後半のナポリのルネサンスが同時代のフィレンツェのルネサンス文化運動と比肩し得るものであることを知ってもらえたと願う。このおよそ一世紀のち、『解放のエルサレム』を世に問うたトルクァート・タッソ（一五四四－九五）がソレントで生まれ、ナポリとも関係を持った。その後、第Ｉ部、第II部で言及した自然魔術師たちの活躍する時代が到来する。

フェルディナンド王は、どちらかと言えば、文化より経済面に尽力した人物で、ナポリは、ジェノヴァ、フィレンツェ、ヴェネツィア、ラグーザ相手に、絹織物取引で賑わい、紡績工場も建てられている。革職人、金属細工師、刺繡職人が中部イタリアからナポリにやってきて、宮廷で第一級の仕事を遺している。

マントヴァのゴンザーガ家

「イタリアの平和」の時代から少しはみ出るが、類書でも触れられていない他の都市を挙げてみよう。

代表的なのはフェッラーラ公国のエステ家。特にエルコレ一世（在位一四七一―一五〇五）の二人の娘で、マントヴァのゴンザーガ家に嫁いだ姉のイザベッラ・デステ（一四七四―一五三九）、ミラノ公スフォルツァ家に嫁した妹のベアトリーチェ・デステ（一四七五―九七）の姉妹がそれぞれの嫁ぎ先の家に文化的隆盛をもたらしている。特に姉のイザベッラ・デステは、夫であるマントヴァ公爵ゴンザーガ二世（一四六六―一五一九）ともども音楽好きで、合唱曲とオルガン曲になみなみならぬ関心を示した。彼女の音楽室はマントヴァの、ゴンツァーガ家宮殿に遺っている。

レオナルド・ダ・ヴィンチ、ティツィアーノ（一四九〇頃―一五七六）、マンテーニャ（一四三一―一五〇六）、ラファエッロ（一四八三―一五二〇）などのパトロンであり、カスティリオーネ、アリオスト（一四七四―一五三三）、トリッシーノ（一四七八―一五五〇）などの文学者の保護もしている。

あと、何度か触れたが、北イタリアのパドヴァ（学派）の存在がとても重要だが、たいていが一六世紀からの活躍で、南イタリアの自然魔術師と重なっている。『霊魂不滅論』を著わした、ピエトロ・ポンポナッツィ、コペルニクス、ヴェサリウス、ガリレイなど、主に理系の学問を誇った特異な都市だ。

3　ルネサンスと人文主義

「ルネサンス文化」という表現

イタリア語でルネサンスは、Rinascimento と表記されるが、一六世紀の文献では、Rinascità と書かれている。フランス語では、Renaissance である。これらの表現は昔からイタリア史のある時期を指す言葉として、とりわけ一九世紀に定着化する。

ジュール・ミシュレ（一七九八－一八七四）の『フランス史』の第七巻目の表題が「ルネサンス」であり（一八五五）、その統括として、ヤーコプ・ブルクハルトが『イタリア・ルネサンスの文化』を刊行した（一八六〇）。

これでイタリア史ばかりでなくヨーロッパ史にあっても「ルネサンス」が史的一時期を著わす理念として広まっていく。しかし、二冊の名著が出版されているにもかかわらず、「明白ではない中世」と「不確定な近代」の間に存在する、「新たな誕生」と解釈されてもいた。だが、ミシュレやブルクハルトは、ルネサンスという名に内在する、ルネサンスの「積極的な面（＝文化）」に目を向ける。

換言すれば、rinascità（再生）、risveglio（覚醒）、vita nuova（新生）にかんして語るとすれば、ルネサンス現象が目にみえるかたちで始まったイタリアにあっては、文化面だけで意味を持ち、他の分野（政治、経済）では変移が急激できちんと押さえて検証することが困難、というわけだ。

それゆえ、当初のイタリア・ルネサンスは、明でなくて暗（悲劇的）で、平和・平穏でなく、峻厳・残酷で、調和的でなくて不安定だった。

おおまかに文化面での時代区分をしてみると、一四世紀が初期ルネサンス、一五世紀が第一期のルネサンス、一六世紀が第二期のルネサンスとなろうか。第一期を代表するのが、レオン・バッティスタ・アルベルティと、第二期にすこし掛かるレオナルド・ダ・ヴィンチといった二人の「万能人《ウォーモ・ウニヴェルサーリ》」だ。

ルネサンスの積極性

ルネサンスの積極性とは、人間らしい変遷という幸福な時代意識の把握ではない。

例えば、ラファエッロの病的なまでの優雅さではなくて、ミケランジェロ（一四七五―一五六四）の悲劇的偉大さ。『宮廷人』の作者カスティリオーネのプラトン的洗練さではなくて、マキャヴェリの赤裸々なリアリズム。この二つはひとつの文明の象徴的表現とみてよいであろう。これは、ボッティチェッリの絵画やポリツィアーノの詩にも認められる、来世へと逃げていく永遠の理想に充ちていた。

誰もが言い、かつ万民もすぐに理解可能な美術の分野で生まれたルネサンスは、その領域だけで積極的な価値を持っている。

フマニタス研究（studia humanitatis）

人文主義の最良の定義と問われれば、「ルネサンス期での古典の研究」が正解だろう。すでに述べたように、「古典的人間教養の研究」とも「人文学研究」とも称されている。その内実は、「人間教養、つまり、『人間性＝教養』の研究で、『人間』の研究ではない」。「人間性」を涵養する生活態度が第一義である。それには、文法、修辞学、歴史、詩学、道徳哲学の、五科目からなる人文主義的教育が、中世の自由七学科に取ってかわった。

なぜ、イタリアで？　という問いには、イタリアが古代ローマを「故地」として持っているという答えが昔から通じている。それは中世を通してずっと受け継がれてきている。わけてもローマ法、文法、修辞学の研学とその応用が顕著であり、その担い手たちは聖職者のみならず民間人もそうだった。さらに、ギリシア人のローマ帝国と自称している東ローマ帝国との絆も強く残存していたからだ。

ところで人文主義の祖であるペトラルカを惹きつけてやまなかったのは、キケロのラテン語文章だ。時代をさかのぼってキケロにとっての「フマニタス」をのぞいてみよう。

キケロに『雄弁家論』という書があるが、そのなかで、キケロが理想としている語はたった一つしかない――「フマニタス（humanitas）」、あるいは、その形容詞である「フマヌス（humanus）」だ。ここでキケロは、みずからの倫理的社会的理想であり、彼の教育理念でもある思念を、「全ての面できわめて人間的であること、そして、自分以外の全てのひとびととの関係において人間的であること」に置いている。さらに、「われわれは、われわれの徳をローマから、教育をギリシアから採り入れなければならない」、そしてまとめとして「われわれはみんな人間と呼ばれてはいる。だが、われわれのうち、教養にふさわしい学問によって教養を身につけたひとたちだけが人間なのである」（A・グウィン）。

一定の「教育課程（学歴）」を経ても、「教養」があるとは限らない。これは古今東西の真実だ。学歴がなくとも教養のあるひとはたくさんいる。知識だけでなく知性と感性を磨かなくては「人間性＝

教養」は豊かにならない。古代のキケロの、この金言は時代を超えての真理であり、それほど難しいことを述べていないことがわかるが、シンプルなものこそ達成に困難を要する。「人間性を磨く」、「教養人になる」――これは一筋縄ではいかないものだ。

「古代人」の存在――「始原・原初への回帰」

ルネサンス文化の研究で、昔から利用してきた「二項対立」の方法がある。例えば、「来世肯定と現世肯定」、「聖なるものと世俗的なもの」、「運命と力量」、「瞑想的生活と行動的生活」、「古代人と近代人」、「理想主義と現実主義」、「積極的模倣と受動的模倣」とかいったものだ。ここでは、「古代人」を取り挙げるが、その対極に「近代人」がいることを銘記してほしい。

ガレンは、古代の研究と古典への情熱的な探求心が、ルネサンスを特徴づける、おそらくもっとも際立った面だと述べたのち、「しかし、それが特色でもなければ、原因でも、唯一の局面でもない」と読み手を困惑させることを主唱している。

「古代人」とは、批判的価値が与えられている存在であること、そして次に、自覚的に蒐集された神話である、とガレンは述べているが、この二つの見解はきわめて抽象的だ。具体的に読み代えてみると、古代人をみつめるときには批判の目でその実態を捉えること、また「神話」という言葉に振り回されずに、意図的に古典古代の文献を発掘した成果が目をみはるもので、神業（神話）のように映ったこと。これくらいの内容だろう。

それよりも大切なのは、古典古代がギリシア・ローマであり、続いてヘブライとオリエント（ヘレニズム）文化であることだ。ヘレニズムには、ヨーロッパ文明の根底をなす、ヘブライズムとヘレニズムの二つの精神をみる広義な意味と、純粋なるヘレネス（ギリシア人の自称）の文化と区別される、前四世紀以降の文化を指している。政治史上、ヘレニズム時代という場合には前三三四年から前三〇年の三〇〇年間を言う。これは、広義なほうだろう。

思うに、古典古代世界は全き完全性を勝ち得ていて、見方によっては過去にあって文明はそれだけで完結していたと思える。

ルネサンスとは、何度も言うが、古典古代の文化の「再生」である。この文言にかかわってくるのが、始原（原初）への回帰だ。これには現実に根差して清澄な視線を注ぐことが大切だ。そうすることで始原の本質がみえてくるからである。つまり、原初の存在への新たな接近と言えよう。ここに必要なのは覚醒した「自覚」だろう。意識して再発見をすることを論ずるのはほかでもない、始原への回帰によって、「古代人と近代人」との比較検討が起こるからだ。

過去の再生からは、無意識でも意識していても、「模倣」が出来する。一種の産婆術とみてよい。「模倣」という用語が古代人のそれとの「問答」を引き起こし、「新たな秩序」を創り出す。そしてこうした新秩序はさまざまに形を変えて現われる。換言すると、「模倣」とは、先験的な形式や所産ではなく、それらにいたるための経緯であり、また文化現象の大掛かりな秘策とも言えよう。

ルネサンスのはらむ複雑性

ルネサンス期の識者たちは、古代人の生き方を積極的に真似し、そして振り返って人間というもの、現実とは何かを見出した。しかし古代の模倣はさまざまな価値観を、あるときには部分的に提示するようになる。古代は退嬰《たいえい》的な洗練さに達し得る体系的な模倣と、「文学趣味」の原則を打ち立てた。だが、ういういしい力には程遠く、文明の周期はアテネとローマ、あるいはエルサレムとローマの間で結ばれていて、その周期を繰り返したり、真似たりすることだけが生じている。この観点からすると、古典古代への回帰は、虚偽の古代の生産に等しい。これは古典古代の文化を単に蒐集して再生産する運動にすぎなくなる。言葉を換えれば、古典古代の文化を受動的に模倣している、と言えよう。

他方、古典古代との絆の強い「古代人派」は自己発見の刺激を受け、ぼやけていた諸々の価値観を一変させる感慨、歴史の流れをふさいでいたと思える塊《かたまり》を除去する歓びに浸り得る。こうなれば、古典古代人は人間性ばかりでなく、学問の師となるだろう。つまり、新しい必要性を抱いて、新世界（秩序）へと積極的に入っていく刺激を受けることになる。古典古代の積極的模倣が顕現する。この象徴的人物がペトラルカで、受動的なほうには文法面で衒学《ペダンティック》的な一派が出来た。

しかしながら、この二つが分裂状態にあるわけではない。古典古代の発見は、古代人への崇拝となり、近代人との比較や近代人の擁護を生むからだ。

近代人は古代を超えるか可能性を古代のなかに再発見しようと古代の学知に立ち向かうが、彼らはまた模倣のなかに新しい独創性に到達し得る方便を特定しようとしている。……人文主義は、ブルクハルト的な表現による「人間の再発見」であるよりもむしろ、人間が固有の自律的創造力を獲得し肯定するための手立てとなる。（ガレン）

人文主義の共通性

人文主義を学問的に分類した場合、どの学知がふさわしいか。哲学だろうか、歴史学であろうか、道徳哲学であろうか。はっきりとは回答しかねる。これが正直なところだろう。明確に主張できることは、人文主義者には個人的な色合いが強いということだ。

彼らの第一の目的は、教育と道徳哲学の完成で、知的活動と実践的能力の融合なのだ。

二番目は、与えられた諸問題にかんする論議の尊重。

三番目は、イタリア人文主義の特徴とも考えられるが、人文主義者たちの間に、一定の哲学上の理念など存在しなかったことだ。

類似点をあえて挙げるとすれば、ヘブライズムやヘレニズムの始原に立ち還って、キリスト教の本質と人文主義研究を融和・調和することくらいだろう。

ここで振り返って、市民的人文主義者と後世に位置づけされた、コルッチョ・サルターティとレオナルド・ブルーニの思想を考察してみたい。両雄の思念は右記の三つの共通性を網羅しているからだ。

サルターティは行動することが思索にふけるよりも是であると同じく、「知」が「思慮」なしでは考えられないとみている。「意思」を即ち「能動的」、「知性」を即ち「受動的」とみなし、行動的な知が思索的な知より勝っていると説く。一四世紀末葉から一五世紀初頭までのフィレンツェの置かれた政治状況（ミラノ公国との交戦）に鑑みれば、共和国の国事に知ある人間が積極的にたずさわるべきだった。市民生活じたいが、根本的に知の概念を形成していたわけだ。サルターティにとって「知」とはキケロのそれでもあった――「叡智は神的でしかも人間味を帯びた知識でもある」と。これは天上界と地上界の二つにまたがっており、百科全書的な意味としても受け容れられよう。

市民生活の尊重は日常生活（家族・親戚・友人など）の重視である。そうした側面を兼ね備えた知とは倫理（行動基準）、政治活動、経済（生計）をも含んでいる。

こうしてみると、世俗的な知がおおかたを占めているが、キリスト教徒であるサルターティは、「知が神によって人間に与えられた道徳的な徳」ともみなしていて、ペトラルカの衣鉢を継いだキリスト教的人文主義者であることがわかる。

まとめてみると、一つ目として、「人事に知の対象を置いて知と道徳哲学を同一視すること」――この思考方法はエラスムスはじめ、一六世紀の他の人文主義者が受け継いだ。二番目として、「道徳的徳は神からの賜りもの」が挙がり、これはフィレンツェの新プラトン主義者の登場までほとんど強調されなかったが、サヴォナローラ、ジョン・コレット（一四六七頃―一五一九）、若きルター（一四八三―一五四六）の裡に顕われる。

次にレオナルド・ブルーニの場合に言及してみたい。彼の根底にあるのはアリストテレス哲学とキケロの人文主義（道徳的理念）の再考だった。第Ⅱ部第1章の「2」でも取り挙げたように、ブルーニにとっての「知恵」とは、「叡智」、「知識」、「思慮（分別）」、「知能」、「技（術）」の五つだ。魂の合理的な面では二つに分けている――「知恵」と「思慮（分別）」に。「知恵」は知が充ちた力能で、その目的は真実の知識の探求である。他方、「思慮（分別）」は行動にあまねくかかわる知を示す。

ブルーニは市民活動と教育機関の一体化を目指した。行動的市民活動を称えることは、一五世紀前半のフィレンツェ人文主義の際立った特徴だ。かつてブルーニは、学問、文学、雄弁の栄光が軍事的栄誉に較べて、国家に役立たないので劣っていると発言していた。彼の考える理想的人間像とは、「思慮（分別）と知恵」が、「行動と瞑想」と共存しているもので、「富」とは徳性の道具だった。だが、上記の知にたいする概念は「かつて＝一五世紀の最初の四分の三年」に限られている。

その後、一五世紀半ば（フィチーノ活躍以前）に評価の高かったのが、喧嘩好きの人文主義者、フランチェスコ・フィレルフォ（一三九八―一四八一）と先述したナポリのジョヴァンニ・ポンターノだ。フィレルフォはキリスト教的敬神と知の伝統的連結の再生を期し、ポンターノは純粋に知的で瞑想的性質を強調する。これらは一五世紀後半のイタリア人文主義の知の概要に変化を及ぼし、フィレンツェの新プラトン主義の誕生に一役買うことになる。

宮廷風人文主義

文人的人文主義のあとに起こったこの人文主義はもちろん共和国では起こっていない。君主国に特有なもので、一四〇〇年代の末から次世紀の半ばまでを指す。イタリア戦争（一四九四―一五五九）の時代で、異邦人に支配された、イタリア知識人の新たな地位が問われることになる。外国軍（神聖ローマ帝国など）の侵入がイタリアの政治組織の脆弱さを露呈させ、人間とその可能性にたいする信頼を失っていく。カルダーノ、テレージオの生きた時期とも重なる。カルダーノ『自伝』には悲惨な戦争の実態を描いた章もある。

しかし、それにもめげずに、傑作が世に出る。半島内の都市国家、君主国でも、アルプス以北の地域でも、一五〇〇年の最初の四〇年までに、おおよそが出そろう。

一五〇八年　カスティリオーネ『宮廷人』
一五一一年頃　エラスムス『痴愚神礼賛』
一五一三年　マキァヴェリ『君主論』
一五一六年　モア『ユートピア』
一五一七年　ルター『九十五カ条の論題』
一五二二年　マゼランの世界周航（一五一九―二二年）
一五三一年　アグリッパ『隠微哲学』
一五三五年　タルターリア、三次方程式の解法を発見
一五三六年　パラケルスス『大外科学』
一五三八年　フラカストロ『同心球あるいは星座について』（天球実在論の提示）

ざっと挙げてみたが、じつに多彩である。このあと四〇年代にコペルニクスたちが登場する。ルネサンス文化の中心はローマに移ったと言われる時期だが、そういうことでもないと思える。

4　人文主義と市民生活

生活の二極化

ルネサンス思想・哲学研究の泰斗であるP・O・クリステラー教授は、人文主義のルネサンス文化への、わけても哲学面での影響を次の四点にまとめている。

(1) 人間、および人間の尊厳、宇宙での人間の特権的地位が強調されたことで、代表的人物としてはペトラルカやマネッティがいる。

(2) 個人の感情、意見、経験、および環境の具体的特異性を表現し、そうしたものを具現化するに値するとみなした。具体的には肖像画、伝記（自伝）、叙事文学がある。

(3) 文体や文芸形式の典雅さ、適切さ、および明晰さを尊び嗜好する傾向の強化がルネサンス期の科学者や哲学者の文体にみられる。

(4) 古代学問への復興の誘因となるのだが、特定の古代思想家や学派の哲学学説を復興したり、表現したりしようとする努力が繰り返された。いわば人文主義者のお気に入りの標語《スローガン》である。

以上の四点はそれぞれ、ルネサンス文化の特徴をも言い当てていて首肯せざるを得ない。とりわけ二番目の個人を中心とした表現の問題は、ブルクハルトによって巧妙に、「個人主義」の名をもってまとめ上げられている。

肖像画、伝記（自伝）などは自分をみつめる作業であり、そこには自己形成の背景となっている、当の人物の生まれ育った環境や生活の営みがおのずと反映されてくるはずである。肖像画や伝記にその人物の人格や生活の実態が透けてみえるわけだ。

ブルクハルトはこれを、「イタリア人だけは多彩きわまる外面生活と並べて、自身の内面を感動的に描写する」と述べている。外面のみならず内面も、この場合、すべて生活の実質から浮き出てくるものであり、イタリア人は他のヨーロッパ人よりも、営みとしての生活を、外からも内からもじっくりと眺めたことを示唆している。

「生活」とは定義しにくい言葉だが、いまここでは「人が生きていくその生き方の総体」という定義を与えてみたい。

ところで、ルネサンス期で「生活」を考える場合、普通、次のような二極で捉えることが多い。つまり、行動的生活と瞑想的生活の二つだ。

行動的生活は、一四世紀半ば頃から一五世紀初頭にかけてのフィレンツェ人文主義の英雄時代に、コルッチョ・サルターティ、レオナルド・ブルーニに代表される、共和政ローマの讃美、フィレンツェの自由の高吟、古典研究への情熱、市民生活への熱情を基調とする、市民的人文主義の時代の活動的（政治的）な市民生活を指す。

この時期は対外的にはミラノからの脅威があったことはすでに述べた。フィレンツェ市民が愛国心に燃えたことが、政治行動を重視する市民的人文主義を高めた一因であるとも言えよう。それは上昇気運にある意気軒昂な市民階級に支えられた思潮であり、社会への参加の文化であり、人間と世界の発見者たる自己実現的人間像を確立しようとした――この自己実現、自己形成という観点からも、伝記、自伝が盛んになったことが理解できよう。

代表的人物であるフィレンツェ書記官長コルッチョ・サルターティの生活理念の一端を示しておこ

う。

彼は前述したように、行動を思索よりも優位にあると考え、意志を能動とし、知性を受動として捉え、行動的な知を瞑想的な知より高く評価している。このような知は日常生活の重視を導き、家族、親戚、友人を尊重する理論的関心を生み出した。営みとしての生活、それにともなう人間関係に視線を多大に注ぎ、理念的には知を、倫理、政治、経済の三つを含むものとみなして、生活と知が積極的に呼応するものと考えた。

一四三四年、コジモ・デ・メディチ（老コジモ）がフィレンツェを実質的に支配して、メディチ家の偽装君主国家が成立すると、前代に実質的に市政を担当していた書記官長の任務が、法令や通達などの文書を優雅なラテン語に移すだけとなって、人文主義がその実質的活力を奪われてしまう。思想的にはフィチーノの新プラトン主義が興って文人的人文主義が花開き、また大ロレンツォの宮廷文化もあって、生活は行動的（政治的）なものから瞑想的（消極的、非政治的）なものへと移行していく。

それは人智面での神的積極面の強調であり、神的啓示の意義を高唱するものである。中世的な知の繰り返しと等しく、新プラトン主義的な意味での純粋なる瞑想でもある。瞑想的生活はしたがって、政治的行動の面での無力化、人文主義者の書記化・教師化を招き、また生活の空虚化をもたらしている。

こうして時代の推移は考慮に入れるにしても、生活の二極化が生み出されてくるわけである。

融合

この行動と瞑想の二極化を融合した人物として、人文主義者マッテオ・パルミエーリを挙げよう。一四〇六年に生まれて七五年に死去した彼は、一五世紀のフィレンツェをほぼ生きた人物ということになる。彼の死に際して、次のような弔辞がアルマンニ・リヌッチーニより贈られた。

> マッテオ・パルミエーリは、全生涯を通じて自由七学芸の研究に精力を傾けながら、自分に称讃を、栄光《はえ》ある祖国に優位をもたらしうる種類の生活を選びました。哲学者の教えるところによりますと、幸福には二種類あるが、同様に生活にも二つの類型があります。そのうちのひとつは市民生活的活動のなかで展開されます。もう一方は諸活動から離れて、現実についての究極の認識に到達することがあまねく意図されています。パルミエーリはなべて賢明にも、二つのうちの間にあって中間の道を選び、フィレンツェ市民の間に幸運と徳性への大きな希望を、時をおかずに生み出しました。（傍点澤井）

生活の二つの類型とは行動的生活と瞑想的生活であり、パルミエーリが選んだとされる「中間の道」とは、どっちつかずの道ではなくて、両者が融合した道の意味だと考える。

彼は青年期と壮年期に、それぞれ俗語による作品を発表している。青年期のものは対話篇『市民生活論（*Della vita civile*）』であり、壮年期のそれは哲学的長詩『生命の国（*Citt à di vita*）』である。薬種問屋の家に生まれたパルミエーリは若くして父を失い、家計維持の任を負う。引用文中にもあったように、自由七学芸を勉強して教養人としての自己形成を行なう。青年期は市民的人文主義者の時代に相当し、二〇代中頃に書かれた『市民生活論』（一四三〇年―三二）もその影響下にあって、行動的生活を基調としている。

壮年期は文人的人文主義期に該当しており、フィチーノなどによる新プラトン主義の影響を強く受け、その感化で書かれた『生命の国』は宗教的・神学的関心が濃くて瞑想的である。

さて、ここで考えてみたいのは、パルミエーリが〈行動〉と〈瞑想〉の中間の道を、両者を融合する形で生きたとするならば、その契機となったものは何かということだ。それを『市民生活論』のなかに見出せないであろうか。

発見のための第一歩として、『市民生活論』の概要をみておこう。

著作の中心テーマは「最高に善良なる市民（ottimo cittadino）」の育成で、全体としては「善き市民の形成」を論じた教育論と、「善き市民としての生き方」を論じた社会道徳論の部分から成る。社会道徳とは、もっと平坦な言葉で言えば、より善い社会生活を営むための規範や方途のことだ。理念ばかりでなく生き方という実際面、有用性をも含めた著作なのである。

著作は四巻に分かれている。

第一巻　児童の年齢に応じた教育、人間形成の問題と「市民」の正しい生き方の問題。
第二巻　〈方正（onestà）〉の諸徳のうち、思慮、剛毅、節制を論ず。
第三巻　〈方正〉の諸徳のうち、正義（公正）を論ず。

第四巻〈有用性（utilità）〉を論ず。

パルミエーリにとって現世における最良の生活とは、「善き国家社会」の中で「善き市民」として生きることで、そのためには四種類の固有の徳性があると言う。

(1)　市民的徳性
(2)　浄罪的徳性
(3)　「すでに浄化された魂」に固有の徳性
(4)　「神の精神」のうちに見出せる完全な徳性

これら四つのうち、第二の徳性は、「神的なものの探究者たちに固有の徳性であり、このひとたちは、あらゆる肉体的穢れから自分を浄め、地上的なものを軽蔑し、ただ天上的なものの瞑想にのみ意を用いようとしている」。

……この第二の徳性によってひとびとは、神的なものの幸福の認識者となりますが、これらの徳性は、あらゆる公共の活動家から退いて独立のうちに生きる閑暇のひとたちにみられる徳性であり、このひとたちは、ただ自分自身の救いにのみ意を用い、他の方々との共同生活にはなんら役立ちません。このひとたちについては聖書に記されています。単なる聖性はただ自分ひとりに役立つにすぎません。……そこでいっそうよくおわかりでしょうが、孤独な生活は市民生活の下位にあり……。したがって、この地上でなされることのうち最も神の御心に適い嘉《よみ》されるのは、多くのひとびとが正義を絆としてひとつに結ばれあって生きる国家社会を正しく統べ治めることにほかなりません。ですから、都市の正しい統治者や祖国の護持者たちにたいして、神は天上に一定の場所を約束しておられるのであって、彼らはそこで聖者たちとともに永遠に祝福されて生きるのです。

以上のように、浄罪的徳性の性質を定義づけながらも、それによる孤独な生活を批判して、共同生活の優位を説いている。つまり、瞑想的生活よりも行動的（政治的）な市民生活の方が上位を占めることが神意の下で確定されている。

これは理想的人間を「善き市民」とし、理想的生活を「市民生活」としたパルミエーリならではの理念であるのは言うまでもない。

だが、行動的生活と瞑想的生活の融合の契機という観点からみた場合、最も注目に値するのは第四巻で論じられる〈有用性〉だと思われるが、どのようなものであろうか。

実質的な「市民生活」を称揚する結果、それを支える人間活動が積極的に評価される。これは飲む、食う、作るなどの生活の原質的な営みを指す部分であり、たとえ瞑想的生活を偏重する者でも、生きるために回避できない営みのはずだ。

有用性

有用性は数も多くてさまざまです。しかしなかでも、人間によって人間に与えられたものほど優れたものはありません。

このように述べてパルミエーリは、人間生活を豊かにする技術や産業、そして耕作、果実栽培を挙げる。この場合の人間生活では、行動的生活や瞑想的生活の両者に共通する、生きていくための実質的生活を指している。そして注目すべきことは、「人間によって人間に与えられる」のであって、「神によって」ではないことだ。人間中心の思想がうかがえる。

さらに医療、航海、冶金、木材加工、石掘、建築、飼育が挙げられており、「これらがなければ人間の生活は漂泊の状態となり、粗野で教養のない獣と同類」になるとし、「産業によって人間生活は飾りを得て磨かれます。都市を造り、法律を作り、市民生活を営むわけです」。「人間は、有用性と他の人間の援助によって育まれてきました」と結論づけている。

第四巻は、他の三巻が理念的であるのに対して、生活のなかに偏在する有用性の価値を説いていて性格を異にするが、この場合の有用性は、いま略述してきてわかるように、主に〈技術（手仕事）〉を指している。パルミエーリが手仕事や労働の意義をきちんと認識していることが理解されよう。〈有用性〉とは中世では政治用語であり、技術とか労働の意味では用いられていなかったが、ある時期に産業・経済面の術語に変化したと考えられる。

パルミエーリより一世代若いナポリの人文主義者ジョヴァンニ・ポンターノが、『堅忍論』で、仕事や労働への讃歌を謳っていることは第1章の「2」で触れた。神ならぬ人間の手によって造られた、人間の領域という新しい意識の顕現だ。

このような文章が際立つのは、その背景に時代の風潮として手仕事（技術）に関する軽視があってのことだと考えられる。「有用性と労働」の必然の結果として「徳性」が得られるという考えは、単に観想的な知的生活を行なっているだけでは真の徳性は身につかないことを物語っている。

パオロ・ロッシは、『哲学者と機械』で一六世紀という時代を次のように説明している。

この時代には、ヨーロッパ文化の最も進歩的な代表者すべてにおいて、文学もしくは修辞学を重視する教育の代わりに、技術的訓練や職業的養成を重視するような型に取って代えようとする傾向が存在した。

机上の学問から手による技への移行である。つまり職人や技術者の仕事のありように文化的意義のあることが改めて確認されたわけで、いわゆる教養人は有用性をもたらす根本たる技術の実践面にたいする昔ながらの軽視を棄てて、実用性を主軸とした技芸に注目していくことになる。

換言すれば、経験の重視、現実の観察、実践への着目が芽生えてきたことになろうか。やがてこの彼方に科学技術の光輪の一端がみえてくるに違いない。

接点

これまでパルミエーリの『市民生活論』を基調にして、そのなかから〈有用性〉の概念を引き出して行動的生活と瞑想的生活に含まれる、営みとしての生活という共通部分を考え、さらに二つの生活を結びつける契機となった有用性の意義を、理念と実践の結合との観点から考えてみた。

ところで、行動的生活や瞑想的生活を送ったのは〈人文主義者〉であり、技術を担ったのは〈職人〉である。この二つのタイプは対立の関係にあったが、その対置は「ある特定のひとたちにたいしては、またフィレンツェという環境にたいしては意味がない」とロッシは述べている。

フィレンツェ人レオナルド・ダ・ヴィンチにあって両者が結合しているからだと言う。それは職人を市民階級へと移行させることによって、彼らに社会的地位を与え、「社会的に上位の、宮廷や君主への〈奉仕〉に直結している文化のなかに吸収」してしまったからだと、ロッシは論を進めている。

確かにそうかもしれない。しかしここには技術や実験や観察を有用とみなす有用性尊重の意識が根深く介在しているように思われる。

有用性を価値ありとする思潮が先か、有用性がおのずと力を得てその存在意識を認めさせたのが先かは定かではない。

けれども有用性（技術‐手仕事）自体は古代や中世から連綿とつづいているのであり、それがルネサンス期に意識的に取り上げられたことはまちがいなく、その意味ではまさにルネサンスの有用性の位置は新展開をみせたと思われる。すなわち有用性に経済的効用の意味が新たに加わったのである。

仮に理念と実践のうち、理念面を科学とし、実践面を生活とした場合、この両者をつなぐのは技術だ。科学者の持つ科学の知のなかの有用な面と生活のなかの有用性が、それぞれ手を伸ばして握手する図を想い描いてほしい。有用性を契機として両者は結合しており、それは行動的生活と瞑想的生活の接点と同じ有用性なのである。

ルネサンス期では営みとしての生活にまできちんと目は向けられていて、生活世界の意識的構築が「人間によって人間に与えられるもの」（パルミエーリ）を軸として進行していくのである。

第2章　宗教改革

1　ルネサンスと宗教改革

「革命」か「改革」か

この二つの（文化）運動を比較検討するのは簡単そうにみえるが、そうそう容易に出来るものではない。

例えば、「ルネサンス＝revolution」、「宗教改革＝reform」と解釈するとわかりやすいときがある。孟子の思想に「易姓革命」がある。「民を尊《とうと》しとなし、社稷《しゃしょく》はこれに次ぐ。君を軽しとなす。この故に丘民（山野の人民）に得られて天子となる」で、文意は、君主が人民に奉仕しないときにはそれを斃《たお》して取り替えよ、である。ルネサンスに置き換えてみれば、「君主」が「来世肯定・聖的なものの尊重」、「人民」が「現世肯定・世俗的なるものの尊崇」を暗に指すだろう。前者がひっくり返ったのが後者の出現となる。これは、ボッカッチョ著『デカメロン』第一日目第一話のペストがもたらした地獄絵巻を活写した、その理由を考えてみれば一目瞭然だ。

ボッカッチョはこの凄惨な描写で、魂ではなく肉体のむごたらしい死を描いて、これまでの「死＝至福」という概念を無効とした（転倒させた）。ひとびとの視線を悲惨な現実に向けさせ、その惨憺たる有様を礎にして、これから執筆していく、そのモチーフの宣言だと捉えるべきだと訴えている。そう解釈すべきなのだ。

これは天地間の「革命」だ。「精神の死」から「肉体の死」への画期的な展開である。

他方、「宗教改革」は、たとえルネサンスの屋台骨として隠然と存在したキリスト教であっても、一六世紀初頭からの一宗派内の出来事で、あくまで「改革・刷新運動」にすぎない。この解釈はルネサンスを包括的な運動とみなし、宗教改革をその部分現象とみる、ルネサンス優越史観となる。優劣のつく史観はあまり芳しくないが、ルターの宗教改革（一五一七年）を宗教改革の発端とみた場合、この論は説得力を持つ。

しかし、ルター以前の、フス（一三六九頃－一四一五）、プラハのヒエロニムス（一三六〇－一四一六）、サヴォナローラも宗教改革者で、それもすべて処刑された面々に鑑みればルネサンス文化現象の顕現以前に、宗教改革者が存在していたことになる。長い歴史を持つ運動と言えよう。

ルネサンス優越史観――いかがなものかと戸惑う。

ディルタイの見解

ディルタイ（一八三三－一九一一）はドイツの哲学者で、「生の哲学」を主唱した人物だ。このひとの本に、『ルネサンスと宗教改革』がある。目配りの効いた書で、宗教改革にいたるドイツの政治・経済の背景から論をすすめており、社会状態が見分できて好ましい。

例えば、ドイツがアルプス以南のイタリアより何にあっても遅れていたけれども、アルプスを越え、商業道路が開発されてイタリア人が山道を通過してドイツにやってきて、さらに北海やバルト海まで足を延ばしたこと。そのおかげでドイツの諸都市が興隆したこと。チェコとの国境地帯のエルツ山脈やゲッティンゲンの北東のハルツ山脈から豊かな貴金属（主に、銀）が発掘されて、一六世紀の初めの二〇年代の、宗教改革の起きる頃には豊かになっていたこと。

マキャヴェリの報告にあるように、ドイツ人は家や衣服や家具に贅沢をせず、パンと肉をたくさん手にすれば、部屋が暖かいかぎり不平は言わない、ということ。まだ中央集権化していないゲルマン民族の裡に精神的な主義主張の中軸地が多数存在しており、イタリアとの関係が密になるにしたがって、人文主義の著作が次々と舞い込んでくる。ドイツ人もイタリアへ学問の修得のために留学していった。『ヘブライ語入門』を遺したヨハン・ロイヒリン（一四五五―一五二二）、ルターの後継者となる人文主義者フィリップ・メランヒトン（一四九七―一五六〇）などがおり、エネア・シルヴィオ・ピッコローミニ（後の教皇ピウス二世）がイタリアからドイツに赴いたことはすでに述べている。

発展途上国のドイツだったが、全領土がなべてローマを核とする教会権勢の網のなかで、歴然たる教会的概念に支配されていた。自然観も興味深い――自然の作用とは、自然探求者（自然魔術師）にとって、結句、自然の精神的力の働きから成立している。魔術的力の働きを自然哲学者が容認した、と。そして、こういう世界理解の暗部として悪魔信仰や魔女信仰が、それに対応している。悪魔学のテキストとも称される『魔女に与える槌《つい》』は一五世紀末に二人のドイツ人ドミニコ会士が執筆した悪書の誉れ高い書で、イタリアでは版を重ねることはなかったが、独仏ではよく売れた。

ディルタイが素描するルター像を読むと、ルターの教養形成に人文主義がかかわっていない気がしてくる。その真偽はそうだと断言できないが、次の一節に目を通してほしい。人文主義の影響の有無云々があながち嘘ではないことを実感するはずだ。

北方山地の鉱夫の子ルター、霧と雪と朦朧《もうろう》たる自然のなかに暮らした修道僧、芸術を解する心は片鱗だになく、学問にさほど強い要求も持たず、みずからを囲む一切の高きものの不可視性、高き諸力や力の関係の非形象性のほかには何も知らぬ修道僧。こうした彼がはじめて、宗教過程を教義的思惟の形象性と教会の統治的外面性からすっかり解放したのである。

生活こそ、彼にとって第一のものである。彼には、われわれの目にみえないものにたいする関係についてのすべての知識は生活に、即ち生活のうちで与えられた道徳的＝宗教的経験に由来し、つねにこれに結びつけられている。そしてこのようにして、理性的動物〔人間〕を世界理性に結合する宇宙の知的な紐帯《じゅうたい》は、道徳的連関の背後に退く。（傍点ディルタイ）

右の引用文を読むと、ルターの人格形成の時期に最もたいせつなものだったのは、「不可視なるもの」、「学問でもある人文主義（的教育）でもなく」、「宗教」こそが糧となったと推定し得る。新興宗教の熱烈な信者のようなこうしたルターだからこそ、純粋かつ愚直な人間と等しく、怖いもの知らずに、「宗教過程を……教会の統治的外面性からすっかり解放」できたに違いない。単純こそ最良《シンプル・イズ・ベスト》なのだ。

エラスムス

北方人文主義者の王者であるロッテルダムのエラスムスは、生涯出会ったことのないフィレンツェ共和国第二書記官長のニッコロ・マキァヴェリと同年の生まれだ（一四六九年）。二人に共通している面は、エラスムスが人文主義とローマ教会浄化の二つのあいだで、ある時期から進退きわまったこと。マキァヴェリは共和制維持の論考『ディスコルシ（ローマ史論）』の執筆を中断して、祖国にもどってきて政権を奪取したメディチ家への就職論文として理想的な君主（制）を議論した『君主論』を急遽執筆してメディチ家に献呈したことで、共和制の主張と就活のための『君主論』のあいだを揺れたことだ。つまり、『ディスコルシ』の執筆を途中で止めて『君主論』に取り掛かっているわけだ。二人とも志操堅固でないと言えばそれまでだが、人文主義者（学者）も官僚もいまと変わらず、権力にこびている。

エラスムスの評価は研究者によってさまざまだ。一六世紀のヴォルテール（一六九四—一七七八）のように称揚するひともいれば、それに反して、書簡や対話文や論文といった各種の形式で自己の意見を発信した、その身の敏捷さから当代一流のジャーナリストと批判するひともいる。あるいは、主著『痴愚神礼賛』の執筆の有様（トーマス・モアの屋敷で、えい、やっと、一気に書き上げた）を持ち出して、即興詩人だと結論づける者もいる。さまざまな顔をもっていて百面相的人物と称されてもいる。

エラスムスはこの自由闊達な身のこなしを武器に、ヴォルテールよろしく、宗教的には寛容の立場に立ち、時代の真の課題である真摯なキリスト教の再生をその批判的作業の核に据え、純粋に福音を認識しようと努めた。そして腐敗した教会の浄化を希求した。ルターとの論争では自由意志を擁護した（ルターは、救いにかんして人間に自由意志はなく、神の恩寵によるしかないとして、奴隷意志を主張した）。

彼の代表作は『痴愚神礼賛』で、一五一一年刊行。一六世紀中に五八版を重ねたベストセラー作品で、あらゆる職業者――主に聖職者――の生活の露悪をユーモアをまじえてあばきだしている。エラスムスがヴォルテールに例えられるのは、宗教的寛容を全面的にかばって守ったからだろう。その意味では宗教改革者で、「エラスムスが産んだ卵をルターが孵《かえ》した」と言われるほどだ。彼は「言葉」を武器に敢然として宗教改革を遂行した。そうした観点からは、先述したごとくジャーナリストの面を持ち、換言すれば、大文筆家と言えよう。ルターの立場からすれば、エラスムスは「顧問」的存在と考える。

だが、ルターが宗教改革を実行したとき、彼は自分の立ち位置がみえなくなった。教会の浄化を唱えていながら、人文主義的教皇でメディチ家出身のレオ一〇世（在位一五一三―二一）の庇護下にあったからだ（この視点からでは教皇の「知恵袋」と言えようか。レオ一〇世はエラスムスを迫害しなかった）。エラスムスにしてみれば教会の腐敗がなくなればそれでいいのであって、教皇の上に聖書を位置づけるルターの過激な説など受け容れがたかった。エラスムスは「書斎派」であって、ルターのような「闘士」であり得なかった。エラスムスの武器は言葉であることはすでに述べた。その点、彼は宗教改革者ではなく「教会改革者」といったほうが当を得ているかもしれない。

ただエラスムスが胸に温めていた思いは、ガレンによると次の四点にまとまると言う。第一点は、フィチーノが唱えていた「敬虔の哲学」の流布を切望したこと。第二は、ロレンツォ・ヴァッラに匹敵する批判精神が根づくこと。第三は、聖書に立ち還って普遍的兄弟愛に満ちた高潔な天職を身につけさせる真実のキリスト教を懇望していること。最後は、ローマ教会の乱脈と腐敗を難詰し、モラルの刷新を効果的に実践する手段を渇望すること。

トレルチ

ディルタイよりおよそ三〇年遅くうまれたトレルチ（一八六五—一九二三）は、哲学者ではなくプロテスタントの神学者だ。『ルネサンスと宗教改革』のなかには先輩であるディルタイへの言及もある。

中世とは、ディルタイによれば、神学的形而上学が生の諸領域におよんだ時代なのであり、ルネサンスと宗教改革とは彼にとって、この神学的形而上学というものを個人主義的主観主義によって解体し、本来の自己に自主的に復帰することを意味している。

「本来の自己に自主的に復帰すること」の意義は大きい。自己をみつめて本来の自己を取り戻す意味であり、まさに「再生」の内実を謳っている。また、「中世」を「神学的形而上学」という枠内であるが、「生」の諸領域にまで浸透した時代としているのは、当時としては卓見だ。

トレルチは神学者よろしく宗教改革をルネサンスより優位にみなそうと論陣を張っている。その最も核となる部分を要約してみよう――ルネサンスの新規な関心の方向は、新たな国家・社会・国家組織の想像ではなく、権勢や利欲を自在に操れる力量によって一切の既成権力や諸機関を利用するのみなのだ。したがってルネサンスからは、革命・暴力・冒険の類は生まれるが、本来的に新しい社会秩序は生起しない。ルネサンスは、結局、生成しつつある絶対主義国家（例えばフランス王国）建国を理論的に助勢し、その王権と宮廷の後光となった。ルネサンスは再建されたカトリック教会と抱き合い、反（対抗）宗教改革（再生カトリック）の文化として、その世界史的影響をあらゆるものに注いだ――と難詰している。

トレルチにかかると、ルネサンスも立つ瀬がないが、それはトレルチの念頭に「啓蒙主義」があるからだ。従来からの、ルネサンスと啓蒙主義を峻別しない安易な共通項を見出す方途はとらずに、啓蒙主義をルネサンスと宗教改革との歴史的妥協（融合）とみなすことで、啓蒙主義をルネサンスから質的に分離させている。ルネサンスと宗教改革は啓蒙主義成立までのおおいなる過渡期としている。つまり、中世的「禁欲」が「解体」したのがルネサンス文化で、万能人（教養人＝無職＝権力への寄生虫）の出現をうながしている。他方、「禁欲」が「強化」した場合に生まれたのが職業人、というわけだ。それゆえ宗教改革は、中世から近代への過渡的現象であるとみなしている。

宗教の復興（再生）

現代の宗教改革研究者の数は多いが、なかでもローランド・ベイントン（一八九四–一九八四）、アリスター・マクグラス（一九五三ー）が際立って良質な仕事をしている。一般向けながらベイントンの『宗教改革史』（出村彰訳、新教出版社）は、読み応えがある。

小見出しに掲げたのは、当該書の長い「序論」のなかでひときわ目を惹く文言で、全体は「宗教改革は何よりもまず宗教の復興（再生）だった」とある。これはルネサンスの定義の際に用いる「ルネサンスは何よりもまず古典古代の再生（復興）だった」に酷似する。宗教改革とルネサンスを「再生（復興）」という枠で対等に捉えている。これはともに、「始原への回帰」をも視野に入れた提示にほかならない。その具体例として彼は『三つの指環の物語』を持ち出してくる。宗教的寛容を訴えた説話で、『イル・ノッヴェリーノ』（第七三話）にも『デカメロン』（第一日目第三話）にも取り挙げられている著名な例え話だ。

「三つの指環」とはユダヤ教、キリスト教、イスラームの三兄弟を指していて、それぞれが父親から同じ質の指環を分け与えてもらい、三つの宗教が平等だということを読者に訴えかけている（拙著『ルネサンス再入門　複数形の文化』平凡社新書に詳述）。『イル・ノッヴェリーノ』と『デカメロン』で対等を認めるまでの経緯にも目を配ると、いまだイスラームが登場しない頃（ユダヤ教とキリスト教）の小話も出てきて興味深い。

『デカメロン』にいたるまで話柄は紆余曲折しており、それなりに考えさせるものがあるが、当時のひとたちが新たな信仰心を抱いて、三宗教に優劣をつけずにいたのは、ベイントンが述べる、「宗教改革は宗教の復興（再生）だ」という名句にふさわしい事例になるだろう。三つの宗教の淵源はいずれも同一で三宗教は兄弟宗教だからだ。始原に立ち還れば対立は霧散するというものだ。

これに続けてベイントンは、宗教改革が「キリスト教世界」の構造を完膚なきまでに破壊してしまったと述べている。一つの信仰と一つの洗礼に拠って、ローマを頂点とする一つの教会に忠節を誓う、という精神構造が瓦解したわけだ。これらは、ギリシア正教やロシア正教、それにイスラームのオスマン帝国から、ローマ・カトリックを区別する特徴だった。この点、宗教改革は「中世カトリシズムの解体者の役」を担ったことになる。

次に掲げるのは、宗教改革がキリスト教世界を再生させる力になった、という旨だ。

世俗化はルネサンス文化の要となる運動だが、カトリック世界もすっかり世俗化してしまった。教皇アレクサンデル六世（在位一四九二–一五〇三）は、あろうことか三人の子供を儲け、その次男のチェーザレ・ボルジア（一四七五–一五〇七）は、教皇の権威を笠に着て教皇軍を率い、乱れた教皇領の「整地」にかかった。また世俗の都市国家や王国と組んで「神聖同盟」の名で軍事行動に参画する教皇も現われる始末だ。結果として宗教改革のせいで、宗教それじたいが政治の中心になってしまった。

一六世紀の宗教改革者は、自分たちを革新者とはみなしていなかった。信じられないことだが、宗教改革者を追放したローマ教会を、逆に革新者として難詰した人物もいたくらいなのだから。ルターの努力はすべて、救済と信仰の根源である聖書への回帰へと向けられた。

さらにベイントンは、ヘブライズム（キリスト教の精神――神の啓示による正義と愛を尊重）と、ヘレニズム（ギリシア精神――人間中心）を論《あげつら》う。

ルネサンス人文主義はヘレニズムの文化で、キリスト教的人文主義でキリスト教との融和がなされることになるが、キリスト教徒がヘレニズムの文化の洗礼を受けたことに間違いはない。宗教を自己形成の糧としたルターは、多神教的で円環的な知で構成されているヘレニズムの知を、人文主義者から洗い流そうと努めた。純正なヘブライズムにもどそうとしたわけだ。極論すれば、ルターは人文主義を嫌ったことになろうか。

ヘブライズムとヘレニズムの文化は西欧の二大思潮であるので、そのせめぎ合いもひとつのテーマになり得るだろう。例えば、「魔術」という言葉、決してよい印象は与えない。この翻訳語を造ったひとはおそらくキリスト教徒で「魔術」を、そう名づけるまえにヘレニズムの知であることを知っていたに違いない。反キリスト教のこの思想に「魔」の字を持つ単語を当てて、キリスト教の立場から指弾した。確信犯的仕業だと思うのだが、いかがであろう。ヘブライの知に好意的な人物が訳語を造ったのなら、「魔術」などとはすまい。「自然学」くらいが適訳ではなかろうか。

2　宗教改革の闘士たち

メディチ家出身の二人の教皇づきの高官の発言

宗教改革を論ずるとき、これから引用する人物の悲嘆にくれた、かつ、きわめて客観的な文章ほど著名な文面はない。教皇レオ一〇世とクレメンス七世（在位一五二三−三四）の許で高い地位にあった、歴史家でマキァヴェリの友人でもあった。その要路の高官の名はフランチェスコ・グィッチャルディーニ（一四八三−一五四〇）と言う。著書に『備忘録』があり、当時のローマ教会の悪しき環境を縷々記している。

私ほど、坊主の野心、貪欲、堕落を苦々しく思っている者はあるまい。実際、これらの悪徳はそれじたい忌むべきものであるし、また同時に、これらの悪徳のひとつひとつが、また全部が、神に帰依する生活を旨とする聖職者には、まったくふさわしくないものだからである。……にもかかわらず、私はいくたりかの教皇に仕えてきたという境遇にあったために、自分自身の利益につられて、奴らの力を伸ばしていくことに心ならずも同意しなくてはならなかったのである。このことさえなかったら、私は自分自身よりもマルティン・ルターを愛していたことだろう。私がこんなことを言うのは、私が一般に解釈され、また理解されているようなキリスト教信仰に基づく掟を破ってしまったというのではなく、これら悪漢の集団を適当に適当な囲いのなかに閉じ込めるのをみたいからにほかならない。すなわち奴らの悪徳や権威が断罪されるのをみたいだけのことなのである。

手厳しい批判だ。ローマ教会と聖職者たちがイタリア人から宗教心を奪い、邪悪な人間にさせたと論難している。これを政治面からみると、イタリアの変化が教会責任如何の問題につながっていく、と付言している。

彼は、キリスト教という宗教とローマ教会を、つまり宗教感情や道徳的危機と、乱脈な教会運営とを、明確に区別している。

それでは引用文に出てきたルターから話をはじめよう。

あらたかな「贖宥状（免罪符）」

ルターについては「ディルタイ」の項でその素描を引用している。総じて根暗に映ったかもしれないが、とても陽気な人柄で、大食漢で、四〇代初めに結婚して六人の子を儲けている。たいへん子煩悩だったようだ。だが生活意識が低く、生活費に事欠くことも頻繁で、野菜の区別もままならなかったらしい。奥方はやりくりに手を焼いたようだ。徹底した「書斎人」だったに違いない。なにせ「神学博士」の称号の持ち主だったから。さらによく手紙を書くひとで、書簡だけで一二巻におよんでいる。ヴィッテンベルク大学教授であると同時に、ヴィッテンベルク市教会の説教者でもあり、多忙な教会的活動者でもあった。

　この「書斎派」が宗教改革の「闘士」となっていくのだから世のなかはわからないものだ。『九十五箇条の論題』（一五一七年一〇月三一日）を、ヴィッテンベルク城の教会の扉に貼り出したことがきっかけで、宗教改革が始まったとふつう言われている。こうした暴挙に出た理由は、教皇レオ一〇世がユリウス二世（在位一五〇三―一三年）が蓄えてくれていた、ヴァティカンの金庫を空っぽにしてしまったからだ。出自がメディチ家であるこの教皇は、青年期を一五世紀のフィレンツェ・ルネサンスの黄金期をみて育ち、教養も深く、学芸尊重で、実父である大ロレンツォより、「度量や奥ゆかしさ、それに寛大さ」の点では父をしのぐとさえ噂《うわさ》された。レオ一〇世は惜しみなく「金庫」の金を芸術や趣味に使っていった。そしてついに一金貨もないところまでにきてしまう。

　そうなったときの弥《び》縫策《ほうさく》を教皇は準備していた。それはとてもあらたかな「買い物」で、キリスト教信者にとっては（天国ではなく、地獄と天国の中間に位置する）煉獄への「お賽銭」のように位置づけられていた。この「贖宥状」を購入すると、この尊い「お札」が効果を発して、本当は罪の償いに煉獄の炎で浄化されねばならないひとびとも、それをすっとばして、天国への直行を可能にする「通行税」の役目を果たす。売り上げはヴァティカンの金庫に次々と収められていく。

カトリックの歴史家パストールは贖宥状の発行を批判して、「金銭を寄付するだけで罪を浄めるのに充分で、告白や懺悔の必要もない。ドメニコ会の修道士ヨハン・テッツェル〔一四六五―一五一九〕は、こんな妄想をまるで正しいキリスト教の教義のように公言していた。贖宥状がどんな罪にも有効だと言いふらしていたことは、当時の一般に流布されていた話から明らかだ」と述べている。

このような腐敗の極みの教会・教皇にたいして『九十五箇条の論題』の概要はこうだ――キリストは信徒の全生涯が悔改めであることを望んだ。しかし贖宥状を簡単に発行すれば、罪にたいする恐れが減り、真剣さを欠く懺悔が起こるだろう。教皇の出来ることといったら、自己の判断と教会法が課した罰を赦すことだけである。イエスが万人の罪を負うて十字架にかけられたおかげで、キリスト教徒なら誰でも、教皇の斡旋がなくとも救済の恩を受けることが可能だ。贖宥状を販売する説教師たちは、教皇の真意を理解していない。だが、そうした説教師たちにいつまでも贖宥状のいい加減な販売を任せておくと、教皇の信用に傷がつくことになるだろう――。

前にも述べたが、ルターの人間形成の営養は「宗教」であって「人文主義」ではない。彼は聖書のドイツ語訳という偉業を成しとげて、ダンテの『神曲〈神聖喜劇〉』のイタリア語がそうであったように、俗語（母国語）の成立に貢献している。これは当時まだ、「領邦単位の国家で民族単位の国家」でなかったドイツにとっては大きな贈り物となった。

ルターは宗教人である。

その刷新・批判の矛先は、「中世カトリック教会のさまざまな悪弊ではなく、福音の誤用としてのカトリシズムそのものだった。ルターは、それまで他のひとびとの見逃していた点、すなわち論争の中心点が人間と神とに関する見解の相違にあることにエラスムスが気づいた、と言って敬意を表わしさえした」（ベイントン）。

教皇を異端者と宣言したルター（ドイツ人）

エラスムスの前述の見解はフィレンツェの、フィチーノを中心としたプラトン・アカデミーの考察対象である、神と人間との関係の考察と重なる面もある。即ち、神と人間のどちらに比重を置くか、という点が味噌だ。ルターは異端者とされたウィクリフやフスの「予定説」を採用する。救われる人間はあらかじめ救いに選ばれているという考え方で、これは神の絶対性を説いている。神の存在や神性、その尊厳や認識が先験的にあって、人間は、神にたいして第一義的意義は持ち得ない、というのがルターの所見だ。これまでのカトリック教会はこの逆の路線をたどってきたと半畳を入れている。

キリスト教徒がみずからをキリスト教徒と捉える契機となるものは、祈りでも善行でもなく、キリストへの「信仰」であり、キリストのみがこれを与え得る。したがって、人間すべては「予定説」の下にあって、何びとたりとも神の決定（予定）を変えることは出来ない。

当時、ルターは破門状態（一五一九年から）にあったが、レオ一〇世を諌める書簡を送っている。

あなた様を半神とあがめ、希望はすべて叶う、と言って近寄ってくる者たちは、聖下を迷妄の道に誘う魔女でしょうと。

各地で論戦が勃発して停戦はもう不可能となった。冷戦が熱戦に一変して、燎原の火のごとく広まったが、時の神聖ローマ皇帝カール五世（在位一五一九–五六）は、鎮圧できずにいた。オスマン・トルコの西進が止まず、一五二九年にはついにウィーンまでが攻囲され、西欧世界を守るのに必死で、ルターたちの抵抗に打つ手がなかったからだ。

ルターは神の下《した》に聖書を置き、聖書こそが最高の権威で、教皇といえどもその上に位置づけることは出来ないとした。

ルターたち――「教皇庁の指導性に対抗して『反抗しているひとたち（プロテスタント）』」――の判断は、教皇の支配下にあるかぎり、「救い」は望めないと言う結論だ。ルターは破門の勅書を大学の同僚や学生の集まるまえで焼き棄てた。

ここに、修道士ルターが教皇を異端者と宣言することとなった。

ルターとモンテーニュ

フランス人モンテーニュ（一五三三–九二）は『エセー』で著名で、とくに宗教戦争（ユグノー戦争［一五六二–九八］）。ユグノーとは一六世紀半ばからフランスに広まったカルヴァン派の新教徒のこと）の最中に生きた人物だが、その人間観察は人間の本質を見抜き、温和でかつ懐疑的な視線を投げかけている。モンテーニュの発言は、「信仰は私たち次第だと考えるべきではない」とか、「私たちの努力と理論は、かくも超自然的で崇高な知識まで到達し得るなどと考えたりしないように」とあって、ルター派のごとしなのだが、信仰への道として「懐疑論」を主唱することで、ルターとは意見を異にしている。ルターより年下ではあるが、「神」にかんする所見はこうだ（「レーモン・スポンの弁明」）。

人間の考え出した学説のなかでこれほど真実らしさと有用さを持つものはない。この学説は、人間を、赤裸々で空虚なもの、おのれの弱さを認め、天上からの何らかの外来の力を受けるにふさわしいもの、人間的な知恵を去ってそれだけ神の叡智を宿すに適切なもの、自分の判断を棄てていっそう多く信仰に席を譲ろうとするもの、不信心でもなく、一般の慣習に反するどんな説も立てず、謙虚で、従順で、素直で、熱心なもの、異端を徹底的に憎むもの、したがって、誤った宗派によって持ち込まれたむなしい、不敬な教説に煩わされないもの、として描いている。これこそ神の指の思し召しのままにどんな形でも刻み込まれようと待っている白紙である。私たちは神におすがりしてお任せすればするほど、自分を棄てれば棄てるほど、それだけ立派になる。

ここにモンテーニュが記している「人間を、……、として描いている」の内実はルターの「予定説」と一線を画している。個人の内面性を重視した教説で、イエズス会でも重んぜられ今日にいたっていると言う。日々、自己反省が続くわけだ。

スイスのドイツ語圏——ツヴィングリ（スイス人）

スイスと言うと地図でも明らかなように茶系統の色に塗られた山岳地帯がその領土である（そのな

かに多数の湖水がうかがえる）。ドイツ語圏、フランス語圏、イタリア語圏の三地方にわかれていて、連邦制をとっている。だが、ここまでいたるにはそれなりの歴史があって、それは分裂していた諸州が、「外圧」にたいして団結する機会が二、三回あったことによる。

分裂半島イタリアがオスマン帝国の侵攻を防ぐために「ローディの和」（一四五四年）を、五大都市国家が組んで「イタリアの平和」を得たことはすでに述べた。スイスも同じような過程を経て、独立国家として成立する。自国にさしたる産業がなかったので、各国の「傭兵」となって大活躍する。いつしかスイス傭兵は強いという名誉を得る。とりわけイタリアの諸国家で評判がよかった。

スイス連邦が事実上独立を果したのは、「シュワーベン戦争」でハプスブルク家に勝利した一四九九年のことだ。傭兵での活躍は続いたが、一五一五年の、イタリア・ミラノ近郊の「マリニャーノ（現・メルニャノ）の戦い」（一五一五年九月一三―一四日）での敗北以後、スイスは戦争の無益さを痛感して、傭兵も出さない方針を立てて、「文化」立国を目指すにいたる。軍服をぬいで職人や商人へと身を変え、いまのスイスの原型である、西欧随一の秩序立った国家へと生まれ変わる（但し、ご存知だとは思うが、ヴァティカンの近衛兵はいまでもスイス人である）。

その文化の骨組みとなったのが「人文主義」だった。バーゼル、チューリヒ、ジュネーヴ（当時はまだフランス領）がその中核地となった。これは宗教的に何を意味するか――イタリアの聖職者と同様、乱脈で腐敗した、道徳的とはまちがっても言えない頽廃状態を示唆する。

時の教皇は、軍人教皇と異名を取ったイタリア人のユリウス二世（在位一五〇三―一三）だ。彼は、イタリア半島から他国を追い出そうと権謀術数を繰り返したルネサンス教皇の代表格だ（他方で、学芸の振興にも寄与し、サン・ピエトロ大聖堂の改築も推進して、ローマをルネサンスの中心地としている)。教皇は征服事業のための軍隊をジュネーヴに求め、その見返りに、市政府に聖職者の監督権を与えてしまう。

この段階(一五一〇)で、ウルリヒ・ツヴィングリ(一四八四―一五三一)は、二六歳。人文主義教育を受け、古典古代の作品に親しみ、ピコやエラスムスとの書簡のやりとりも活発に行なっていた。ギリシア語も修得している。典型的な人文主義的聖職者(神父)で、それゆえに女癖が悪かった。

ツヴィングリは従軍司祭としてジュネーヴ軍に志願している。

彼は初めて戦場の悲惨さを目にする。帰国後、戦争の凄惨さを説教して、スイス人傭兵を差し出す無益さを熱を込めて論難し、人文主義者から愛国主義者へと変身する。その愛国主義から宗教改革運動への道が、すでに整地されていたのは一目瞭然だった。

一五一八年、チューリヒ大聖堂の有給司祭に任命される。そこでの新約聖書に基づいた説教と講話は民衆に絶大な反響を呼び起こした。カトリックの教義と実践にたいする真正面からの弾劾を打ったのだ。「チューリヒ宗教革命」(一五二二―二五)の礎となるにいたる。

ツヴィングリの改革はルターのそれと時をほぼ同じくしており、改革の仔細も酷似している――キリスト者にとっての唯一の導き手は教皇ではなく聖書であり、贖宥状の販売も穢れた商売だという見解だ。二人の相違点は、教義でなくその人柄に見出せよう。

ツヴィングリにはルターの情熱的神秘性も、カルヴァンの十字軍的峻厳さも見受けられない。彼はあくまでラテン文化を身につけた、理性的で、節度と秩序を重視する人文主義者であり、これは終生消えることはなかった。

改革派教会の立場をとるツヴィングリはカトリックの教義の「化体説《かたい》（聖変化説）」、およびルターの「共在説」にたいして「象徴説」を主唱した。人文主義の影響を受けたツヴィングリは、聖餐《せいさん》論にあっても、パンとぶどう酒はいかなる意味においてもキリストの体および血ではなく記号にすぎないとした。

この説をめぐって、ルター派とツヴィングリ派は対立することになる。

化体《かたい》説（聖変化説）

化体説（聖変化説）とはローマ教会（カトリック）での聖餐《せいさん》にかんする教義。聖別されたパンとぶどう酒が、性質・属性はそのままに、実体においてキリストの肉と血に変化するとする説のこと。

ツヴィングリ派が難詰したのは、教会からの徴税、教皇の至高権、聖人崇敬だったが、聖職者の妻帯をルターと同じく認めた。ルターの教えを多く採り入れたが、「予定説」もそのなかに含まれているのは無論だ。救われるべき人数はルター派や後述するカルヴァン派より多かった。つまり、恩寵の予定者が多数いるということだ。またカトリックの教えの良い点は採用している。

人文主義を人格形成の糧としたこの人物は、神秘主義的な面から程遠い位置にいて、行動のひと、組織創りのひとだった。宗教改革のせいでスイス連邦は分裂状態で、カトリック諸州は、オーストリア大公と連合して、ツヴィングリ派を一掃しようとしたが、チューリヒは戦火を免れた（一五二九）。同じ一五二九年のこと、ツヴィングリは、オーストリア大公軍に対抗するために、ドイツ側と結託しようと、福音主義教会のルター派と改革教会のツヴィングリ派がマールブルクにて和解会議を開く。ドイツ側からはルター、メランヒトン、スイス側からは、ツヴィングリが出席した。ほとんどの条項は一致をみたが、ツヴィングリはルターの聖餐にかんする見解である「共在説」を拒絶した。ルターのそれは、キリストの体と血が聖体拝領のパンとぶどう酒のなかに、その下に、それとともに実在するという教えであった。

結果として、ルター派の教義のほうがカトリック的痕跡を留めることになった。ルター派にとってもツヴィングリ派にとっても双方が敵同士になって、プロテスタントの分裂を生んだ。カトリック側はここぞとばかりに、押し寄せてきた。ツヴィングリはもう「従軍司祭」ではなく、一兵卒として参戦した。味方軍千五百。敵軍八千。戦果はみえていた。プロテスタント側の敗北だ。ツヴィングリの屍は八つ裂きにされて火刑に処されたと言う。

以後、スイスの宗教改革の主流はカルヴァン派に移行していく。

ちなみに先取りするが、次項で言及するカルヴァンの聖餐観を「臨在説」と言う。聖餐のパンとぶどう酒じたいはパンそのもの、ぶどう酒そのものであり、何ものかに変わることはないが、キリストの霊的臨在がパンとぶどう酒に伴うとした。

スイスのフランス語圏——カルヴァン（フランス人）

スイスという国を改めて地図で眺めてみると、西端にジュネーヴ（近郊にレマン湖）、北端にバーゼル（近郊にヌーシャテル湖）、東側にチューリヒ（近郊にチューリヒ湖）、南端にカルダーノが何度も往き来したシンプロン峠、それにマッターホルンがある。首都ベルンは中心から西北に外れた内陸部に位置している。

ここで扱うのは最後の宗教改革者、ジャン・カルヴァン（一五〇九―六四）だ。

ルターとツヴィングリ、それにカルヴァンを比較してみると、ルターは「闘士」、ツヴィングリは「斬り込み隊長」、カルヴァンは「(急進的な)十字軍的戦士」と例えられよう。この分類が当を得ているかどうかわからないが、あながちまちがってはいないと思う。

カルヴァンもツヴィングリと同じく人文主義的教養を身につけている。カルヴァンの場合、ルターと違ってエラスムスを難詰しなかったが、終生ひとりの人文主義者として、その生を全うした。

カルヴァンが頭角を現わす時代（一五世紀半ば頃）になると、教義論争にうんざりしていたひとたちに、人文主義が歓迎された。

英国国教会の有力な神学者にリチャード・フッカー（一五五四―一六〇〇）という人物がいる。彼はカトリックと清教徒の中道路線に賛同する立ち位置で、主著『教会政治理法論』では、その名が示すように、神学ではなく教会運営での実務的諸問題に言及している。

フッカーは後述するカルヴァンの思想にも似て、神は人間の理解度を超えているので、キリスト教者は信仰に物事の判断の基準を求めよ、と記したそのあと、

人間の脆弱な頭脳にとって神の御業のなかをさまよい歩くことは危険である。たとえ人生を知り神の名に触れる歓びがあるにせよ、私たち人間の最善の知識でも実際の神とは違う神をみてい

ること、また神をわかりえないことを知るべきである。神について人間にとって最も危なげない言葉は告解の際、私たちが沈黙していることである。……神の栄光は説明できないし、神の偉大さは人間の能力や理解力を超えていることも知るべきである。

と述べており、カルヴァンの主張に酷似している。

ルターは「万人祭司」を唱えて、すべての信者が聖職者だとした。カルヴァンは牧師と教会の地位を信者のところまで引き下げた。二人に共通するのは、信者重視とともに、教会の世俗化である。ローマを訪問することが多かったモンテーニュは、人間など独力で神や世界（世俗社会）の双方を理解できるものではないと明言している。

カルヴァンの訴え

カルヴァンの出世作は『キリスト教綱要』（初版・ラテン語）で、出版とほぼ同時にベストセラーとなった。それで第三版はフランス語で書いた。カルヴァンのこの書への愛着は際立っていて、世を去るまで加筆・補筆を行ない浩瀚となった。

カルヴァンにいたって「予定説」は、峻厳な「二重予定説」として、その姿を明確に現わす。救われる人間はあらかじめ救いに選ばれており、そうでない人間は滅びに定められているというのである。一考すれば、この考えは合理的ではない。とは言え、誰が救われ誰が救われないかを神は知っている。つまり、救いが決定されていなくては理屈に合わないことになる。カルヴァンはそれを認めた上で、人間をこう叱責する。つまり、人間の理性など有限なものであり、過ちは、無限である神を、人間の限りある理性で把握しようとする点にある。だが、これは祈りと善行とが無駄であるという意味では絶対になくて、その二つで神の決断を変えることなど出来ないことを示唆している。祈りや善行は「義務」の遂行であって、救済されるかいなかはべつとして、その「義務」を果たさなくてはならない。

これはルターも賛意を示した、「ひとは善行ではなく信仰によってのみ救われる」(「パウロ書簡」)と同義である（これに反してカトリックは、善行によるひとの神にたいする義［正義］を重要と位置づける)。

カルヴァンはこうした論に基づいて、聖職者を「牧師」、「教師」、「長老」、「執事」の四段階に分類し、一五四一年九月、ジュネーヴにて宗教改革を起こして「神裁（権）政治」を挙行する（一五六四年まで)。

カルヴァンによれば、神に選ばれたわずかな選良に属しているという自尊心が、イギリスの「清教《ピューリ》徒《タン》（もともとはエリザベス一世の改革を批判し、国教会からカトリック的要素を排除し、カルヴァン主義の方向に純化しようとしたひとびと)」、オランダの「ゴイセン（物乞いたち)」、フランスの「ユグノー」、次世代に海をわたって新世界に向かう「ピルグリム・ファーザーズ」を輩出した。ルター派より厳格な教義を有するカルヴァン派はルター派を北ドイツ、スカンディナビア半島へと追いやった。

ここに悲観的だとみなされがちな「予定説」が信徒たちに積極的・行動的に作用して、新大陸での(西部への）開拓者精神《フロンティア・スピリット》、英国の産業革命、オランダの東洋進出を生むことになる。

マックス・ウェーバー（一八六四－一九二〇）の『プロテスタンティズムの倫理と資本主義の精神』にもあるが、このカルヴァンの後継者の主唱とともに、「富と権力が世俗の野心ではなくなり、道徳的義務、恩寵の開示、彼岸の保証となった」（モンタネッリ、ジェルヴァーゾ）。

しかしながらカルヴァンはジュネーヴを「神の都」に仕立てようと、市民に苦行を強いた。メディチ家のあとを継いだサヴォナローラの神権政治によく似ている。諧謔《ユーモア》精神もなく、陰気で、組織力に長けていたカルヴァンは、自分への批判をも一掃してしまうくらい豪気だったが、ジュネーヴ市民は不思議にもこれに耐えた。ファシスト的な面ものぞかせた希代の統率者だった。

三大原理

ルター、ツヴィングリ、カルヴァンの教えをまとめてみると、宗教改革には三つの原理があると思える。

「信仰のみ（信仰義認・内容原理）」、「聖書のみ（形式原理）」、「万人祭司」である。

これら三要素が釣り合いを保って続いていたら、たとえカトリックとの分裂はあったにせよ、両者、相和《あい》して歴史を刻んでいったであろう。だが、一七世紀になって、いわゆる宗教戦争（三十年戦争やユグノー戦争など）が頻発することになる。

第3章　人文主義と宗教改革

1　宗教改革以前のイタリア人の宗教性

一〇〇年の差

ルネサンス文化運動が、貨幣経済の発展した（特に、北）イタリア各都市で起こったとは何度か述べた。同時代（一五、一六世紀）、アルプス以北のフランスやドイツでは、イタリアの経済や文化から一〇〇年遅れていたと言われている。

ドイツなどのひとびとは素朴で、神の教えを第一義としていた。イタリアはその逆で、獲得した富を蓄積して開明的な文化運動を起こしたが、貨幣が世のなかを回るがために、貨幣への執着が強くなる。いちばんの金持ちであるローマ教皇・教会はじめ、各都市にはたくさんの銀行が成立した。信仰の面で一考するに、アルプス以北の真率な信仰姿勢を保っているひとたちとは裏腹に、イタリア人の宗教態度は、ドイツ人の質朴さの深さと同じくらいそれが浅かったのではないかと予見できる。

イタリア人の知識階級はほぼ人文主義者で、ヘレニズムの文化の洗礼を受けている。その文化を洗い落してヘブライズムの文化にもどすことがルターのひとつの目標だった。だが、「ルネサンス的教皇」と呼ばれる、実務に長け、金もうけに奔走し、身内第一主義を採り、学芸・趣味に多額の資金をつぎ込みヴァティカンの金庫を空っぽまでにした者もいた。アレクサンデル六世、ユリウス二世、レオ一〇世、クレメンス七世、パウルス三世たちは性懲りない聖下たちだ。こうした金満家の教皇の教会運営を、貧困であるがゆえに、アルプス以北の聖職者はじめ一般民衆が憎悪の対象としたのは驚くべきことではない。

宗教改革が単に教義上の問題から起こったものではないことは認識すべきである。このように金銭にどっぷりつかったイタリアから宗教改革者は出現しなかったのか、という問いかけが必然的に生まれる。生活が安定しているとき、精神も安寧であろうから、魂からの（信仰を旨とした）叫び、枯渇は起きないだろう。

モンタネリ、ジェルヴァーゾは、ここら辺のイタリア人の心性を活写している。

数世紀の間、イタリア人口のかなりの部分が、全欧のキリスト教徒からの「送金」で養われていた。カトリック教会は、いわば税務署のようなものであって、司祭たちを税吏として使い、「十分の一税」とお布施を各国から搾り取った。この金銭の川は聖庁の金庫に流れ込み、そこから全土にあふれ出した。この搾取による反乱が、北方諸国の人民の熱烈な共感を呼び、宗教改革の直接の引き金となったのである。唯一の受益者だったイタリア人が、宗教改革の果てに自分たちの福祉にたいする脅威をみたのもまた当然である。

この引用文がほんとうなら、アルプス以北のひとたちが、貧困ゆえに神への信仰を堅固にしていったのに頷けるのも前述のとおりだ。経済と信仰のバランスが崩れると、何かが起こる。それが宗教改革と言えよう。

イタリアの実情

ルターの宗教改革上の主義主張にたいして、文明国イタリアは当初、きっぱりとルターの姿勢を背教者とみている。だが、ほんの一部のひとたちはルターの刷新に共鳴して賛意を示している。ルターの反教皇主義にたいする賛否はさまざまに分かれたが、それがプラスの面では、神学や教義上で熱狂的な討論を引き起こした。

当時のイタリア人が信仰心に欠けていたことから神学的な無関心さを露呈するにおよび、伝統として遺《のこ》っていた反教皇庁主義派がルターに賛同を示してもいる。前世紀（一五世紀）のロレンツォ・ヴァッラのような篤信家は一六世紀のイタリアにはいなかった。しかし、ルターにはそうした人物、ウルリヒ・フォン・フッテン（一四八八―一五二三）というよき理解者がいた。この人物はヴァッラが見出した『コンスタンティヌス大帝の偽寄進状』（この文書は教会の権威失墜の遠因となったのは前述している。教会側が偽物の寄進状を是として認めてきていたからだ。そしてこれは文献学批判の先駆けとなった）を教皇庁宛の辛辣な献辞を付して編集、出版している。彼はルターの教義上の立場の政治的重要性を認識していた。このひとと前世紀に死去したヴァッラが組めば、教皇庁はもっと風とおしのよいところになっていたかもしれない。

イタリアでくすぶり続けていた反教皇主義は、いつも一般論に終始して、教会（聖職者）世界からつねに弾き出されている。それは稔りのない教義や神学にかんする議論ばかりでなく、あるべき教会の倫理的・政治的姿の回答をみつけられなかったためもある。生きた神学論争は、一五世紀のフィチーノやピコ、それにパドヴァ学派の中心的人物であるピエトロ・ポンポナッツィと、その信奉者たちが主導し、（世俗の）ひとたちが継承した。

なによりも種々な性格を帯びた神学上の問題は、社会のあらゆる階層のひとたちの生活まで浸透していくべきで、振り返ってそのひとびとを信仰という段階で統べ得た結果をみつめるしか術はない。長い目でみてみると、それは知的のみならず、道徳的、政治的分野にも配慮した、大きな課題から生まれるだろう。それらは人文主義者、諸々の文化問題、知識人たちが解決すべき事柄なのだ。

神学的なこうした問題が世俗の識者に負う傾向は、イタリア思想史ではずいぶん早い時期から存在している。即ち、精神活動によって生ずる好奇心は、教会の伝統から自由であり、教会の主義主張よりも古典古代の著書を礎にして自覚的に人格形成していったからだ。

イタリア人文主義の根はそれほど浅くはなく、多くの知識人が涵養してきたもので、宗教改革などで磨滅する程度のものではなかった。

イタリアのルターとカルヴァン

こうした人文主義色の濃い半島では、神学的情熱にあふれるルター、道徳的厳格さを訴えたカルヴァンの主張など、一部のひとたちをのぞいて、誰も受け容れるはずがなかった。ルターは破門され、カルヴァンは峻厳なる指導者だったが、この二人の要素を合わせ持った人物が、かつて、フィレンツェの政治を左右していた。

話は半世紀さかのぼるが、その人物とは、フィレンツェ・サン・マルコ修道院長であった、ジロラモ・サヴォナローラである。彼は一四八二年からフィレンツェに滞在し、情熱あふれる演説でフィレンツェ市民を魅了した。カルヴァンがジュネーヴを「神の都」と企図したのと同じく、フィレンツェを偏狭な「神権政治」で統治しようとして失敗する。美術品や奢侈な品を焼き尽くす「虚飾の焼却」を二度も行なっている。

正統カトリックだったが、その演説は聴衆を熱狂の渦に巻き込み、高揚感をもたらした。

メディチ家にトスカナ大公の称号を贈った、イタリア出身でカトリック改革の最後の教皇と言われた、クレメンス八世（在位一五九二―一六〇五）は、いまだフィレンツェで崇拝され続けている、教会の敵であるサヴォナローラを許さなかった。サヴォナローラは、ルターやカルヴァンに先立つ宗教改革者だったが、偏屈で世俗社会をなおざりにした市政運営があだとなったし、実行の場が豊かな街フィレンツェであったことも失策の要因だったろう。彼の支持層は最下層のひとたちが多数を占めていたのだから。

2　反（対抗）宗教改革

反（対抗）宗教改革への道

往時、確かに言えることは宗教上の動乱期だったことだ。カトリックにもプロテスタントにとってもそうだった。ありていに言えば「普遍的《カトリック》（世界）」が二つに分裂したことを指す。プロテスタントのほうも、取り挙げなかった「再洗礼派」を加えると四派に分かれている。

社会的、政治的安定を揺るがす出来事が起こったわけだ。というのも、「教会の信仰（内容）が何であれ、教会が社会を統制する代理として機能すべきだということは、一般的な前提として促進されてきた」（ウイリアム・J・バウズマ）からだ。即ち、宗教への従順を政治的敬意へと同一視してきたカトリック教徒もいれば、他方、プロテスタントはその活動に鑑みて、旧い社会的秩序に反発している。

宗教から透けてみえるのは政治問題だと言ってもよいだろう。宗教を政治に利用することほど、当局にとって安寧な政策はないに違いない。但しこれには条件がある。各都市国家が内部で宗教的統一を完成していなくては進展が望めないということだ。ベッラルミーノ（一五四二―一六二一）枢機卿が言うには、信仰の自由は過ちを犯す自由にほかならない、と逆説めいた発言をしているが、この真意は、支配者が仮に自分の責務に忠実でありたいなら、この自由をよもや譲渡してはならない、という点にある。

カトリック信者で、『国家理性論』、『都市盛衰原因論』の著者であるボテロは、カトリック信仰の立場を崩さずに、宗教がなければ国家など安定や力に欠けるし、キリスト教はこの安定と力を結集することを目指すべきで、そのためにはカトリック信仰が第一だと断言している。

さらに宗教的統一は国家の秩序と存続に必須のもので、キリストをプラトンとアリストテレスの二人によって創造された出色の立法者とする者もいた。

宗教改革の勃発にたいしてイタリアの聖職者、在野の知識人たちには、いつまでも手をこまねいてはおれない、という意識は存在している。だが、半島の諸都市国家の現状ではなかなか話が進まない実情もある。諸都市国家は、政治や領土問題では教皇（庁）と対等に、あるいは居丈高に振舞ったが、こと信仰という精神（魂の）面では、教会におんぶにだっこの、情けない状態にあった。

なんとかしなくてはならないという意欲だけが先走った。教皇とて同じ思いだったたであろう。

しかしながら、教皇庁のお膝元であるイタリアで宗教改革運動を起こせば、そこがイタリアであるがゆえに、異端審問所送りになったに違いない。アルプス以北の地域とは異なって、イタリアの地では「殉教」しかなかったのではないか。「世俗国家の欠如は宗教運動の進展を妨げ、宗教改革運動の欠落は世俗国家の発展を妨げた。この絶望的な条件のなかにイタリアはあった」（モンタネッリ、ジェルヴァーゾ）。

ようやく重い腰を上げるときがくるのだが、それはルターの宗教改革から三〇年余も経ってからのことだ。二つのグループに分かれてそれは出発する。比喩的表現を用いれば、教会の内側からの改革と、外側からのそれだ。

イタリア語で綴ると、前者は、Riforma Cattolicaで、後者は、Controriformaとなる。内側からのほうが革新的で時期も早く、危機意識も高い。外側は保守的でのんびりと、トレント公会議（一五四五年から断続的に六三年までの一八年間）での論議だ。

「二つ」の反（対抗）宗教改革

一つ目の、改新的な、教会関係者に近いひとたちによって立案された内的宗教改革の中心地は、ドイツとの商取引とともに新思想に触れる機会が多かったヴェネツィアの地である。

スペイン人ホァン・デ・バルデス（一五〇〇頃-四一）はコンベルソ（キリスト教へ改宗したユダヤ人）で、ローマでクレメンス七世に目をかけられたがナポリに逃げてきて隠棲し教育者となった。彼はルターの宗教観に親近感を覚えたが、カルヴァンの信仰義認・聖書解説などには同調しなかった。プロテスタントの要素も含むが、ひとびとにはカトリック信徒として映った。

この人物のまわりに、識者たちが集まった。ミケランジェロと親交のあった、詩人ヴィットーリア・コロンナ（一四九二-一五四七）、カプチン（フランチェスコ会の分派）会士で、サヴォナローラ以来の絶大な説教師であるベルナルディーノ・オキーノ、フィレンツェ近郊ルッカの聖フレディアーノ僧院長のヴェルミーニなどである。

このひとたちをはじめとして次のコンタリーニ枢機卿（一四八三-一五四二）も含めて、「福音主義派」と呼ぶ。

カトリック改革者である、ヴェネツィアの名家生まれのコンタリーニ枢機卿はエラスムス（と人文主義）の強い感化にあった。彼を枢機卿に任じた（一五三四）のは、カトリック改革の最初の教皇パウルス三世（在位一五三四-四九）である。名門ファルネーゼ家出身の彼はルネサンス文化に充分につかって成人し、教皇アレクサンデル六世の引きで枢機卿の位に登る。ルネサンス型の枢機卿よろしく愛人を抱え、子を儲けた。教会の転換期を生きた人物として知られ、宗教改革が教会に及ぼす影響に気づいていた。これはコンタリーニ枢機卿とて同じであり、ルターの改革時、ドイツにヴェネツィア共和国大使として赴任していたコンタリーニは、ルターの改革運動が「一修道士」の反乱ではないことを見抜いて、教皇庁へと急遽書簡を認めている。

このコンタリーニが主導したのが、新旧両派の和解である。彼はパウルス三世を説いて、ドイツの南東部にあるバイエルン州の都市レーゲンスブルクで、新旧の代表者が集って和議に持ち込もうと算段した。新教側からはメランヒトンなどが、旧教側はパウルス三世がコンタリーニを派遣した。

コンタリーニは和解の第一歩として、新旧両派の教説を融合した案件（「二重義化説」——新教の、「信仰によってのみ義とされる」と旧教の「「共同による」積善も義とされる」）をメランヒトンに提示した。コンタリーニはルター派の「神の恩寵は祈りや善行ではなく、信仰の稔りだ」という信仰義認論を是として、新教への理解を示した。新教側も歓んだが、大本のルターやパウルス三世がこの妥協案を受けつけなかった。ルターは使者として用いたメランヒトンを心底では信じておらず、コンタリーニをも体《てい》のよい詐欺師だとみていた節がある。

一方、パウルス三世も、のらりくらりと回答を引き延ばし、結局、ルターと同じく、この打開策を反古にした。

ここで、コンタリーニの評価が二つに分かれる。

一つは、その翌年に死去してしまうコンタリーニを慮《おもんぱか》ってか、教皇庁の「良心」の喪失と惜しむ声。他方、本来的に、新旧両派のあいだの根本的な精神的衝突を、コンタリーニが把握し切れていなかった、という見解。

また、会議がうまくいかなかったのは、同年（一五四一年）九月二〇日にジュネーヴでカルヴァンが最後の宗教改革の狼煙《のろし》を上げたので散会となった、という説。新教内部の急進派の台頭と、旧教内部の強硬派の意見が大勢をしめたという説。

いずれにせよ、首尾よく事が運ばなかったことだけは事実である。

次に登場するのは、保守派が暗躍《あんやく》する、あえて辛辣な表現をすれば、「反動宗教改革」だ。ちなみにミケランジェロに『最後の審判』を描かせたのはこのパウルス三世である。

イエズス会の成立

本題に入るまえにもういちど、新旧両派の相違点を聖職者の有無に焦点を絞ってまとめてみたい。

まずカトリック側の信条は、あくまで聖職者の権威を重視して、聖職者だけが教義の、永遠なる解釈者である権利を有することにある。他方、プロテスタントの場合は、信徒によって構成される共同体、つまり個々の教会に、教理の解釈権があると考える。宗教改革は、一般にルターの影響を受けたカトリック教会の聖職者が説教を始めることから広まっていく。これにたいしてカトリック教会は、そのような聖職者を罷免している。即ち、聖職者に解釈権はなく個々の教会共同体にある、というのが宗教改革の主張なのだ。その点、信者ひとりひとり、個人が聖書や説教を自由に解釈できるとは、宗教改革者たちは考えていない。

両者を較べてどちらが自分に向いているかどうかはそのひと個人の判断に任せるしかないが、プロテスタントのほうが、イスラームの信仰体系に似ている。イスラームには「××師」なる人物は存在するが根本的には、聖職者の存在しない、在家信者とアラーの神との対話から成り立つ宗教だからだ。以下はあくまで推測にしか過ぎないが、カトリックのほうが（キリスト教が父性信仰だとわかっていても）母性的慈愛にあふれていると感じる。他方、プロテスタント神学はきわめて厳格な面をたくさん持つ宗派であると思う。神との直截対話など、考えてみても峻厳な印象を受ける。このような側面を披瀝する宗教改革が三人の闘士たちによって実現の運びとなったからには、カトリック勢力はもっと強固で厳しい態度で臨む改革が必要であろう。

この代表格がイエズス会だ。

設立者は、スペイン人のイグナティウス・ロヨラ（一四九一―一五五六）を代表として、日本にもやってきたフランシスコ・ザビエル（一五〇七―五二）も含めて六名で、パリにて結成された（一五三四）。

ロヨラは三〇歳（一五二一）のとき、さる戦役で足に重傷を負い、短い片脚になってしまったが、克己し、隠修士《いんしゅうし》（一般社会との関係を断って生活するひとたちを指す。特にキリスト教の場合、この言葉は旧約聖書の砂漠の神学からきている宗教的術語で、隠遁生活者を意味している。ロヨラは、もちろん隠遁を考えていたわけではない）として、一年間、聖地巡礼の旅に出る。最終目的地はエルサレムと定めた。その頃に執筆したのが『霊操』（一五四八年、ローマにて刊行）だ。その後、イスラームを改宗させようと海路パレスティナへと向かっている。帰国してバルセロナなどの都市で説教をしたが、受け容れられずかえって殴る蹴るの被害をこうむり、信仰心だけでは何人も説得できないことに気づいて、三二歳で学業を身につける覚悟を決め、きわめて厳格なモンテギュー神学校に入学する（カルヴァンの卒業した年に該当する）。肉欲にたいする精神の優位を確立するのが当面の目標だ。この神学校でザビエルなどと親交を持つ。

前述のとおり、六人でパリでイエズス会を結成し、一五四〇年、パウルス三世から認可を得る。六名はロヨラを初代総長に選出する。彼は同志をヨーロッパ各地に宣教師として派遣し、教育政策を打ち出して学校・大学・神学校の創設を担当させた。

イエズス会では宗教面だけでなく人間としての素養や教養も同時に教育課程に入っており、厳しい肉体の鍛錬も実施する。こうした訓練に耐えていく会士、そうではない会士と、しだいに分かれていくようになって、会は君主制を帯びたピラミッド構造になっていく。最高位の会士は「プロフェッション」と呼ばれ、精鋭部隊を意味した。

ローマ教会への絶対服従を誓い、トレント公会議を実質的に牽引する役目を担うことになる。反（対抗）宗教改革へと導く原動力ともなったが、やがて訪れる「反動宗教改革」（一六世紀後半、パウルス四世［在位一五五五-五九］による禁書目録公布、トレント公会議など）の一翼を担ったとも言えよう。

初期の宣教師たちは我欲を棄てて教義に忠実に布教に努めた。ロヨラ自身、峻厳な霊的生活を本分とした人物で、イエズス会は創始者の理想を継いで発展していく。なお、この会をジェスイット会と呼ぶひとたちがいるが、その正体はカルヴァン派の人間で、彼らがイエズス会に向けた蔑称・嘲侮《ちょうぶ》である。

だが、新旧と立場は異なるが、教義の厳格さは双方、相似形である。

ルネサンス末期のスコラ神学

一六世紀後半から末にかけて、スコラ神学は再度の活気を帯びるにいたる。ローマではベッラルミーノが活躍する。トマス主義者は、神、人間、それに啓示と理性に基づく宇宙の全体像の把握をめざした。

ロヨラはトマスを敵対視する会士がいたら、容赦なくイエズス会から除名している。神学にもたらされた心ばえには、救済に必要な文言の論議が提示されている。だが、早晩、神の存在を、その非存在で証明できると発言する者も現われてくる。

トマス主義の影響が衰え始めると、カトリックのあいだで、デカルトという新規な合理主義者が取って代わるようになる。

信仰絶対論

いまごろになって恐縮だが、一考しておくべきことがある。それはキリスト教信仰の全的理解あるいは把握という点である。

ウイリアム・J・バウズマによると、それは聖書が信仰から移行して教義の典拠を証明するために源泉（始原）へと向かった点を指すと言う。それにつれて神秘的感覚が教義をまえにしてだんだんと退いていく。奇蹟が信仰のなかではなく信仰の証《あかし》として掌握されることになる。信仰それじたいがもはや恩寵の賜物ではなくて、本分を尽くしての受容、つまり意志的行為とみなされるにいたる。

モンテーニュが書いている――「私は独力で選択できないので、他のひとたちの選択を享受して、神によって据えられた場にいる。さもなければ、私はいつまでも空まわりせざるを得ないだろう」と。この文面を裏から読み解くと、彼が生誕という偶然ゆえに、自分はキリスト教徒なのだ、という点に落ち着くだろう。

一六世紀の多くのひとたちは、伝統や指導者の権威によって「個人」の証明を得なくても、威徳を帯びていて、自分の所属する信仰集団で明言した信条を受容する意味では、みなが信仰絶対論者である。これを礎にして初期のプロテスタントが聖書信仰絶対論にかたむいた。

他方、カトリック側は、教会の権威を引き合いに出して、常に歴代の教皇と同一視し、新教側からの批判の弥縫策として、少なくとも俗世の人間にたいしても信仰絶対論を促進した。イグナティウス・ロヨラはこれを支持している。ロヨラの「教会とともに考える規範」には「仮に位階的教会がそれをそう定義するのなら、私が目にする白いものは黒である」という信念があった。

後年、ホッブス（一五八八―一六七九）は、信仰絶対論を告白するには、聖書の中身の多くは超理性的だとして、宗教の神秘を病人用の丸薬に例えている。つまり、それをまる服《の》みすると治癒の効果はあるが、噛むと、おおかた効き目がなくなって、吐いてしまう懸念がある、と。ホッブスが基本的に合理的な人間だったことがうかがえる。

トレント（トリエント）公（宗教）会議

トレントはイタリア半島が大陸と共有している地域の北東部（南ティロル）にある町だ。パウルス三世からパウルス四世（在位一五五五－五九）を経て、ピウス四世（在位一五五九－六五）までかかっての、一五四五年から一八年間にわたる（一五六三年まで）断続的に続いた、その後のカトリックの宗教政策を決定づけた最重要な公会議だ。イエズス会が主導したことはすでに述べた。いちばんわかりやすい保守的決意事項は、当時活躍していたガリレイの地動説を認めず天動説を是とした点で、一九六〇年代の第二ヴァティカン公会議でやっと地動説が承認された始末だ。反動宗教改革と命名されてもいたしかたない会議だ。

当初、プロテスタント側との和睦・調停を企図していたが、新教側が参席を拒否したため、カトリック側の、反福音主義を基盤とした、カトリックの教義の擁護の場と化してしまう。

この会議は、神聖ローマ皇帝カール五世、フランス国王のアンリ二世（在位一五四七－五九）とフランソア二世（在位一五五九－六〇）といった二国の内政面と深くかかわっていた。カール五世は神聖ローマ帝国領内のルター派という「異端」に皇帝権を脅かされていて、この問題の早期解決を望んでいた。ルター派の諸侯たちはスキあらば、皇帝権に制限を設けようとする。困惑状態のカール五世だが、和解には積極性を示し、一五四八年、「アウクスブルクの仮信条協定」を結んだ。カトリックとプロテスタント双方に同程度の権利を認めた協定で、ルター派は、聖職者の結婚と、パンと葡萄酒の両形態での聖体拝領の認可を取りつけている。

フランス国王たちは教皇と皇帝が手を結ぶことに不安を覚え、会議の開催には暗に反対した。また、フランス教会が教皇からの独立を希求していたことも一因だ。

しかし公会議は開催された。おおよそ三期に分かたれる。

第一期（一五四五年から四七年）　パウルス三世が主宰。チフスのためボローニャへ会場を移転。

第二期（一五五一年から五二年）　ユリウス三世（在位一五五〇-五五）が主宰。

第三期（一五六二年から六三年）　ピウス四世が主宰。

変則的な公会議だったが、多くの成果を挙げている。

最も明確になったことは、いずれが旧教で、どちらが新教なのか判然としなかった、一五二〇年代、三〇年代の信徒や聖職者たちの所属の「謎」が解けたことだ。爾来、ローマ・カトリシズムとプロテスタンティズムの峻別が明確となる。

聖書にかんして、ローマ側はラテン語のウルガータ聖書だけを唯一の正典とした。「教権が聖書の真の意味と解釈を判断する」とも宣言している。プロテスタントは各国語訳の聖書の使用を承認している。

義化については、善行がなくても信仰によってのみ救われる（信仰義認）としたプロテスタントにたいして、公会議では「信仰義認」はあくまで過程であって、人間の救いは信仰と功徳がともに働いてはじめて達成されるとした。

秘跡《サクラメント》では、プロテスタントが洗礼と聖餐の二つとしたが、公会議での結論は従来からの七つの秘跡

（洗礼・告解・聖体・堅信・叙階・婚姻・終油）を認めている。
その他、煉獄（浄罪界）の存在の承認、聖人への取次ぎのための祈り、聖遺物への崇敬の念など、ローマ・カトリックの教義を統括した。これ以後、四〇〇年間、プロテスタントとの和解は霧散の状態が続く。

神からの賜り物

新旧二つの宗派によって形式や思考形態に差異があり、そのために絶縁になった期間が長く続くのだが（一九六二－六五、ヨハネス二三世・パウルス六世主宰の第二次ヴァティカン公会議にて、世界平和、教会合同、信仰の自由などが決議される）、そもそも神の存在が先験的にあるのが大前提に違いない。

このことは裏を返せば、西欧にあってなぜ、種々の主要教団が霊的に分裂したのちに公的な信条を定めざるをえなかったかの問題につながるだろう。カトリック勢は、トレント公会議終了の翌年、ピウス四世の名の下に、確立をみた公会議の内容を布告している。ルター派の場合は紆余曲折を経て、ルター派教会のなかの純ルター派とメランヒトン派（いわゆるフィリップ派）との対立が二派の両極端を廃してルターに立ち返る方向で「一致」することが宣言された（和協信条［一五七七］）。カルヴァン派をはじめとする改革派は、ドルトレヒト会議（オランダ改革派教会とオランダ教会の深刻な論争を収めた会議。一六一八－一九）の布告を受け容れた。ドイツでのカトリックとプロテスタント両派の対立の調停は、アウクスブルクに招集された帝国議会の決議で一応の終結を迎える（アウクスブルクの宗教和議、一五五五）。

バウズマによると、ドルトレヒト会議では「予定説」の極端な定義が公認されている。予定説はオランダのカルヴァン派が意図したものだが、一五六三年にエリザベス一世が公布した、基本的にカルヴァン主義で成立している三九箇条を保有している英国国教会も出席していて、それを付加してもいる。

これらの動きは宗教的信条を整地して標準化することに等しい。その善し悪しはべつとして、現場ではすぐに成果を挙げていないようだ。トレント公会議での布告でさえ、多くのカトリック信者から賛意を得られていない。だが、それでも新旧の諸々の宗派の試行錯誤の結果は、信仰への理解をその奥底で変容させることに成功している。機械的な受容であっても、肯定的な教説とみなされていく。しかし、真の信仰とは決して教説への単なる合意ではない。

考えてもみよ。

信仰とは、教義のなかで見出すものを是とするのではなく、神からの賜り物であり、そのことを信じようとする力が与えられる折の礎となるものなのではないか。それなのに、信仰が均質性と秩序のために、信仰じたいを、その内的面から特定の宗派と一致団結する方向へと、そうした教説へと転化していく傾向をうかがい知れよう。

これは信仰にとってある意味で危難でなくて何であろう。

草創期のプロテスタントの教えの核心部分の逆がここに顕現してくるのである。

3　人文主義と宗教改革

最後の節に当たるので、これまでのまとめ的意味も兼ねて書いていきたい。

居心地の善し悪し

「ルネサンスと宗教改革」と言うが、「人文主義と宗教改革」とは普通、口にしない。この命名は居心地が悪いのかもしれない。

それは「ルネサンスと宗教改革」という表題を誰も否定できないからに違いない。ルネサンスだけが存在しているとは何びとも言えないし、宗教改革にあってもそうだろう。しかし、各国のルネサンス文化運動（イタリア、フランス、スペイン、イギリス、ドイツ、それに異教的な性質を帯びたもの、キリスト教的なもの、さらに絵画、文芸、哲学、最後に、すべてがその特徴と性質ゆえにそう呼ぶもの）は実際に起こっている。他方、宗教改革（ルター、ツヴィングリ、カルヴァン、英国国教会によって）も勃発している。

したがってルネサンスと宗教改革時のひとびとの生活を具体的に分析すること、双方の関係を解明することが喫緊の課題だと思える。というのも、各国やその地域の精神的・宗教的生活を再び明白にすべきだからだ。あるいは二つの錯綜した現象を全般的現象で捉え直すことも肝要だ。それは全ヨーロッパのために、歴史的意味での空白を取りもどすためにも効果があるからだ。

こうしたさまざまな相違点をめぐる複雑性はルネサンスと宗教改革の名の下で共有している案件だ。両者とも安心できないのは、扱い方の方法にあるからだ。双方に共通な始原とは、歴史解釈としての、reformatio（改革）とrenovatio（改新）で、この二分した概念を確実に語り得るからだ。これは、聖フランチェスコ、ダンテ、ペトラルカ、コーラ・ディ・リエンツォ（一三一三頃-五四）にみられる。

このような政治的、文化的再生ないし刷新のなかで、宗教改革はあらゆるものとつながっている。けれども忘れてならないことがある。真実の課題は、宗教改革の独創的なきっかけが各地域ごとであること、主導的な精神性も同一なものから派生していないことだ。例えば、ルター、メランヒトン、ツヴィングリ、カルヴァン、といった指導者のように。彼らの前任者である、ヴァッラ、ピコ、エラスムスで充分証明済みのはずなのだが。

土地柄、時代背景、人物、個性、思想、などの違いで何とさまざまなものか。宗教改革は宗教的分析の面でルネサンスの続きとみなされている。ここでは、ルネサンスの強調点が始原への回帰であり、宗教改革のそれが啓蒙主義的伝統を望むような、特殊な事例となる（即ち、啓蒙主義の出発点という位置づけ。トレルチの考え方に相当する）。だが、第III部の扉の言葉でも挙げたように、ルネサンスも宗教改革も、スコラ神学を排除してそれぞれの始原へと回帰する、文化、ないし宗教運動とみても正しいだろう。トレルチ自身が、始原への帰還と啓蒙主義の前段階の二つを掲げているのだから。

前奏曲

ルネサンスが宗教改革の純正な「前奏曲（序曲）」という解釈も存在する。

その概念をヘーゲル（一七七〇―一八三一）が『歴史哲学』のなかで意識的に記している。即ち、ルネサンスは新時代の歴史的黎明期だが、宗教改革はそうではなくて、真昼のように熱っぽい様相を呈していると言う。弁証法的に円滑に止揚できなくても、ルネサンスと宗教改革は、精神生活の面で二つの恒久なる運動を示唆しているとも示している。

宗教的真実を内奥で把握することによって深淵な宗教性に合意して、宗教みずからが屹立するわけだ。ルネサンスにも同等な思念を見出す。宗教改革からわき出る、政治的経済的な結論ではなく、文字通り抽象的かつ神学的動機から探求していくものだ。

こうしてわかってくることは、ルネサンスと宗教改革を首尾一貫して解明する試みは双方を包括的な一部とみなすことによって、個人主義や自由意志の明確化のように、いっそう一般的な概念の下に位置づけることになるだろう。あるいはエラスムスのような複雑怪奇な人物の研究に終止符を打つことで、多岐にわたるさまざまな二項対立に充ちた一六世紀初頭よりもずっと以前の知的趨勢に出くわすことにもなるだろう。

ルネサンスと宗教改革とを併置することが居心地がよくないならば、両者の始原問題を考えるときのように、二つの一般的概念や一筋縄ではいかない現象・運動を明白化する図式に鑑みるに、ともに変形、変容しているが、これこそが実態であり、現実味と独自性に充ちている。

具現化

前項に反して人文主義と宗教改革について語るならば、現実や生きている人間社会はいっそう近くなって、両者の間隔や差異が、相矛盾する感情や対立拮抗する強い心情への希望や憧憬を織り込んで具現化されよう。

しかしそれは明白でなくてはならない。さもなくば、人文主義と宗教改革について話しているのに、ルネサンスと宗教改革の話題に変化している懸念を生む。一方にたいしての弁証法的反定立《アンティテーゼ》の第一義的語彙が変わってしまうと、事案もそれに準ずるから頻繁に語彙を取り代えてはならない。一般的な言葉に置き換えて、そこから派生する展望可能な文言は漠然としていて不正確だ。つまり、ひとびとは把握や直観的理解を本義だと思っているということだ。より具体的な概念下で定義しなくては、現実世界の動きに人間の精神は対応できないものなのだ。

人文主義を宗教改革に照らして語る際、一般ではなく特殊な文化現象でまず一歩を踏み出すべきだ。祝祭、都市、芸術、装飾、文学、政治などである。仮に何かについて論じたり、言語という音声で発言したりするのに甘んじなくてはならないならば、一五世紀イタリアで栄えた「人文学研究（古典的人間教養の研究）」に、いのいちばんに触れればよいだろう。

人文学研究は一五世紀末と一六世紀初頭に全ヨーロッパに流布するから、イタリアでのこの運動の指導者たち（サルターティ、ブルーニ、ヴァッラ、フィチーノ、ピコなど）が、後続の人文主義者たちを良い意味で鼓舞することになる。

さらに、これらイタリア人の思考形態はすぐに変形し、市民社会をその主義主張にしたがって刷新しようとする大いなる抱負を生み出す。人文主義の都市国家の市民社会はまさにそう呼んでしかるべきで、共和制ローマのそれもイタリアから全ヨーロッパへ選良《エリート》として普及したのだった。それゆえ、直接的であれ間接的であれ、選良たちはみずからの意見を書簡に託してやりとりしている。ペトラルカ、サルターティ、ヴァッラ、エラスムスなどは自己意識に充ちており、自分の属する文化運動との一体感を抱いている。エラスムスは「手紙魔」で、全欧各地の知識人と書簡をかわしている。もちろん、ドイツの人文学者であるフッテンにも声援の書信を送っている。彼はヴァッラの『コンスタンティヌス大帝の寄進状偽作』を、教皇庁宛に辛辣な献辞をふして送付し、編集も出版もした（一五一八）人物で、このとはすでに触れている。ルターの熱烈な支持者であったことは言うまでもない。

渇望

このような急進的な人文主義者にとって宗教改革は比類なきもので、宗教改革以後、ルター派に帰すことを望まなくては、宗教改革の内実もみえてこなかったに違いない。

最初に存在したのは「渇望」である。

一五世紀のイタリアを、そして早晩起こる、カール五世による『ローマの劫掠《ごうりゃく》』（一五二七）をまえに生きていたひとたちにとっては、宗教改革は制度上大きな希望で、教皇庁へのヴァッラの難詰にその雛型《ひながた》をみている。

とりわけ哲学分野では、キリスト教の新たな護教用の教説をみつけ出す努力をフィチーノが成し遂げる。ピコのキリスト教精神にみる満足感は、フィチーノの思想と連れ立って全ヨーロッパに広まっていく。そこで諸々の思想の考え方や提示事項の本質を成してピコに類似する精神が生じ、この文学的かつ精神的な独創性からエラスムスが誕生する。

二つとない現象

次に、無関心、革命的生き方、一瞬の身のこなし、市民社会（つまり、キリスト教、その分裂と裡なる無関心）――これらは二つとない現象だ。人間にとって重要な点と本質的な面は、エラスムス、ピコの甥であるジョヴァン・フランチェスコ・ピコ・デッラ・ミランドラ（一四七〇―一五三三）、プロテスタントの人文主義者チェリオ・セコンド・クリオーネ（一五〇三―六九）が良い例だ。順番に、「二股をかけそうになる御仁」、「醜聞《しゅうぶん》（悪魔学者）」、「皮肉屋」が当てはまる人物たちだ。グイッチャルディーニの『備忘録』に出てくるひとたちのようでもある。

人文主義者にとってみれば、宗教改革は統一を真に構築し、あらゆる希望と期待を抱かせてくれたが、漠然とした性質ゆえに不確定要素にも充ちていた。こうした現場を枠外のひとにみてもらって意見を求めても、不安定さはぬぐえないだろう。

人文主義と宗教改革が投ずる課題は――双方、まちがった位置にいても、最初から終わりまで、両者の打開策を妨げるものは何もない――という点に尽きる。

おわりに

全体が三部構成で、第Ⅲ部でのまとめの部分は、「ルネサンス」、「人文主義」、「宗教改革」の三つ巴《どもえ》となった。この三つをうまく棲み分けするのは至難だが、こうしたら交通整理ができるかもしれない。

——イタリアのルネサンス・人文主義運動家たちは古代ギリシア・ローマの（ヘレニズムの）文化を研究して人文主義的教育・教養を身につける。そうした識者たちが、都市や宮廷、上層階級と誼《よしみ》を結んで活躍する。一方、アルプス以北のゲルマン民族の宗教的指導者たちは、イタリア・ルネサンスからほぼ一世紀遅れて、宗教改革の呱々《ここ》の声をあげる。これに対抗した「反（対抗）宗教改革」が半島内で生じてみると、人文主義の運動がひとびとの心の奥底をかなり掌握しているのがわかる。宗教改革が教義の始原（ヘブライズム）を宗教的道徳的に探究すること、それじたいローマの腐敗した僧侶支配から脱する独立した学的運動で、さらに宗教的道義的に自律した人間の再生を促すことになる。その点ではルネサンス文化現象のかたちと相似である——。

この三つを表題に掲げた、忘れられない書に、K・ブールダッハ（坂口昂吉訳）『宗教改革・ルネサンス・人文主義』（創文社歴史学叢書）がある。当時、大学院生であった筆者だが、吸い込まれるようにして一気に読み終えた。ここで知った人物が第Ⅲ部第3章で登場するコーラ・ディ・リエンツォだ。とにかく名訳のおかげか、熱狂して読了した、というその熱烈さが記憶に残っている。ブールダッハ（一八五九-一九三六）はゲルマン言語学者だ。ゲルマン諸語と古典語学を修めている。今回の拙著で引用しなかったのは、青春の熱き思いに圧倒されないためである。

私の専門分野は、第Ⅰ部と第Ⅱ部で、第Ⅲ部は私なりの挑戦のつもりで書いている。

本務校である関西大学での全学共通教養科目（一般教養科目）の担当に『ルネサンス文化に親しむ』（春学期・秋学期、ともに同内容の講義）がある。そこではとうぜん、人文主義と宗教改革を取り挙げているのは言うまでもない。だが、本書の第Ⅰ部、第Ⅱ部のほうにも比重を置くので、今回のようにより突っ込んで教示する機会を持てないでいる。講義の順番としては、第Ⅲ部、第Ⅰ部、第Ⅱ部、というふうに進んでいくのだけれども。

書物に仕立て上げるにはどういう目次立てがよいかを、執筆開始まえ、しばし逡巡したが、担当編集者の小林公二氏との相談の結果、このような運びとなった。

本文にルネサンス文化は「寛容」よりも「融合」の文化だ、と断じている頁があるが、執筆が進んでいくうちに、「融合」をも「寛容」に包み込む、やはり「寛容」の文化なのかもしれないと思うようになっている自分に気がついた。いずれにせよ、なかなか整理整頓できない文化現象であることに相違ない。民族的にも、ラテン民族、ゲルマン民族、アングロ・サクソン民族、ギリシア民族等々、と難儀この上ない。

それを、「自然観」、「人文主義」、「宗教改革、反（対抗）宗教改革」でそれぞれ切って、その切断面を評論する作業が本書の目標だ。交錯しているときもあって、整然としているときなどほとんどない。文化とは複数的で、一元的理解では掌握し切れないからだろう。

執筆に際して自分に課した宿題が二つある。

一つ目はなるたけ「能動態」を用いること。「受け身形」にはせず、歴史上の人物を主体（主語）とし、筆者の発言のときもそれに習うようにしていること。

二つ目は、なるべく「現在形」で文章を閉じること。過去の話だからと言って、過去形にせず、生き生きと描きたいのが理由だ。日本語には時制がないというが、やはり現在形の力はものをいったと推敲してそう思う。

書棚にいつの間にか、ルネサンス関連のノートが三〇冊くらい詰めてあったのを、これを機に番号順に並べ替え、さらに総目次を作成した。大学の専任教員を今年度（二〇一八年度）で辞する上での大整理を敢行できた。一冊のノートそれぞれに寄する思いは、たいがいが懐かしさとみずからの研究歴を垣間みる思いがないまぜになっていて、ある意味で郷愁の念にさそわれた時間《とき》だった。一部、旧稿を用いた頁もあるが、八割方新稿である。

第Ⅰ部、第Ⅱ部、第Ⅲ部の「扉の言葉」が提示した問題の回答に肉迫できたかどうかはわからないが、少なくともその一歩手前までは近づけたと思っている。また、本書の第Ⅲ部は、香川大学名誉教授（西洋史学）の中谷博幸氏にご検分いただいて、委曲を尽くしたご説明、筆者の思い込みや事実誤認などへのご指摘を賜った。厚く感謝申し上げたい。しかし氏のご忠告のすべてを生かし切ることは筆者の能力のおよぶところではなく、この点まことに申しわけなく思っている。どうぞご海容の上、ご理解いただきたい。それと、高校時代からの畏友二人に感謝しなければならない。一人は、「純粋数学」についてご教示下さった、数学者で京都在中の村瀬篤氏、いま一人は、学生時代、数理工学を修めて「応用数学」にかんしてお教えを乞うた、東京在中の村木太郎氏である。ありがとうございました。

最後に、春秋社のPR誌『春秋』には何度も寄稿してきたが、こうして一冊の単行本を創り上げるのははじめてだ。編集実務をご担当下さった小林公二氏とは、拙著刊行を祝ってビールで乾杯といきたい。改めて御礼申しあげる。

二〇一八年　白露

摂北にて　澤井繁男

主要人物・事項・参考文献・発展的読書案内

＊本文中で掲げたり引用したりした書物・論考を、登場順に書き連らねていく。なお、〈発展的読書案内〉の著者を除いて、他の著者たちにはわかる範囲内で「肩書き」などを付している。〈発展的読書案内〉は五十音順。

第Ⅰ部

扉の言葉

バーマン、モリス　米国の科学史家。

『デカルトからベイトソンへ——世界の再魔術化』（柴田元幸訳、国文社）。

第１章

1

カッシーラー、エルンスト　ドイツの哲学者。

Kassierer, Ernst, Individual and Universe, trans. by A. C. Bemard, Oxford University Press, 1961.

『個と宇宙——ルネサンス精神史』（薗田坦訳、名古屋大学出版会）。

『ルネサンス哲学における 個と宇宙』（末吉孝州訳、太陽出版）。

クザーヌス、ニコラウス　ルネサンス期、ドイツの人文主義者。枢機卿。

『学識ある無知について』（山田桂三訳、平凡社ライブラリー）。

2

ガロア、エヴァリスト　当時確立されていなかった群や体の考え方を方程式の研究に用いた。

カッシーラー、エルンスト
『認識問題』1（須田朗・宮武明・村岡善一郎訳、みすず書房）。
ロッシ、パオロ　イタリアの科学史家。
『哲学と機械』（伊藤和行訳、学術書房）。
シューメイカー、ウェイン　米国のルネサンス思想史研究家。
『ルネサンスのオカルト学』（田口清一訳、平凡社）。
ディーバス、アレン・G　米国の科学史家。
『ルネサンスの自然観』（伊東俊太郎・村上陽一郎・橋本眞理訳、サイエンス社）。
ベーコン、フランシスコ　フランスの哲学者。
シュミット、チャールズ・B＋コーペンヘイヴァー、ブライアン・P
『ルネサンス哲学』（榎本武文訳、平凡社）。
山本義隆　科学史家。
『磁力と重力の発見』全三巻〔第二巻目が「ルネサンス」に相当〕（みすず書房）。

〈**発展的読書案内**〉

山本義隆
『一六世紀文化革命』全二巻（みすず書房）。
『世界の見方の転換』全三巻（みすず書房）。
ロッシ、パオロ
『魔術から科学へ』（前田達郎訳、みすず書房）。

3

カンパネッラ、トンマーゾ
『ガリレオの弁明』（拙訳、工作舎、ちくま学芸文庫）。

コペルニクス、ニコラウス　ポーランドの天文学者。

『天球回転論』（高橋憲一訳、みすず書房）。

ブラーエ、ティコ　デンマークの天文学者。近代観察天文学の第一人者。

第2章

1

伊東俊太郎　科学史家。

『十二世紀ルネサンス』（岩波セミナーブックス42）。

坂本賢三　科学史家。

『科学思想史』（岩波全書）。

プレトン、ゲオルギウス・ゲミストス　ビザンツ帝国期ペレオロゴス朝時代のプラトン学者で、「ペレオロゴス朝ルネサンス」の代表的人物。名前はプラトンにちなんでいる。ベッサリオンとともに、フィレンツェ公会議（一四三九年）に出席。プラトンについての講義をして、イタリアにプラトン哲学を広める。

アンギュロプーロス、イオアンネス　ビザンティン帝国の古典学者。パドヴァ大学の学長。

2

クリステラー、P・O　ドイツ生まれで、アメリカで活躍したルネサンス研究の泰斗。

『ルネサンスの思想』（渡辺守道訳、東大出版会）。以後、第I部は本書の趣旨を範としている。

ガレノス　ローマ帝国期のギリシア人医学者。四体液論を唱えたヒポクラテスの医学をルネサンス時代まで保持させる。

スコトゥス、ヨハネス・ドゥンス　トマス・アクィナス後のスコラ学の大家。トマスがドミニコ会なのにたいし、スコトゥスはフランシスコ会に属し、主意主義、存在の一義性など、トマスとは対照的な主張をくりひろげた。トマスが否定した聖母マリアの無原罪の宿りを強く主張したことでも知られる。

オッカム、ウィリアム　オックスフォード大学で学んだのち、オックスフォード大学およびロンドンのフランシスコ会の学院で教鞭を執る。唯名論者で知られ、反教皇の立場をとり異端とされた。

3

エックハルト キリスト教神学者・神秘主義者。通称、マイスター・エックハルト。

ペトラルカ、フランチェスコ 本文参照。

『凱旋』『カンツォニエーレ』（以上、池田廉《きよし》訳、名古屋大学出版会）。

フィチーノ、マルシーリオ 本文参照。

『恋の形而上学』（左近司祥子訳、国文社）。原題は『饗宴』。

4

田中美知太郎（責任編集）。

『プロティノス、ポリピュリオス、プロクロス』（世界の名著・続2、田中美知太郎他訳、中央公論社）。

荒井 献・柴田 有（訳）。

『ヘルメス文書』（朝日出版社）。

第3章

1

マーチャント、キャロリン

『自然の死』（垂水雄二・樋口裕子共訳、工作舎）。

デッラ・ポルタ、ジャンバッティスタ 本文参照。

『自然魔術・人体篇』（拙訳、青土社）。原題は『観想術』。

ヒポクラテス 前五－前四世紀に活躍したギリシアの偉大な医師。

2

ラザフォード、アーネスト ニュージーランド生まれで、英国で活躍した物理学者。ファラデーと並んで実験物理学の大家と称される。

〈**発展的読書案内**〉

小長谷正明
『ローマ教皇検死録』（中公新書）。
種村季弘
『パラケルススの世界』（青土社）。
パラケルスス
『奇跡の医書』（大槻真一郎訳、工作舎）。
『自然の光』（大橋博司訳、人文書院）。
ヒポクラテス
『古い医術について 他八篇』（小川政恭訳、岩波文庫）。

第4章

ウエブスター、チャールズ　英国の科学史家。
『パラケルススからニュートンへ』（金子務監訳、平凡社選書）。
中谷博幸　西洋史家。
『キリスト教芸術との対話』（美巧社）
大野　誠　科学史家。
『ジェントルマンと科学』（山川出版社）。
クーン、トーマス　米国の科学史家。科学哲学者。
『科学革命の構造』（中山茂訳、みすず書房）。

〈**発展的読書案内**〉

イーズリー、ブライアン
『魔女狩り対新科学』（市場泰男訳、平凡社）。

上田安敏
『魔女とキリスト教』（人文書院、講談社学術文庫）。
ウォーカー、D・P
『ルネサンスの魔術思想』（田口清一訳、平凡社）。
クリアーノ、ヨアン・P
『ルネサンスのエロスと魔術』（桂芳樹訳、工作舎）。
グルック、J・H
『科学と宗教』（田中靖夫訳、工作舎）。
クーン、トーマス
『科学革命における本質的緊張』（安孫子誠也・佐野正博訳、みすず書房）。
ザベッリ、ロベルト
『妊娠した男』（大黒俊二他、訳、青山社）。
バード、E・A
『近代科学の形而上学的基礎』（市場泰男訳、平凡社）。

第5章

セビリアのイシドルス　中世初期のラテン教父のなかで最も重要な人物。
ベーダ（・ヴェネラビリス）　イングランドの聖人。
オーレム、ニコル　一四世紀フランスの最も優れていた哲学者のひとり。数学・天文学にかんする名著がある。アリストテレスの著作をフランス語に翻訳もしている。
ピュタゴラス　ギリシアの伝説的な哲学者。数を万物の基本原理とした。
サモスのアリスタルコス　ギリシアのサモス島生まれ。地動説を唱える。
ポントスのヘラクレイデス　地動説に近い宇宙体系を考案。

ブルーノ、ジョルダーノ　本文参照。
『無限、宇宙および諸世界について』（清水純一訳、岩波文庫）。

〈発展的読書案内〉

岡本源太
『ジョルダーノ・ブルーノの哲学』（月曜社）。

ガリレイ、ガリレオ
『星界の報告』（伊藤和行訳、講談社学術文庫）。

コイレ、アレクサンドル
『閉じた世界から無限の宇宙へ』（横山雅彦訳、みすず書房）。
『コスモスの崩壊――閉ざされた世界から無限宇宙へ』（野沢協訳、白水社）。
『ガリレオ研究』（菅谷暁訳、叢書ウニベルシタス、法政大学出版局）。

第Ⅱ部

扉の言葉

バーク、ピーター　米国の文化史家。
『イタリア・ルネサンスの文化と社会』（森田義之・柴野均訳、岩波書店）。

第1章

2

〈発展的読書案内〉

ガレン、エウジェニオ
『イタリアのヒューマニズム』（清水純一訳、創文社）。

クリステラー、P・O

『イタリア・ルネサンスの哲学者』（佐藤三夫監訳、みすず書房）。

ベック、クリスチャン

『メディチ家の世紀』（西本晃二訳、白水社文庫クセジュ）　時系列に沿った「人文主義」の記述はベックの説に依拠している（第Ⅲ部参照）。

3

デル・フェッロ、シモーネ　ボローニャ大学で数学の教鞭を執り、三次元方程式の解法を考案した。

アントニウス、マルクス・アウレリウス　ローマ皇帝。五賢帝のうちの一人。後期ストア派の哲学者。『自省録』をギリシア語で著した。

ヨセフス、フラウィウス　ユダヤの歴史家。ローマで『ユダヤ戦記』『ユダヤ古代史』を著した。

テオプラストス　ギリシアの哲学者。『植物誌』を遺した。

第2章

1

ガレン、エウジェニオ

『イタリア・ルネサンスにおける市民生活と魔術』（清水純一・斎藤泰弘訳、岩波書店）。

中嶋和郎　イタリア建築史家。

『ルネサンス理想都市』（講談社選書メチエ）。

ベルジーニ、ライナルド　イタリア人。時代の転換期に着目し、歴史的な建築原理を考察している。

『哲学的建築』（伊藤博明・伊藤和行訳、ありな書房）。

2

アインシュタイン、アルバート　ドイツ生まれの理論物理学者。一九〇五年、特殊相対性理論を発表。

ラヴォアジュエ、アントワース　「近代化学の父」。一七七四年、体積と重量を精密にはかる実験を行なう。質量保存の法則を発見。

デカルト、ルネ　フランスの哲学者。合理主義哲学を確立。

ホイヘンス、クリスティアーノ　オランダの数学者・天文学者・物理学者。振り子時計を初めて実際に製作。光の波動説を提唱。

マクスウェル、ジェームズ・クラーク　英国の理論物理学者。

ヘルツ、ハインリヒ　英国の物理学者。マクスウェルの電磁気理論をさらに明確化する。

第Ⅲ部

扉の言葉

トレルチ、エルンスト
『ルネサンスと宗教改革』（内田芳明訳、岩波文庫）。

第1章

1

ペトラルカ、フランチェスコ
『ルネサンス書簡集』、『わが秘密』、『ペトラルカ＝ボッカッチョ　往復書簡集』、『無知について』（以上、近藤恒一訳、岩波文庫）。

金子　務　科学史家。

『ガリレオたちの仕事場』（ちくまライブラリー）。

ルイス、バーナード　イスラーム社会の研究家。

『イスラーム世界はなぜ没落したか？』（臼杵陽監訳、日本評論社）。

黒田壽朗　イスラーム文化の研究家。

『イスラームの心』（中公新書）。

大黒俊二　西洋史家。

『嘘と貪欲』（名古屋大学出版会）。

2

アッパニャーノ、ニコラ

「ルネサンス人文主義」（天野恵訳、『ルネサンスと人文主義』所収、平凡社）。

グリーンブラッド、スティーブン

『一四一七年、その一冊がすべてを変えた』（河野純司訳、柏書房）。

ビスティッチ、ヴェスパシアーノ・ダ　本文参照。

『ルネサンスを彩った人びと――ある書籍商の残した『列伝』』（岩倉具忠・岩倉翔子・天野恵訳、臨川書店）。原題は『一五世紀著名人列伝』。

3

キケロ、マルクス・トゥッリウス　ペトラルカ、エラスムス、モンテスキュー、カントなどに影響をおよぼす。

グウィン、オーブリー

『古典ヒューマニズムの形成』（小林雅夫訳、創文社歴史学叢書）。

第2章

この章以後、バウズマ、ウイリアム・J『ルネサンスの秋』（拙訳、みすず書房）と、モンタネッリ／ジェルヴァーゾ『ルネサンスの歴史・下』（藤沢道郎訳、中公文庫）を参考にしている箇所が多い。

1

ディルタイ、ヴィルヘルム　ドイツの哲学者。

『ルネサンスと宗教改革』（西村貞二訳、創文社歴史叢書）。

ヴォルテール（筆名）　フランスの代表的啓蒙主義者。合理主義の立場から社会の啓蒙と宗教的寛容を奨励した。

トレルチ、エルンスト　ドイツの神学者。

『ルネサンスと宗教改革』（内田芳明訳、岩波文庫）。

ベイントン、ローランド　英国の哲学者。

『宗教改革史』(出村彰訳、新教出版社)。

マクグラス、アリスター　北アイルランドのベルファスト生まれ。生物学・神学・文学の三つの博士号を持ち、オックスフォード大学教授やロンドン大学教授を歴任した神学者。キリスト教の入門書や啓蒙書も多く手がける。

〈**発展的読書案内**〉

石坂尚武

『苦難と心性——イタリア・ルネサンス期の黒死病』(刀水書房)。

清水純一

『ルネサンス　人と思想』(平凡社)。

2

グィッチャルディーニ、フランチェスコ　イタリアの歴史家。メディチ家出身の二人の教皇(レオ一〇世、クレメンス七世)の側近。

『フィレンツェ名門貴族の処世術［リコルディ］』(永井三明訳、講談社学術文庫)。

テッツェル、ヨハン　ドイツのドミニコ会士。一五一七年、マインツ大司教アルブレヒトの委託で説教によって贖宥状を販売。これにたいしてルターが『九十五箇条の論題』で討論を呼びかける。これが宗教改革のきっかけとなる。

シュワーベン戦争(スイス戦争)　神聖ローマ帝国マクシミリアン一世とスイス諸州との戦い。苦戦をするがスイスの勝利に終わる。一四九九年、事実上、ドイツから独立する。

マリニャーノの戦い　ミラノの領有権をめぐってフランス・ヴェネツィア勢力が手を組んでコラノに侵攻。ミラノの同盟国であるスイスが応戦したが、スイス側の敗北に終わる。

オキーノ、ベルナルディーノ　高津美和著「説教師ベルナルディーノ・オキーノの亡命——カトリック改革と宗教改革のはざまで」(『イタリア学会誌』二〇〇六年五六巻、九六-一一九頁参照。

義認　キリスト教で神によって人が義（正しいこと）と認め得るもので、カトリックの伝統では「義化」とも言う。反意語は「罪」。

〈**発展的読書案内**〉

石坂尚武

『どうしてルターの宗教改革は起こったか』（ナカニシヤ出版）。

ホイジンガ、ヨハン

『エラスムス』（宮崎信彦訳、ちくま学芸文庫）。

第3章

1

Delio Cantimori, *Umanesimo e Religione nel Rinascimento* 所収の、*Attegiamennto della vita culturale italiana nel secolo XV di fronte alla Riforma* の一部を要約したものである。

グラツィア、エンツィオ

『サヴォナローラ』（秋本典子訳、中央公論社）。

2

ベッラルミーノ枢機卿　イタリア人。神学者。イエズス会士。プロテスタントの見方を公平に扱っていたために、称賛と批難を受けた。

ホッブス、トーマス　英国人。清教徒革命を避けてフランスに亡命。その最中に主著『リヴァイアサン』〔政治思想上はじめて人間の平等不可侵を主張するも、個々人の自然権の相克が「万人の万人にたいする闘争」状態を招くため、国家《リヴァイアサン》に強固な絶対的権力を与えなくてはならないと説いた〕を完成する〔一六五一年完成〕。「リヴァイアサン」は旧約聖書の詩篇・イザヤ書・ヨブ記に出てくる動物。エジプトの象徴とされる。

アウクスブルクの仮信条協定　皇帝カール五世の指示の下、立案されたルター派との和平協定。教会の普遍性と不可分性、七つの秘跡、実体変化の教義をプロテスタント側に認めさせ、他方、プロテスタント側は、聖職者の結婚の合法性、信仰義認をある程度までカトリック側に認可させた。

3

前掲書所収の、*Umanesimo e Riforma* の概要である。

なぜ、デリオ・カンティモーリ（一九〇四-六四）に依拠したかは、筆者が、ガレンともども大いなる信頼を置いている碩学だからである。日本では未紹介で、はなはだ残念だ。なんとかしたいと思っている。彼の弟子に民俗学者の、カルロ・ギンズブルクがいる。

リエンツォ、コーラ・ディ　シタリアの民衆運動の指導者で、古代ローマの威光を復興しようとした。ペトラルカが声援を送っている。

〈発展的読書案内〉

アドーネ、ピエール

『カトリック神学入門』（渡辺義愛訳、白水社文庫クセジュ）。

加藤　隆

『福音書　四つの物語』（講談社選書メチエ）。

谷　泰《ゆたか》

『カトリックの文化』（ＮＨＫブックス）。

ツヴァイク、シュテファン

『権力とたたかう良心』（高杉一郎訳、みすず書房）。

富岡幸一郎

『使徒的人間　カール・バルト』（講談社文芸文庫）。

フォン・レーヴェニヒ、ヴァルテル

『ルターの十字架の神学』（岸千年訳、グロリア出版）。

著者
澤 井 繁 男　*Shigeo Sawai*
1954年札幌市生まれ。道立札幌南高校から東京外国語大学を経て、京都大学大学院文学研究科博士課程修了。イタリアルネサンス文学・文化専攻。東京外国語大学論文博士（学術、1999年）。現在、関西大学文学部教授。公式ホームページ：http://sawai.b.la9.jp/
著書　『ルネサンス再入門――複数形の文化』平凡社・平凡社新書、2017年
『評伝 カンパネッラ』人文書院、2015年
『魔術師たちのルネサンス』青土社、2010年
『マキアヴェリ、イタリアを憂う』講談社選書メチエ、2003年
『魔術との出会い、いま、再びルネサンスを』山川出版社、2003年
『ルネサンス』岩波ジュニア新書、2002年
『ナポリの肖像』中公新書、2001年
『イタリア・ルネサンス』講談社現代新書、2001年
『魔術と錬金術』ちくま学芸文庫、2000年
『ルネサンスの知と魔術』山川出版社、1998年〈第3回地中海学会ヘレンド賞（奨励賞）受賞〉
『ルネサンス文化と科学』山川出版社、1996年
『錬金術――宇宙論的生の哲学』講談社現代新書、1992年
『魔術の復権――イタリア・ルネサンスの陰と陽』人文書院、1989年
『ユートピアの憂鬱――カンパネッラ「太陽の都市」の成立』海鳴社、1985年
訳書　トンマーゾ・カンパネッラ『哲学詩集』水声社、2019年5月刊行予定
ジャンバッティスタ・デッラ・ポルタ『自然魔術』講談社学術文庫、2017年（青土社、1990年）
ファーガソン、パノフスキー他『ルネサンス・六つの論考』国文社、2013年
ウイリアム・J・バウズマ『ルネサンスの秋 1550-1640』みすず書房、2012年
E・ガレン『ルネサンス文化史』平凡社ライブラリー、2011年（平凡社、2000年）
トンマーゾ・カンパネッラ『ガリレオの弁明』ちくま学芸文庫、2002年（工作舎、1991年）
マキァヴェッリ（共訳）「戦争の技術」『マキァヴェッリ全集 第1巻』所収、筑摩書房、1998年〈ピーコ・デッラ・ミランドラ賞共訳共同受賞〉
ジャンバッティスタ・デッラ・ポルタ『自然魔術・人体編』青土社、1996年
ジェローラモ・カルダーノ（共訳）『カルダーノ自伝』平凡社ライブラリー、1995年（海鳴社、1980年）

自然魔術師たちの饗宴

ルネサンス・人文主義・宗教改革の諸相

2018年11月25日　第1刷発行

著者――――――――澤井繁男
発行者――――――澤畑吉和
発行所――――――株式会社 春秋社
〒101-0021 東京都千代田区外神田 2-18-6
電話 03-3255-9611
振替 00180-6-24861
http://www.shunjusha.co.jp/
印刷――――――――株式会社 太平印刷社
製本――――――――ナショナル製本 協同組合
装丁――――――――本田　進

ISBN978-4-393-32380-9
定価はカバー等に表示してあります